造势

『小投入大传播』的十三条黄金法则

周忠 著

南方日报出版社
NANFANG DAILY PRESS

图书在版编目（CIP）数据

造势 ：“小投入大传播”的十三条黄金法则 / 周忠著. -- 广州 ：南方日报出版社，2010.12
ISBN 978-7-5491-0109-2

Ⅰ. ①造… Ⅱ. ①周… Ⅲ. ①企业经济－关系－传播媒介－中国 Ⅳ. ①F279.2②G219.2

中国版本图书馆 CIP 数据核字(2010)第 226522 号

造势——“小投入大传播”的十三条黄金法则　　周忠 著

出版发行：南方日报出版社
地　　址：广州市广州大道中 289 号
电　　话：(020) 83000502
经　　销：全国新华书店
印　　刷：广州市怡升印刷有限公司
开　　本：889mm×1194mm 1/16
印　　张：17
字　　数：300 千字
版　　次：2010 年 12 月第 1 版
印　　次：2010 年 12 月第 1 次印刷
定　　价：35.00 元

投稿热线：(020) 83000503　读者热线：(020) 83000502

网址：http://nf.nfdaily.cn/press/

目　录

CONTENTS

序言

小投入，大传播

○周　忠

成也媒体，败也媒体

十年前，在我第一本研究企业传播的专著《争夺眼球——注意力经济下的企业成败》里，提出了“成也媒体，败也媒体”的理论。

几年来，我的实践和观察在不断充实和丰富这一理论。

媒体传播可以成就一个品牌。

2010年初，哥本哈根会议后，低碳成关注热点，格兰仕紧抓低碳趋势，发布业界首个《低碳白皮书》，受到媒体的广泛关注和报道，引发广大消费者对格兰仕品牌低碳理念的认同，成就了格兰仕在白电行业的低碳标杆地位。

2009年初，面对金融危机的严峻形势，欧派策划了“欧派破冰与海尔冬泳”的新闻传播，引起巨大反响，很多报纸、网站自发转载，同一时期，在百度搜索“欧派破冰 海尔冬泳”结果可达1110篇，甚至有网友博客也引用此文，实现了口碑传播的效果，欧派品牌知名度和影响力得以大幅提升。

2010年6月，在电子商务领域默默耕耘了15年的环球市场集团，尝试发力高端新闻传播，通过对环球市场打造群体品牌GMC，入驻世博会GMC馆，携手经济学家郎咸平为优质制造商寻求新出路，联合国际营销专家科特勒、里斯等解读国际背景下的中国制造营销策略等一系列事件进行新闻传播，有效扩大了企业的品牌影响力，成功提升了品牌的知名度。

媒体传播同样可以毁掉一个品牌。

2010年5月，央视《每周质量报告》曝光了美的紫砂煲产品中的“紫砂”并非真正紫砂，一时间炸开了花，报纸、电视、杂志等媒体，纷纷对此事件展开调查，并从多角度展开了追踪报道，引起强烈反响。社会公众对美的的品牌产生信任危机，纷纷要求退货，其产品也在各卖场遭遇“下架”，美的遭遇严重传播危机，短短数月，此前热卖的美的紫砂煲，顷刻间销声匿迹了。

2010年9月，霸王洗发水被港媒报道，称其含有致癌物，引起社会大众广泛关注和猜疑，尽管在其后霸王洗发水获得相关权威部门宣布为“中药世家”，并希望借助广州亚运会重新获得消费者认可，仍无法在短时间里消除广大消费者对其品牌安全性的疑虑。

小投入，大传播

正所谓“成也媒体，败也媒体”。

企业要想用好媒体这把“双刃剑”，为企业传播锦上添花，而不是雪上加霜，选择正确有效的传播方式，至关重要。

在近乎惨烈的市场竞争中，企业如何寻找到最佳的传播方式，以最小的投入，获得最大的传播收益？

在本书中，在“成也媒体，败也媒体”的基础上，从理论和实践的角度，我提出了“小投入，大传播”的原理。

“大传播”的理念灵感，部分来源于美国前国务卿基辛格博士的《大外交》一书，也受启发于著名历史学家黄仁宇的《大历史》和财经作家吴晓波的《大败局》，更得益于我朋友秦朔所著《大变局》一书。

“大传播”的实践积累，则主要来源于几年来我的企业新闻传播实战。

简而言之，企业新闻传播，是以“小投入、大传播”的特点，成为撬动品牌传播的新杠杆。企业新闻传播，是将企业产品或品牌或人物或事件信息融合在新闻当中，使读者通过阅读新闻，在潜移默化中接受、认可品牌，并达成购买的品牌的传播方式。

公关第一，广告第二

企业新闻传播之所以能够实现“小投入，大传播”，与其“四两拨千斤”的传播效果密不可分。

相对于广告传播，企业新闻传播具有无法比拟的成本优势，对比动辄几百万元的电视广告、多达数十万元的平面广告，新闻传播主要依托于报纸、网络、电视、杂志等媒体，以新闻文字和图片为传播方式，在资金等成本上，都要小得多。

在传播效果上，各类媒体的新闻，因其传播范围广、可信度高、读者众多，传播效果也比广告显著，广告信息硬性特点容易令消费者厌烦，新闻传播有着更高的可信度，广告之父大卫·奥格威曾说："阅读文章的读者数量是阅读广告的6倍，新闻公关将成为未来品牌推广的趋势。"

2009年下半年，全球家具知名品牌宜家深圳店夏季新品发布，在"把清凉带回家"的主题下，宜家围绕"小投入，大改变"的概念，进行了大规模的新闻传播，通过介绍新品，引导消费者接受、认可宜家的设计风格和品牌文化，推动了宜家品牌影响力的提升。

据我们的统计，宜家此次传播，按效果评估，以广告投入计需投入193,940元，实际新闻传播投入则只有64,800元，节约投入成本129,140元。

新闻公关，促销利剑

企业新闻传播之所以能达到"小投入，大传播"，从其对企业的销售起到的巨大拉动作用中，亦可见一斑。

2009年，中国家居业冠军联盟成立，对其各时期活动进行了大范围的新闻传播。作为联盟的主要发起者，欧派在整个2009年投入几百万元进行联盟的宣传，用于促销、新闻等推广，最终获得近1亿元的销售回报，其中在"百城千店"、"千城万店"促销中，新闻传播更是起到了广泛的告知作用，实现了广泛的信息覆盖率，引发了众多消费者参与，最终，"百城千店"、"千城万店"宣传促销带来欧派销售收入的成倍增加。

2009年，金融危机风暴中，格兰仕空调针对其"高能低价"和"零库存"的差异化优势，以"2级能效，5级价格"等为传播点，并配合落地的终端促销，进行了一系列新闻传播，极大促进了空调销售，实现了奇迹般的"弯道超车"：在2009年结束之时，格兰仕空调轻松突破100万套大关，成为三甲品牌之后最具实力的新贵，同比增长达90%。

专业媒体《空调销售》市场监测数据显示：在北京市场，格兰仕2008年市场销售才2700多万元，而2009年截至7月份，销售已经达到1.5亿元，增长幅度接近600%，而浙江的销售额已经超过2亿元，销售超过亿元的省份还有河北、广东、江苏等。

运用之妙，存乎一心

就在本书截稿的2010年10月，公关业发生了一个引人关注的事件："蒙牛—伊利诋毁事件"，不仅让中国奶业再次蒙羞，也让网络公关业乃至整个中国公关业蒙羞。

在我看来，此次事件，其实，关乎中国公关业的未来发展。

我的朋友、南方都市报副总编辑冯启若说得好，“有势方有力，势大则力沉，可借势，造势，顺势”。企业需要公关业“造势”。

但是，“造势”，既要“讲术”，更应“讲道”。我的朋友秦朔先生有论：“新闻公关是柄双刃剑，对公关业如此，对其他行业亦如此；善用者则锦上添花，不善用者则伤人伤己；商亦载道，用着慎之。”斯言甚是。

用我的朋友、广州日报副总编辑关雅文的话说，是“运用之妙，存乎一心”。

本书中，根据多年实战经验，我初步总结了13种思路和方法，实乃“术”之范畴，方法也如，格兰仕如何以可持续传播书写“新闻史诗”，海尔电脑怎样用差异化传播成为“PC黑马”，欧派何以凭借合势传播成就“橱柜王者”；再如，冠军联盟的跨界传播秘籍，BBC天线宝宝和宜家的本土化传播的得与失，华帝公益传播的独特路径，环球市场集团高端传播的成功尝试，东鹏危机传播如何化危为机，等等。

“他山之石，可以攻玉”，愿这些成功实践能为企业传播工作者提供有益的借鉴和养分。

第一章

跨界传播，中国家居业冠军联盟的“造势术”

引言　跨界传播的理论与实践

营销学泰斗菲利普·科特勒曾说过：未来的品牌世界将只有三种生存模式，统领主流市场的独立品牌，另类派别的小品牌，以及两个非竞争关系的独立品牌组合出的混合品牌。这是对跨界营销最为经典的论述。

诚然，在当代市场环境下，一个企业、一个品牌、一个产品单打独斗的时代早已结束，而跨界营销，通过行业间的相互融合、品牌间的相互映衬，可以实现品牌从平面到立体、由表层向纵深、从被动接受到主动认可，使企业整体品牌形象和品牌联想更具张力，在目标消费群体得到一致的认可。因此，近年来，跨界营销越来越为营销界人士所认同，并积极付诸实践。

对于跨界营销，营销界已经不乏成功的尝试，归纳起来，主要有水平跨界营销、纵向跨界营销和交叉跨界营销三种。

水平跨界营销，是不同行业、不同品类之间，在一致的目标下，实现优势互补，创造竞争优势的营销手段，本章所讲述的中国家居业冠军联盟正是这一层面的跨界营销。

纵向跨界营销是产业链上下游企业共同投入市场、共建渠道服务消费者，以实现利益共享的营销手段。例如，泸州老窖2006年为加强与经销商的关系，分别向华北、华东和华南的大区域经销商增发股份，结果带来业绩的大幅提升。在中国家居业冠军联盟与房地产商的联合问题上，我们也可以看到纵向跨界营销的影子。

交叉跨界营销是企业、合作单位、消费者之间形成三位一体的联动式关系，企业、合作对象和消费者共享价值与利益。玩转交叉跨界营销的高手当属可口可乐，其在体育营销、餐饮营销、游戏营销甚至音乐营销等方面的精湛表现，无不渗透着交叉跨界营销的精髓。

营销实践证明，跨界营销要遵循“品牌非竞争性的原则、消费群体一致性的原则、资源相匹配的原则以及品牌理念一致性的原则”。在冠军联盟的案例中，我们看到各企业分别提供了家居行业的不同产品：欧派做橱柜，东鹏产陶瓷，大自然造地板，雷士推照明，红苹果卖家具，美的则提供中央空调。这几种产品不存在交叉性，没有竞争关系，拥有共同的消费者群体，同时每个品牌在行业中都是标杆企业，在影响力上，也算“门当户对”了。

在联合的形式上，主要集中于产品研发、联合促销、市场渠道、传播推广。

在联合推广方面，最经典的案例当属2007年创维及华帝共同投入巨资启动的“新农村影院工程”。2007年，创维联合华帝启动“创维—华帝新农村影院工程”，为一亿农村居民放映电影，地区覆盖了全国12个省的147个县市。在所到省市，创维和华帝还联手开展捐赠中小学生、资助病人等公益活动。独树一帜的推广模式为它们赢得了各界的一致赞誉，极大地提高了品牌形象。

得到实惠的农民纷纷感慨：“去年，创维送来了‘彩神’系列电视，今年，创维又送来了手机，华帝送来了太阳能热水器等，你们真是体贴老百姓的企业！”在山西，老区农民为感谢创维、华帝的善举，自发联合签名为创维和华帝送去感谢信。国家部委及当地政府领导也给予了重视，文化部为其授予“新农村建设突出贡献企业”等多项荣誉，所到之处更是受到了媒体的强烈关注。人民网记者报道：“创维集团的品牌推广活动是其他企业学习的好方法，不但可以增加品牌的知名度和美誉度，而且能给农民带来切实的物质和精神利益。”而“创维—华帝新农村影院工程”还入选了在业界被称为“营销奥斯卡奖”的“中国十大营销事件”，并被清华大学等高校作为经典营销案例授课。

这种首创的联合推广形式同时也带来了双方销售业绩的提升。两个品牌一起推广效果会大于单个品牌独自推广。创维与华帝是非竞争品，联合推广效果很明显。品牌联合推广各公司负担的费用少了一半，但效果却扩大了一倍。一个企业是独家戏不好唱，做活动影响也不太大，但如果两个企业联合推广，社会关注度就大了。

在本章案例中，冠军联盟整合了跨界营销的所有形式，尤其在联合推广方面，即本书所提出的跨界传播方面，更是贯穿始终。“21世纪·博鳌房地产论坛”中提出与上游房地产商的合作，是“纵向跨界营销”；“百城千店”是冠军联盟的联合促销；“设计师沙龙”整合设计师资源，开拓工程市场，为消费者提供整合冠军联盟所有产品的家居设计作品，是产品的联合。这里每个动作都是其品牌推广的由头，并结合专业的新闻传播进行“联合推广”，进一步扩大品牌影响力。

2009年4月23日，在冠军联盟成立的新闻发布会上，我和我的团队就为其精心策划了一场高调的跨界传播盛宴，为冠军联盟的横空出世，打响了造势第一枪。

第一节　“中国企业联盟第一人”姚吉庆其人其事

说起我的朋友姚吉庆，人们往往会把他与“中国本土第一职业经理人”联系起来。按我的总结，除了“中国本土第一职业经理人”外，在其职业经理人生涯中，有一种现象，特别引人注目，从华帝到威莱到奥克斯再到欧派，这位知名的本土职业经理人，似乎与企业联盟结下了不解之缘。“万华联盟”、“VTT联盟”、“奥奥联盟”，直到最近两年的“冠军联盟”，在其职业生涯的每一个重要阶段，姚吉庆总会策划出一些石破天惊且影响力深远的联盟事件。

广东欧派家居集团营销总裁、中国家居业冠军联盟秘书长姚吉庆

万华联盟：“同业联盟”创神话

常言道，同行是冤家，然而，在2000年策划的“万华联盟”中，姚吉庆却打破了这一魔咒。作为职业经理人生涯中策划的第一个联盟，姚吉庆不仅在营销界创造了“同业联盟”的神话，而且将华帝一举由燃气热水器新手提升为行业领军品牌，一度为业界称道。

2000年的燃气热水器行业的状况是，落后的直排式燃气热水器占据主流，但却面临淘汰，强排式燃气热水器成为大势所趋，而国家经贸委也在《淘汰落后生产能力、工艺和产品的目录》明确规定：直排式燃气热水器作为落后产品已被列入淘汰目录，自2000年6月1日起正式淘汰。

同一时期，姚吉庆执控的燃气具行业巨头——华帝，也正计划向燃气热水器进军，具有发展前景的强排式燃气热水器，自然成为华帝的发展方向。

2000年，华帝成功推出了新一代强排热水器，并且在许多技术上有领先优势。但由于华帝进入时间不长，排名较为落后，在短时间内提高产品的知名度和美誉度，成为当务之急。

姚吉庆通过考察，发现为强排式燃气热水器的推广头痛的不仅有华帝，还有这一产品最大的品牌——万家乐。万家乐推广强排式燃气热水器已有两年之久，同时也是该产品标准的制定者，是当之无愧的行业领导者，但强排式燃气热水器是新产品，份额低，一直被直排式燃气热水器所挤占，消费者认知度低，推广起来有一定难度，同时，由于万家乐孤军奋战，显得势单力薄。

作为强排式热水器的倡导者，万家乐此刻也正需要行业的支持者和同盟军，共同推广强排燃气热水器，成为其强有力的战略合作伙伴。

看到时机成熟，姚吉庆果断地向万华抛出橄榄枝，并很快得到了对方的回应，“万华联盟”一拍即合！

万华联盟之后，姚吉庆很好地利用这个新闻眼，制定了一系列行之有效的传播策略：首先是引导媒体尽可能摆正万家乐与华帝之间的关系，暗示媒体在报道时体现万家乐是热水器行业老大，华帝是第二。华帝加入万家乐安全强排阵营，也是强排标准的制定者，华帝万家乐倡导同行业的合作竞争精神。

一时间，“万华联盟”成为了社会的热点和焦点。《南方都市报》以“热水器正式进入强排时代 万家乐华帝携手共谋大局”为标题，对“万华联盟”做了整版的报道，高度赞扬了“万华联盟”，将华帝视为“燃气热水器行业的巨头”。包括《中华工商时报》、《北京日报》、《中国经营报》在内的各大媒体也纷纷跟进报道。

在媒体的大面积报道下，华帝一夜之间，从强排式热水器的新生力量，一跃成为行业领军品牌。

在我看来，此次策划，最难能可贵的地方，在于打破了“同行是冤家”的传统理念。姚吉庆以独到的眼光，看到了竞争对手之间合作的可能，创造了一个“同业联盟”的神话。

VTT联盟：传统产业的网络新生

2003年，姚吉庆借助网络时代来临的契机，通过VTT联盟的方式，为传统音响行业找到一条新的发展道路，改变了音响行业的发展轨迹，受到广泛关注。

姚吉庆当时所在的威莱音响是音响行业的龙头企业，虽然行业知名度高，但由于音响产品受关注度低，威莱音响仍然面临普及困难的问题。

2003年，网络的蓬勃发展为音响行业提供了新的契机。2003年，中国的网民已近1亿，并呈几何数增长（2010已达3.84亿，继续位居世界首位），网络市场无疑是最大的“蓝海”；另一方面，姚吉庆调查发现，中国网民上网的音响设备还非常“简陋”，听音乐、看电影、玩游戏，根本不能还原其本身完美的视听效果，也就给予了威莱音响新的“切入点”——开辟网络音响市场。

姚吉庆意识到，要想尽快切入网络市场，单打独斗是不行的，必须借助高知名度的网络“软件”与“硬件”品牌。为此，姚吉庆选择了当时如日中天的网站TOM集团和电脑行业新兴巨头TCL进行合作，借二者在网络市场的知名度提升威莱音响的影响力和销量，VTT联盟由此诞生，VTT分别代表三者英语的首字母，为消费者提供互联网中的互动设备。

具体分工上，TOM提供网络音乐资源下载，TCL电脑提供硬件下载，而威莱音响则提供音响设备，三方资源实行整合，强强联手，通过相互间的合作与支持，共同打造“网络影音新生活”。

此次VTT联盟的一大看点，是三个品牌均为行业知名品牌，影响力有目共睹。另一个意义是，姚吉庆为音响这一低关注度的传统产品，找到了网络时代的切入点，为其开辟了新的发展道路。同时，这在很大程度上改变了消费者的上网习惯。因而，联盟一成立，就成为众多媒体争相报道的焦点。“三剑客携手”、“音响再探3C雷区”、“网络音影掀起跨行业联盟”、“异业竞争整合，品牌营销的全新思路”、“异业营销，异想如何天开”、“策划，一场有趣的嫁接游戏”等占据了各大媒体的头版头条。通过VTT联盟的影响力，威莱迅速提升了自身品牌在消费者心目中的地位，实现了跨越式的发展。

据国务院发展研究中心公布的《2003年中国城市家庭影院市场研究咨询报告》显示：在短短的两年时间里，威莱迅速进入了专业品牌领域的前三名，成为中国音响市场增长速度最快的专业音响品牌之一。而《2004年中国城市家庭影院市场研究咨询报告》显示：威莱音响荣获“消费者预期购买第一品牌”。

缔结联盟，讲究天时、地利、人和，万华联盟的成功是这样，VTT联盟的成功也是如此。

奥奥联盟：“非典型”奥运营销赚眼球

随着2008年北京奥运的逐日临近，如何借北京奥运进行宣传，提升品牌，成为整个国内营销界极其关注的一个焦点话题。

而在中国家电业，由于海尔成为了2008年奥运会的白色家电赞助商，根据奥运赞助的排他性原则，其他白色家电厂商将无缘奥运赞助商的行列。

难道奥克斯只能坐失北京奥运这一良机吗？时任奥克斯空调总经理的姚吉庆决意再次不走寻常路，赶搭奥运这趟班车。不能成为奥运的赞助商，奥运营销并非无路可走！

2007年的北京，正在为兴建鸟巢、水立方、国家奥林匹克体育中心等场馆大兴土木。姚吉庆忽然想到，这些场馆的建设，需要大批设备，可否与其达成合作，赞助奥运场馆呢？

经过慎重考虑，姚吉庆将国家奥林匹克体育中心（简称“奥体中心”）作为主要合作目标。“奥体中心”与“水立方”国家游泳中心、“鸟巢”国家体育场一样，是2008年奥运会主要比赛、训练场馆之一，在奥运经济中占着不可比拟的重要地位，将承接足球、手球、排球、水球、现代五项等预、决赛项目和曲棍球训练项目，尤其足球项目将是奥运会中时间最长、吸引观众人数最多的赛事，现场观众人数，就将达到4万人次；同时，奥体中心在奥运会期间将通过电视、网站、广播等媒体，多渠道打造一个巨型媒体推广平台，媒介传播人数达到1亿左右。

然而“落花有意”，“流水”是否“有情”？

在接到奥克斯的“橄榄枝”后，奥体中心迅速召开会议商讨合作事宜：一方面，承建奥体中心确实需要不菲花费；另一方面，出于奥体中心高规格的考虑，对赞助企业的要求也非常之高。经过多次考察与慎重考虑，奥体中心认识并认可了这个国内空调标杆品牌，最终同意接受奥克斯为首个独家战略合作伙伴。

2007年6月12日，在占地2.08平方公里的奥克斯宁波国际产业园内，奥克斯与国家奥林匹克体育中心，共同举办了一场名为“奥奥联盟　赢在2008”的授牌仪式暨新闻发布会，奥克斯成为国家奥林匹克体育中心的首家战略合作伙伴。

为了扩大活动的影响力，姚吉庆策划了一系列线下活动，活动当天，姚吉庆导演了2008名员工同奥运冠军占旭刚携手奔向2008的竞跑活动，在奥克斯国际产业园内，升起了奥林匹克五环旗。

8月4日，“奥奥联盟　赢在2008”活动第二期，“东方神鹿”王军霞来到宁波，为奥克斯“奥奥联盟”助阵，带领万名市民“健康跑”，在宁波市掀起了一阵健身风暴。

而在线上传播方面，奥克斯发布了“2008三大产品战略”，分别是“更高系列”、“更快系列”、“更强系列”，与奥运精神一致，宣传口径上更贴近奥运，然后在全国各大报纸、电视、网站、电台发动传播攻势。

经过线上、线下全方位的整合传播，“奥奥联盟　赢在2008”整个策划活动精彩而圆满。

活动之后，适逢空调行业的销售旺季，奥克斯空调再现突破式增长，销售额与上一年同期相比增长29.1%，中高端产品的销售比例超过20%，产品均价比上一年提升了近30%，奥克斯迎来了决战奥运关键性的胜利一战。

姚吉庆后来总结道，奥运营销是一场持久战，在这个商界的奥运竞技场上，除了十几家TOP赞助商外，更多的企业只能靠剑走偏锋，才能出奇制胜。

姚吉庆策划的“奥奥联盟”，相比海尔这些“正统”的赞助商，其合作费用不值一提，但让人乍一看去，似乎与海尔“毫无区别”，这正是事件营销的精髓所在。奥克斯将“以小博大”的核心思想做到了极致，其他企业只能望尘莫及。

2007年12月，在中国策划协会、全国高管委人才专业委员会等权威部门共同组织举办的“2007中国策划年会”暨第四届中国诸葛亮策划奖精英盛典上，奥克斯空调凭“奥奥联盟 赢在2008”营销案例，成功获得本次盛典的“2007中国最佳策划案奖”。

从“万华联盟”，到“VTT联盟”，再到“奥奥联盟”，姚吉庆演绎了一幕幕精彩的“联盟神话”，其剑走偏锋的营销策略，为企业创造了一次次“可能”，姚吉庆的联盟策划，没有跟风，只有原创，既讲“务虚”，也讲“务实”，体现出一个老练职业经理人深厚的策划智慧。

时势造英雄，面对2009年席卷全球的金融危机，姚吉庆再次展示了他的营销智慧，创造性地整合国内六大家居No.1品牌，抱团出击，实现了危机下的逆势飞扬，又一个联盟奇迹诞生了。

第二节　抱团破冬，人民大会堂打响造势第一枪

关于过冬，民间流传着这样一个故事：在南极，成千上万的企鹅选择了抱团过冬。它们选择好一个背风的坡面，紧紧挨在一起，相互用体温暖和身边的同类。站在中间的企鹅们每隔一段时间，就会自动地走出去站到团队边缘最严寒处，先站在最边缘严寒处的企鹅陆续走进群体的中心。时间一到，另一场站位的循环又将开始，生命就在这样的群体规则中延续。

缘起欧派

面对2009年的经济寒冬，中国家居行业也选择了抱团过冬，故事起源于2009年3月欧派的一个企划调查。

2009年3月，欧派为应对经济危机，在北京对消费者进行了一次调查。调查发现，经济寒流下，老百姓更喜欢性价比高的产品，尤其钟爱大品牌特别是行业第一品牌，另外，大型的促销推广活动，对吸引消费者、提高成单量作用也非常大。

作为橱柜行业的龙头老大，尽管欧派具有品牌优势，大型的促销推广活动也一直在进行，然而，一个品牌孤军奋战，推广力度再大，终感势单力薄，就像一只孤单的小船，难以抵抗狂风暴雨的侵袭。

欧派董事长姚良松于是想到：何不联合大品牌开展促销推广，相互借势，既可提振各自抗风险的信心，又可增强御寒的能力。本来是一条孤独的小船，六个联合起来却是航空母舰。英雄所见略同，姚良松此想法与姚吉庆的不谋而合。

其实，欧派早在2007年就进行过多次联盟的尝试，如欧派的地方经销商曾在每周的固定时间联合设计师、装修公司、房地产商开展家居沙龙，欧派南京等地的分公司曾开展跨行业的企业联盟。这些都为姚良松提供了灵感和经验。

那么，要联合，选哪些品牌？根据以往家居类联盟的经验和教训，姚良松认为联盟品牌选择的原则是“冠军品牌+非竞争性”。冠军品牌是指加盟的企业必须是行业内的龙头老大，在品质、渠道、销售量、市场占有率、售后服务等方面都是行业中的佼佼者。非竞争性是各品牌都是家居行业的不同产品，没有竞争性和利益冲突，是互补合作的关系，这样联盟才能持续。

经过慎重考虑，姚吉庆分别找到了东鹏陶瓷、大自然地板、红苹果家居、雷士照明、美的空调——这些家居必需品的行业老大，沟通联盟的事情，共同面临的挑战及共同寻求突破的志向令六个品牌一拍即合，联盟进展异常顺利。

其实这些品牌决策者并不是拍脑袋决定加入冠军联盟，而是因为此前他们就有过联盟的尝试，并且尝到过甜头。早在2007年，大自然地板就和索菲亚整体衣柜进行过团购联盟，此次基于客户共享的联盟让大自然和索非亚取得不俗的销售业绩。而其他的品牌，也多多少少都参加过各种类型的联盟，虽然大多数联盟最终流产，但是曾经获得的成绩和此次联盟的规格也让这些品牌决策者动了心。

有了其他品牌的诚意，联盟就有了基础，但是只有意愿是不行的，作为一个机构，要有专门的团队来负责联盟的日常事务。于是几位负责人经过沟通，决定成立一个联盟代表大会，下设联盟常务委员会，专门负责日常事务的处理和各企业间的沟通与协调，统领策划、媒介公关、推广执行、设计、培训、财务等小组。一个专职的管理团队诞生了。

“在利益分享、费用分摊等方面不合理、不透明也是之前的品牌联盟失败的重要原因之一”，姚良松在一次接受记者采访时曾表示。于是在筹备此次联盟时，在广告宣传等多方面的投入和支出也有透明、合理的计划安排，以保证联盟的长久生命力。

六个具有“冠军品质”的企业的联合，名为“冠军联盟”也在情理之中了，但姚良松却表示：以“冠军”命名联盟，不只表示各品牌在其所属领域内都具有

“冠军品质”，还表示联盟是中国家居界“最强势”联盟。

这种“势”正是体现在“造势”和“借势”上。在万事俱备之后，一场场“造势”和“借势”的大戏即将上演。

造势刘家峡

第一场预演安排在2009年4月22日——世界地球日，地点是甘肃刘家峡。

刘家峡位于黄河上游，由于黄河在此有一个90度的急弯，因此有人称之为“天下第一曲”。但长年以来，由于乱垦滥伐，过度放牧，开发商大兴土木，加之干旱现象加剧，草场沙漠化扩大，草地蓄水功能减退，加剧了湿地干涸的危险，生态恶化的警钟早已敲响。

前国务院总理朱镕基曾视察此地，并明确指示，要各方合作，共同来保卫黄河第一明珠的长治和璀璨。香港《文汇报》等媒体对这个地方也一直在进行关注。种种迹象表明，这是个吸引眼球的地方！

冠军联盟首次造势就选在此地。由于大自然地板从2006年开始每年都开展公益绿化活动，有一定操作经验，因此，此次造势事件由大自然地板牵头。

4月22日，六大品牌的负责人在刘家峡地区，启动了“万绿母亲林”大型植树活动。活动当天气氛热烈，大自然地板、欧派橱柜、东鹏陶瓷等企业的负责人纷纷挥锹铲土，培土浇水，一派热火朝天的繁忙景象。

与几位负责人一同亮相的，还有中国绿化基金会副主席兼秘书长关松林、甘肃省政协副主席德哇仓，以及甘肃省人民政府、甘肃省林业厅、中国消费者协会等单位的重量级人物。活动仪式由甘肃省林业厅巡视员段巍主持，另外还有来自全国各地的近200名消费者参加了植树活动。

冠军联盟的预热式动作也吸引了大批媒体的注意。当天有40多家新闻媒体到达了现场，在事后的报道中，记者们对该事件纷纷给予了高度评价。《北京商报》撰文写道：

据悉，此次刘家峡绿色长廊植树项目绿化面积累计达333,350平方米，绵延刘家峡沿岸17公里。“这仅仅是我们制定的‘中国绿色版图’计划中的一部分，根据计划，大自然地板将在10年时间内在全国20多个省市建设绿色生态林，绿化面积达666公顷，植树达100万株。”佘学彬透露，目前在山东、山西太原、黄河壶口等地已经种上生态林。

春天来了，植树似乎是很多企业都在做的一件事情，但大多数企业只是到长城脚下、城市边缘挥挥锹，培培土，大有“作秀”之嫌。大自然作为一个南方的企业能够将触角伸向西北边陲，在沙丘地里凭空造出一片林子来，单是这样的举动就不是“秀”所能完成的。一个企业如果真正去做点事儿，做点有益于社会的好事儿，老百姓会记在心中，用自己的腰包给予支持的。

植树造林反映企业环保意识之强，对于一家以木材为原材料的企业来说，更是可以体现推动林业可持续发展的企业责任感，同时也让人联想到其对产品的环保性能的重视。《甘肃日报》评论道：

大自然地板不仅地板本身环保，对公益环保事业的担当与承担也成为大自然企业追求的核心事业。

…………

作为中国地板行业的龙头企业，大自然地板既深刻地认识到“取之于林、用之于林”的重要性，长期开展植树造林的绿化活动，更是积极实施原材料的合法采购，潜心促进林业产业的可持续发展。2007年，大自然地板在行业内率先通过了FSC认证，更是激励企业在环保领域不断进取、不断突破。

借助大自然地板在环保方面的先行地位，冠军联盟得以在环保领域树立良好的公众形象。光明网当天以图文并茂的方式对这件事件给予了高度评价：

佘学彬先生把支持甘肃省的生态建设、推动甘肃的经济发展，作为企业的重要责任，不仅为环保慷慨解囊，还积极推动了来自美的、欧派、雷士、红苹果、东鹏等冠军联盟成员一起发布绿色环保宣言，打造广大的企业绿色战线，共同为绿化江河献计出力。

此次刘家峡绿色长廊植树项目绿化面积累计达333,350平方米，绵延刘家峡沿岸17公里，规模之大成为媒体关注的焦点。在媒体不遗余力对此事大加报道的同时，冠军联盟的身影开始出现在人们的视野之中，各企业一同发布了绿色环保宣言，并将采取进一步的动作。除上述媒体外，《西部商报》、《中国现代企业报》、《新文化报》、《新疆都市报》、《陶城报》、人民网都在显著位置大篇幅报道此次事件，冠军联盟第一场预热式造势取得成功。

亮相人民大会堂

预演过后，正式亮相即将倾情登场。第一次正式亮相，要隆重、高调才能吸引注意，有了知名度，后来的推广就更好开展了。

2009年4月23日，虽已暮春，却也孕育着另一个红红火火的时节——夏季。冠军联盟的成立仪式新闻发布会就选在这天，地点选在北京人民大会堂。

而在此之前，我和我的团队已经为新闻发布会做了完善的新闻策划与充分的媒介公关。

我们将此次公关策划风格定位为“大气、高调”四个字。从各品牌的影响力到发布的地点的选择都体现出“冠军”的特质。因而在新闻内容策划上不仅突出冠军联盟自身的影响力，更在宏观上突出对行业和经济的积极影响和作用。

在写作角度上，既有当事人对冠军联盟成立初衷的采访，也有行业协会领导从第三方角度的评价，全面客观，易被媒体采纳。同时稿件还将对“五一”即将举行的促销活动进行宣传预热，整合新闻传播与促销，为后期销售做铺垫。

在与六大品牌充分沟通后，新闻主题最终定为：“保增长、拉内需”推动产业“过冬”——强强联手，家居业六巨头打造“冠军联盟”。分别从成立背景、绿色环保和高性价比三个显著方面报道冠军联盟，彰显其成立给消费者、社会和企业带来的三赢效果。

新闻发布会现场策划要有开放性、权威性，新闻发布会上记者是主角之一，这就意味着：越多的记者参与新闻发布会，该事件被传播的范围越广，效果就越好。

由于具有雄厚的媒体资源和迅速的反应能力，在两天的时间里我和我的团队就邀请到了包括CCTV2、广东电视台、《南方都市报》、《南方日报》、《新快报》、《羊城晚报》、《南国都市报》、《深圳晚报》、《深圳商报》、《晶报》、《海口晚报》、《燕赵都市报》、《合肥晚报》、《太原晚报》、《大河报》、《北京商报》、《京华时报》、《新京报》、《消费日报》、《楚天都市报》、《潇湘晨报》、《三湘都市报》、人民网等顶尖媒体在内的几十家媒体。不仅有地方媒体，更有众多中央媒体，不仅有电视、报纸、广播等传统媒体，更有新浪、搜房等权威门户网站和行业网站，以最大限度地保证新闻传播范围和转载率。

在媒体的选择上，我们以国内的主流媒体为选择范围，力求在限定的媒体中达到影响力的最优化，强势树立“冠军联盟”行业领航者形象。

一些细节也是值得注意的，考虑到记者的职业习惯，一般都是晚睡晚起，所以此次新闻发布会我们选在下午召开，从而保证了100%的媒体到场率。

4月23日，一场柔和、滋润的春雨洒落北京城。正是在这样一个“春雨贵如油”的清新午后，冠军联盟启动仪式新闻发布会在北京人民大会堂盛大举行。

新闻发布会现场盛况空前。商务部、国家发改委、全国工商联、中央电视台等机构代表出席现场，现场还请来CCTV2《对话》栏目主持人陈伟鸿担任主持，来自全国各地的几十家媒体见证了联盟启动仪式。

发布会上，欧派橱柜董事长姚良松被推选为联盟理事会第一任轮值会长。六大品牌负责人郑重签署了“冠军联盟”的协议条款，并同与会代表一起启动“冠军联盟”。

当记者问起此次联盟成立的意义时，姚良松说：“‘冠军联盟’将达到消费者和企业的双赢，联盟企业的强势合作对品牌宣传具有提升作用。另外，联盟企

冠军联盟在人民大会堂启动

业无论在消费群体、流通渠道等领域都有共通之处，此举将为大家资源共享提供良好平台。”

大自然地板董事长佘学彬也表示：“‘冠军联盟’将为消费者带来真正的实惠，做到‘滚动促销’。例如，消费者购买了大自然地板，在其他联盟企业购买产品就可享受折上折。同时，能以较实惠的价格实现‘一站式’的选购，享受冠军品质的环保产品，所以，‘冠军联盟’不仅是营销上的联盟，更是‘价值联盟’。”

“结盟有助于上下游行业的紧密对接，”全国工商联家具装饰业商会执行会长张传喜说，“企业在做自己领域产品研发时也能通过与联盟企业的互联互通了解上下游情况，从而准确把握市场，而结盟并不会对同行进行打压，或形成行业垄断。”

商务部政策研究室主任吴国华指出：“联盟启动表明中国企业界共赢合作、勇于承担社会责任，是中国企业家成熟的标志。希望更多的中国企业共同合作，支持政府提振内需、扩大就业。”

在新闻传播的语境里，现场发布是“造势”的平台，但只是小平台，真正的大平台在现场发布后的媒体“造势”。

当天晚上，CCTV2就播报了该消息，报道中说：

今天，国内家居业六大龙头品牌欧派、东鹏、大自然、雷士、红苹果和美的携手宣誓成立国内首个家居行业“冠军联盟”。从“五一”开始，联盟将在北京、上海等数百个城市进行联合促销。

央视国际网站也针对此次新闻发布会开通了视频点播。

中央人民广播电台在报道中则对冠军联盟的成立背景进行了分析，认为此次联盟是“通过资源整合的力量来应对这次经济危机”，并引用欧派姚吉庆的话，挑明了冠军联盟面临的挑战：“最大难题就是无法统一管理，我们就像一个‘多国部队’，当六个品牌在全国统一行动的时候，指挥不同品牌的团队，存在着一个磨合的过程。能不能统一行动，能不能把我们的经营模式执行统一推行到位，这是我们面临的挑战。”

当晚，广东电视台新闻频道的《广东卫视新闻》、广东卫视的《财经在线》也对冠军联盟的成立作了及时报道。

《南方都市报》用整版刊登了一篇题为“跨界联盟 用合力征战家居市场”的报道。

《楚天都市报》也在头条刊出这一消息：

4月23日，北京人民大会堂，国内家居业六大龙头品牌——欧派橱柜、东鹏陶瓷、大自然地板、雷士照明、红苹果家具和美的中央空调——的负责人携手宣誓成立国内首个家居行业“冠军联盟”，六大品牌以后将在品牌营销、客户服务等层面全面联手，推动家居产业跨界升级。商务部政策研究室主任吴国华，第八

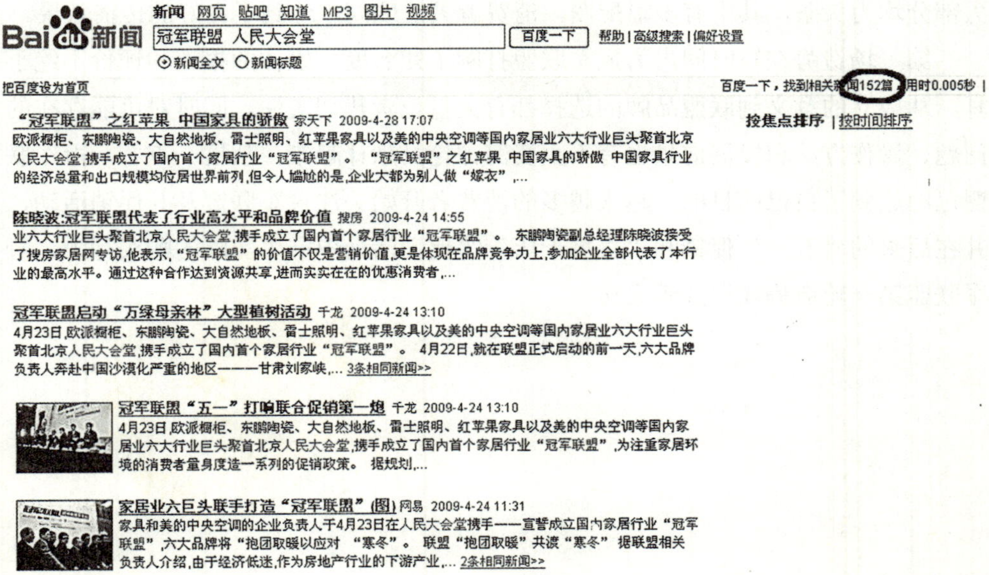

届全国工商联副主席、中国民（私）营经济研究会会长保育钧，全国工商联家具装饰业商会执行会长兼秘书长张传喜等出席了本次发布会。《家居》作为湖北地区唯一受邀媒体代表，见证了这一刻。

《京华时报》指出：

六企业成立这一联盟的表面目的在于刺激消费、拉动内需，而实际则是各品牌在为消费者提供优质产品的同时，尽量压低自身利润，取得更大的竞争优势。业内人士分析，这次联盟不是单向的营销联盟，各成员更注重价值，因此可以称之为“价值联盟”。

网络媒体的报道更是铺天盖地，通过搜索引擎得出此次新闻发布会的相关新闻达到152篇。

传播实质上是一种社会互动行为，双向互动是提升传播影响力的关键。网络媒体正在将互动传播发挥到极致，不少网友在看到冠军联盟成立的报道后，纷纷在网上发表自己的看法。在焦点家居网，一位博友写道：

所谓的联盟，当然就是将产品放在一个家居空间或是办公区域，这也是某创新品牌的整体家居解决方案。“冠军联盟”所蕴含的本质，也就是整合的精髓，相对于整体价格上的联盟，创新品牌在全方位地用心去整合配套设计，从风格上、摆设的合理搭配上都去整合，在某种意义上，也是一种内部联盟。谁家能真正落地，必将真正引领新的家装消费模式。

此次新闻发布覆盖面广，从华东到西部，从东北到华南，几乎涵盖全国所有强势媒体，同时报纸、电视、网络都有发布，传播形式多样。从版面的情况看，大部分均为头条，其中有多篇配图，消费者关注度高，达到了良好的传播效果。

第一场造势在短时间内为冠军联盟打响了知名度，媒体的报道和评价不绝于耳，从成立的意义到联盟品牌的选择都有大量记者热切关注，同时对可能存在的问题、操作方法和发展前景也有不少资深评论员献计献策，从这一点看，冠军联盟已经达到了自己的目的。越来越多的消费者开始关注冠军联盟及其促销活动，并在后来的“五一”促销和“百城千店”等促销活动中产生实际的购买行为，冠军联盟第一轮造势取得圆满成功。

第三节　借力用力，博鳌地产论坛策动价值营销风暴

第一轮造势让冠军联盟赚足了眼球，而在随即举行的“五一”小黄金周“非常5+1”促销活动中，冠军联盟更是赚了个盆满钵满。

在接受记者采访时，姚良松的喜悦之情溢于言表：“金融危机对大品牌影响并不大，相反我们都取得了逆市的增长，‘冠军联盟’的强势合作，将会让品牌企业占得更多的市场份额。”

然而，金融危机阴霾未散，市场竞争日益白热化，只有不断创新营销方式，才能走得更稳、更远。在完成行业横向联合，并取得不错业绩之时，冠军联盟又踏上了与上游房地产业的合作之路。

家居业作为房地产的下游产业，对其波动尤其敏感。2008年底至2009年初楼市的低迷不仅让房地产开发商苦闷，也影响了家居业的销售业绩。然而，2009年5月以来房地产的“小阳春”马上让冠军联盟看到了希望。据中国指数研究院信息中心的监测，5月份全国30个主要城市中，成交面积环比涨幅超过10%的有17个，绝大多数城市住宅成交“价量齐升”。

面对上游产业的变化，姚良松在接受记者采访时说：“楼市最低迷的时候已经过了，关键是过了最低迷阶段后是快速地回升还是缓慢地回升，回升的过程中还可能出现波动，后面是各种因素综合的结果……观察房地产业的发展有很多角度，从我们家居业的角度而言：第一，由更多毛坯房转为精装修房；第二，由全能型变成资源整合者；第三，通过本次的调整后，房地产企业会更多地由价格营销转变为价值营销，我们要清晰地看到这种变化，才能调整好心态积极面对。”他随即表示要与房地产商开展联合，并声称这一合作将实现泛地产的共赢。

那么，何时、何地、以怎样的方式向房地产商抛出橄榄枝呢？

6月13日举行的“博鳌·21世纪房地产论坛第九届年会”似乎是一个绝佳的机会。

“博鳌·21世纪房地产论坛”从2001年开始举办，发起和主办方为《21世纪经济报道》，这是中国目前规格最高、影响最大的房地产专业论坛，中国地产界的顶级盛事。因此，这个论坛向来是媒体争相报道的对象。受全球经济危机和楼市低迷的影响，2009年必将更加聚集眼球。

几位品牌决策者合计，何不借此次论坛向房地产商抛出橄榄枝，并且进一步扩大冠军联盟的影响力呢？

对话地产大鳄

于是，2009年6月14日，在美丽的海南三亚，冠军联盟开始了和房地产大鳄们的第一场对话。

第一次亮相是在6月14日下午，“博鳌·21世纪房地产论坛”之“房地产六方会谈三”，会谈中，姚良松发表了自己对房地产行业趋势的看法，然后开门见山表达合作的意愿，并指明合作的载体将为“精装修房”。

在具体操作上，姚良松说：“欧派可以从开发商项目立项开始，介入消费者需求研究，为目标消费群体度身定做整体厨房、整体衣帽间、整体卫浴和产品方案，并且能够解决设计一体化、安装服务一体化问题，实现规模化、个性化、低成本高价值的泛地产业合作。”也就是说，在房子建造完成后，植入冠军联盟的产品，并实现住房建造、设计、安装一体化，然后才作为商品——精装修房进行销售。

那么这样做对房地厂商有什么好处呢？姚良松马上道来：“冠军联盟每个品牌都有强大的影响力，通过我们的品牌影响力提供给房地产企业，最后汇聚成房地产企业的影响力，以前的产品不太注意家居品牌，如果某一个房地产品牌使用的都是品牌的家居产品，也会提升房地产企业的产品影响力。”而这正是冠军联盟倡导的“价值营销”对房地产企业的价值所在。

在这样一个众强云集的论坛上，要吸引眼球，就得高调。于是在当天的晚宴上，冠军联盟就悉心策划了一场“冠军联盟的博鳌宣言”的宣誓仪式。

为何选在晚宴？因为“博鳌·21世纪房地产论坛”白天的议程是按主题进行的，每个分会议参加人数不同，时间也有交叉，只有晚宴，才是所有参会人员全体到场的时刻。要扩大影响，当然是见证人越多越好，晚宴时刻自然成了最合适的选择。

当天晚上，六大品牌的决策者，一同宣读了《冠军联盟博鳌宣言》：

我们将以自强不息、合作共赢为己任，全力以赴率先带动各行业回暖，履行企业为国分忧之责任。

共同推进原创设计，实现由中国制造到中国创造，由中国品牌到世界名牌的历史性跨越。

发展以环保领先，致力于提供健康环保的家居产品，共同推进中国环保公益事业的发展。

同心协力，打造家居一体化解决方案，成为中国地产发展商最优秀的一体化家具供应合作伙伴，改善中国人居环境，创建中国最持久、最有影响力、最具时效行业品牌联盟，实现泛家具产业的共进共赢。

对于此次宣誓，星河湾地产副总裁梁上燕后来这样评价：“往常都是一个人读说就可以了，当你们同时一起站出来，我们所有人一起放下酒杯去关注，这个是大学时代、‘文革’时代才看到的情景，一下子把所有开发商的眼光都集中过来，这就是最大的营销。对过去的常规营销来说，《广州日报》（过去）打一个广告，可能得到200个、300个电话，现在20个电话都不到。这帮老板集体去做这样的动作是非常好的。”

为什么冠军联盟可以带来与房地产的共赢？怎样实现共赢？其中可能有哪些问题？在第二天的平行会议——“价值营销：泛地产的共赢之道”中，冠军联盟几位企业负责人与房地产商代表、房地产协会相关人员深入探讨了二者合作的可能性和途径。

合作为何可以带来共赢？冠军联盟认为：冠军联盟的原创、环保、品牌优势可以提升房地产企业的附加值，为其产品带来品牌效应。

东鹏陶瓷的何新明举例说：“在哈尔滨有一个绿色的房地产开发商，他的理念是非常先进的，他的家具产品用行业内顶尖的品牌，包括美的空调、东鹏陶瓷，还有其他产品。他的理念、作品后来在同一地段卖价比其他产品高30%—50%，也是通过家具产品特别是行业领先的产品来提升自己房地产的价值。所以我想通过我们创新的产品，也通过我们6家冠军企业品牌的联盟来提升我们房地产的价值，来推动泛地产的价值是完全可以做到的。”

在环保方面，雷士吴长江说：“……我们真正做到非常节能，达到国家一级节能能耗，寿命很长，产品可以做到1万小时以上，对顾客承诺两年之后不会坏等等有很多案例。我们有出口到欧洲的产品，欧洲对有害物质控制很严格……尽管中国没有这方面的要求，我们一直在坚持按照西方的标准来测试，来定制，所以在这方面我觉得冠军联盟创意和理念都是为消费者提供超值，包括产品价值以外的东西。”

对于冠军联盟抛出的绣球，星河湾地产副总裁梁上燕欣然接受：“这个联盟带过来的是真正有价值的，在七个体系里面（冠军联盟+房地产商），比如说在环保，大自然也强调环保，也许我们可以强调品牌；第二，一个广告就带来七个公司共同的宣传广告；第三，客户层也是可以共享的，因为你们没有矛盾冲突的，这个跟我昨天在会上讲跨界去合作，同行并不是敌国……我今年讲‘10×10’，‘10×10’是无限大的，客户层更精准，可以更节省成本。如果冠军联盟可以做到真正有实体的合作，比如公司出1—2个人做品牌、市场联动和研发，中国就都知道冠军联盟是什么，都知道这个体系，不用七个老板一起出来，这个成本更小，老板们可以做其他的事情。”

她同样认为，精装修是共赢：“我们第一次做的精装修是2001年推出来的，当时均价4900元/平方米，那年用的是涂料是德国在深圳的一个小的办事处提供的，第二年该产品全国的销量等于欧洲一年的销量……将来大家会有合作空间，精装修的前景非常大。”

冠军联盟博鳌论坛的策划是成功的，不仅表达了与房地产商联姻的意愿，并且得到了对方积极的回应，双方还就进一步合作进行了实质性的讨论，取得一定成果。那么如何让这一事件传播得更广？

开动新闻传播机器

其实，早在论坛召开前，我和我的团队就从内容和媒体上进行了精心策划和安排。

对于此次事件的新闻内容策划，我们决定突出“价值营销”和“共赢”两个意义，借该论坛的影响力提高媒体和大众对冠军联盟的持续关注，从而提升六大品牌知名度和美誉度。

基于以上分析，新闻主题最终定为：“冠军联盟”博鳌对话地产大鳄——价值营销：泛地产的共赢之道，引标题表达事件本身，主标题“价值营销：泛地产的共赢之道”为6月15日平行论坛的主题，全面准确地概括了冠军联盟参与此次论坛的意义。

在媒体传播的选择上，我们以国内的主流媒体为选择范围，力求在限定的媒体中达到影响力的最优化，进一步强势树立“冠军联盟”六大品牌行业领航者形象。

论坛之后，新闻就已经在多家媒体见诸报端，《潇湘晨报》、《经济参考报》、《四川经济日报》、《海口晚报》、《江苏商报》、《东南快报》、《长沙晚报》、《郑州晚报》、《海南特区报》、《楚天都市报》、《成都晚报》、《合肥晚报》、《南京日报》、《钱江晚报》、《深圳商报》、《浙江日报》、《深圳特区报》、《江淮晨报》等多家媒体都争相对此事进行了报道。《合肥晚报》、《武汉晚报》、《郑州晚报》、《海口晚报》等尤其在头条新闻里对该论坛进行了图文并茂的专题报道。

《深圳商报》对冠军联盟在6月14日的宣誓活动尤其关注：

6月14日，“冠军联盟”第一次集体高调在地产行业亮相，并集体宣读《冠军联盟博鳌宣言》，承诺带动各自行业发展，推进原创设计，倡导发展与环保并进，合力打造一体化解决方案。

深圳晚报 HOME DECORATION

11A 家居饰界

“冠军联盟”博鳌对话地产大鳄

价值营销：泛地产的共赢之道

6月13至16日，“博鳌·21世纪房地产论坛”在三亚举行。在这场过去基本上被中国地产界及金融界大腕所“垄断”的房地产论坛上，欧派厨柜、东鹏陶瓷、大自然地板、雷士照明、红苹果家具和美的中央空调六大品牌组成的“冠军联盟”高调亮相，对话地产大鳄。

在6月14日的晚宴上，“冠军联盟”第一次集体高调在地产行业亮相，并集体宣读《冠军联盟博鳌宣言》，承诺带动各自行业发展，推进原创设计，倡导发展与环保并进，合力打造一体化解决方案。

6月15日，由冠军联盟主导的《价值营销：泛地产行业共赢之道》主题论坛，与本届博鳌论坛主题“正本清源，启航后周期的地产回归，迎接下一个周期”相呼应，旨在引发地产商及公众对“地产行业如何面对后危机时代”的思考。“冠军联盟”六大品牌的当家人尽皆出席，包括欧派厨柜董事长姚良松、雷士照明董事长吴长江、美的中央空调国内营销公司总经理魏小辉、东鹏陶瓷董事长何新明、大自然地板董事长佘学彬、红苹果家具总经理林继烽。地产界也积极响应，沿海绿色家园集团副总裁成大、星河湾地产控股有限公司副总裁宋上燕、泰禾置业集团总裁黎振伟，以及全国工商联房地产商会副秘书长黄兴也出席该论坛。

冠军联盟论坛现场

今年4月28日，冠军联盟在北京人民大会堂宣告成立，成员企业皆是行业领导品牌，拥有强势的渠道和客户资源，联盟一经成立，即获得了业内的广泛关注。“五一”小黄金周期间，冠军联盟“非常5+1”五月促销在全国多个城市展开，惊人的销售成绩让冠军联盟赚了个盆满钵满的同时还赚足了眼球。

据透露，接下来的几个月，冠军联盟将迅速扩大攻势，在全国展开“百城千店”大型营销和重点城市设计师推广活动，集合各成员品牌优势资源，合力开拓零售和工程市场。

冠军联盟有关负责人表示，在中国的房地产业理智反省与“正本清源”之时，地产及下游相关配套产业探讨泛地产行业的深度合作，价值共赢，提供商业或家装一体化装修材料解决方案，或许能为地产行业注入新鲜的血液。（何嘉鹏）

在此轮媒体的报道中，访谈稿占据多数。

姚良松在接受《深圳商报》采访时，先是对房地产行业的现状进行分析，然后话锋一转，将主题引入冠军联盟与房地产的合作上：“根据我们的判断，经济回暖还需待时日，所以我们筹划了‘冠军联盟’与地产业的对话……可以说房地产发展商是各项资源的整合者，冠军联盟是家居一体化解决方案的提供者。我们必须在三方面做出调整和应对：一是以专业精神承接房地产价值链；二是以联盟合作精神承担配套的一体化服务；三是以各自品牌影响力汇聚成地产企业产品最终的价值，提升泛地产企业的产品影响力。”

大自然地板董事长佘学彬在接受《21世纪经济报道》采访时，也透露了冠军联盟与房地产商合作的成绩和良好前景：“冠军联盟也致力于为开发商提供一体化的装修方案和更专业的服务，我们已经建立了与万科、雅居乐、恒大长期的战略联盟关系。上月底，我们与恒大刚签下了一个40万平米的项目。以后也还会在联盟内部进行合作，将开发商资源共享，把冠军联盟推广到更多开发商中去。”

东鹏陶瓷的何新明也对媒体表示：“房地产跟陶瓷、家具等泛家居行业是唇齿相依的关系，东鹏高价值的产品自然提升了房地产空间的价值。”他还指出以东鹏陶瓷为代表的冠军联盟给开发商和消费者可以带来更大的价值。

网络媒体对此次论坛的关注广泛而直接，由于“博鳌·21世纪房地产论坛”

是业界的一件大事，几乎每个房地产网站都为其做了专题，其中自然离不开对冠军联盟参与的“房地产六方会谈”、晚宴宣誓和平行会议“价值营销：泛地产的共赢之道”的报道。

焦点家居装修网在一篇题为“冠军联盟品牌建设显成效 立足价值营销展拳脚”的文章中说：此次论坛“通过对‘如何促进房地产行业健康良性发展’的命题，思考房地产公司未来发展之道，从而带出‘价值营销’对房地产发展的重要支持，并探讨冠军联盟如何与地产企业共同进行价值提升，实现共赢”。

冠军联盟此次的新闻传播策划可谓一箭双雕，一方面利用“博鳌·21世纪房地产论坛”正式向房地产商抛出了合作的绣球，另一方面借该论坛吸引众多媒体关注，提升了知名度。后期的新闻传播在更大范围内扩大了冠军联盟的影响力。在整体新闻传播策略上，与龙共舞，演绎龙马精神，借势、成事一气呵成，更借助楼市回暖以来，消费者对家居装修的热切关注，实现了天时、地利、人和的完美结合。此轮借势传播虽不针对销售，但对后来的“百城千店”促销却是很好的预热，在对六大品牌知名度、美誉度的提升方面也起到了事半功倍的效果。

第四节　百城千店，空中造势与地面活动实现无缝联动

2009年5月起房地产行业的“小阳春”带来开发商销售额的一度井喷，然后很快惠及到下游家居行业。于是在高调亮相镁光灯的同时，冠军联盟也抓住机遇，紧锣密鼓地策划了一波又一波的促销活动。

新闻传播的促销价值

第一轮促销是在冠军联盟成立后不久的“五一”，借助成立之时媒体热火朝天的报道，冠军联盟趁机对“五一”促销活动进行了吹风，并配以对“五一”的针对性新闻传播预告。结果冠军联盟“五一”的促销吸引了大批消费者的注意。在各个城市的门店促销中，冠军联盟均取得不错的销售业绩，可谓赚了银子又赚了名声。冠军联盟在接受搜房网记者采访时表示：欧派“五一”促销同比去年增长了134%，东鹏增长63.7%，红苹果提高50%，雷士提高50%，大自然则比去年有30%的增长。

作为终端促销的第一次尝试，“五一”的销售情况无疑是喜人的，不仅业绩表现出色，又进一步提升了知名度和美誉度，更坚定了各个品牌继续前进的决心。下一步，冠军联盟又将酝酿规模更大、持续更久的促销计划了。

促销前的新闻传播是很重要的。以瓷砖为例，假设市场上有100万价格敏感客户（他们会因为听到促销降价消息而购买瓷砖），其中有5%（5万人）会自己去“市场”购买，有无新闻传播的促销效果是迥异的。

如果没有事先的宣传，5%（5万人）的价格敏感客户在市场中了解到该企业的促销后，有80%（5×0.8=4万人）受价格的诱惑而放弃了其他品牌，购买了该企业的瓷砖。这意味着，该企业的促销将带来4万人的销售增量。

我们再来看看事先通过媒体进行宣传的情况，假设该企业在促销期间通过媒体进行新闻传播，把信息传递给了未去市场购机的用户（95万），信息到达率为50%，这些得知促销消息的人中有30%因此产生购买计划，则除去没有媒体传播的4万人销售增加外，媒体传播带来了一部分增量：14.25万（95万×50%×30%）。这样，促销一共带来了18.25万人的销售增量。

正是由于新闻传播对促销有如此显著的效果，高明的商家从来都不会在这一环节吝惜钱袋子，冠军联盟更是如此。在“百城千店”开展之前，推广人员早就筹划了大规模的媒体广告与新闻投放。

细心的读者会发现，“博鳌·21世纪房地产论坛”的每次报道中，几乎都会提到后来的“百城千店”，貌似不经意的提及，其实却是冠军联盟在为“百城千店”的促销活动做引子。“百城千店”的宣传在未开始前，已经有上亿消费者知晓这件事了。

让我们把镜头回放到6月17日《合肥晚报》居南版头条，这则题为“‘冠军联盟’博鳌对话地产大鳄”的新闻提到：

据透露，接下来的几个月冠军联盟将迅速扩大攻势，在全国开展“百城千店”大型营销和重点城市设计师推广活动，集合各成员品牌优势资源，合力开拓零售和工程市场。

厦门无忧装修网：

接下来，冠军联盟将……延续5月的联合推广，开展“鼓舞中国，百城千店——亿元盛惠”大众消费市场推广。

而姚良松、佘学斌等负责人在接受记者采访时，也频频向记者“透露”这一活动。如姚良松向搜房网记者表示：“乘着盛夏来临，我们共同策划了一个‘百城千店’的活动，并计划在秋冬时再组织‘千城万店’的活动。我们的活动受到了消费者的欢迎，不但给我们这几个企业带来销售业绩，我们贴合消费者需要的举措，也给消费者带来了真正的实惠。”

佘学斌在“博鳌·21世纪房地产论坛”结束时接受《21世纪经济报道》采访时说：“接下来的几个月，冠军联盟将扩大攻势，在全国展开‘百城千店’大型营销和重点城市设计师推广活动。”

除了在博鳌论坛的报道中植入促销信息，冠军联盟还有针对性地在新浪、搜狐、网易等大型门户网站进行宣传。同时在每个城市，针对不同的促销安排，冠军联盟也分别进行了新闻传播。

在重庆，冠军联盟与腾讯合作，在腾讯大渝网投放一则整版广告；在咸阳，《华商报》对冠军联盟在该市的促销活动细则也做了详细说明；在武汉，冠军联盟在搜房网对促销活动进行宣传的同时，《楚天金报》也在对冠军联盟落地武汉的事件中，对“百城千店”进行了预告：

6月23日……六品牌武汉公司负责人现场签订合作协议书，标志着“冠军联盟”正式落地江城。联盟首任轮值主席欧派橱柜武汉总经理赵永发在启动仪式上透露，6月28日—7月12日，一场名为“冠军联盟鼓舞中国百城千店亿元盛惠”的大型联合促销活动，也将在武汉掀起家装购材的热潮。

媒体铺天盖地的宣传为“百城千店”活动带来了不错的效果，同时借助于“五一”促销激发的市场需求，“百城千店”在全国范围内又陆续掀起了一股排山倒海般的热潮。

“百城千店”效应

气氛最热烈的莫过于湛江。7月26日晚，湛江举行了盛大的促销抽奖活动，共抽出76名幸运消费者，一时间吸引了至少上千消费者前来预订和购买。湛江知名网站碧海银沙网对这次活动进行了详细报道：

活动现场，参加抽奖活动的业主有近千人，现场人潮涌动，精彩的节目频频赢得在场市民阵阵热烈的掌声。在全场观众共同见证下，抽出了一等奖一名、二等奖5名、三等奖20名、四等奖50名。整个抽奖过程公平、公正、公开，现场被抽中或未被抽中的业主都显得十分开心。

据冠军联盟负责人邓啸飞介绍，因为有广大业主的厚爱与大力支持，本次活动大大超过了预期的目标，达到多赢效果。

对于此次促销，《海口晚报》这样评价：

“鼓舞中国·百城千店亿元盛惠”活动以排山倒海之势，为六月的海南家居市场带来了前所未有的活力，创下了淡季不淡、逆势反升的营销神话。业主黄女士签单订购了多款“冠军联盟”产品，她表示：往年6、7月份都没有什么商家搞促销活动，所以本以为要等到9、10月份的时候装修才比较划算，可是看到了“冠军联盟”的活动，感觉促销力度很大，买联盟多种品牌还能享受折上折优惠，现在买比促销旺季时还要划算。更主要的是“冠军联盟”的各个品牌确实堪称行业冠军，用着放心，买着又实惠，所以感觉现在装修也是不错的选择。

商家促销，消费者乐购，冠军联盟“鼓舞中国·百城千店亿元盛惠”活动在6月的家居市场掀起了壮阔的波澜，一举打破“盛夏淡季”的魔咒，如同在盛夏之际为消费者送上一杯清爽的凉茶，既解了消费者想装修苦于没有优惠之渴，也让商家取得了不俗的销售业绩，可谓一举双赢。如今，丰富多彩的促销优惠活动将于26日至27日在万佳装饰广场迎来最后的高潮，现场“冠军联盟”品牌特价产品抢购、飞镖中奖、现场抽奖等活动让你直享更多优惠的同时，也享受到购物的乐趣，而且还有机会中大奖。相信拥有“冠军”品质的“冠军联盟”，定能为广大消费者打造高品质精美家居奉献惊喜，精彩不容错过。

除此之外，《新闻晚报》、《深圳商报》、《南国今报》、《兰州晨报》、《东南快报》、《楚天都市报》也对当地举行的“百城千店”进行了报道。

虽然现在还没有对“百城千店”销售数据的统计，但从消费者热烈的参与情况和相关负责人接受采访时喜悦的表情可以看出，此次促销绝对收到了相当不错的效果。用冠军联盟湛江负责人邓啸飞的话说：“因为有广大业主的厚爱与大力支持，本次活动大大超过了预期的目标，达到多赢效果。”

冠军联盟称“百城千店”的形式为“联合促销+联合抽奖”，我们从其中团购、折扣、抽奖环节似乎看不出比普通的促销有什么创新，但是为什么会达到这么热烈的效果呢？除了之前媒体的宣传到位，冠军联盟成员本身的品牌形象也是很重要的原因。

作为行业内No.1品牌组成的联盟，欧派、大自然、雷士、红苹果、东鹏和美的在品质、销售量、市场占有率、售后服务等方面均为行业佼佼者。消费者对这些品牌的质量和服务深信不疑，对这些品牌的促销活动自然十分关注。

此外，联合促销的吸引力也很大。消费者买一家产品时会有折扣，购买两家品牌的可再有九七折优惠，如果买三家以上产品，在原来打折的基础上再打九五折。在有些城市，折扣甚至达到50%，这对消费者的吸引力是很大的。

最吸引人的莫过于抽奖环节，奖品设置最高10000元，吸引上千人争相参与。冠军联盟正是利用了人们类似投机的心理，借献礼消费者为自己带来大礼。

“鼓舞中国·百城千店亿元盛惠”是冠军联盟在零售市场的一场公关促销。前期为公关（以新闻传播为主），既利用全国性媒体进行新闻宣传引起广泛关注，又利用地方媒体在地方市场上形成关注热点，提升品牌形象；后期是促销，趁热打铁，提升销量。贯穿前后的核心形象都是冠军联盟的品牌形象。最终效果“大大超过了预期的目标，达到多赢效果”，实现了空中造势与地面活动的完美联动。

第五节　绿色白皮书，携手《瑞丽》进行推广创新

冠军联盟始终倡导价值营销，内涵及外延都极为广泛，既有对上游房地产商的价值，更有对消费者的价值，还有对行业、经销商的价值。从成立至今，冠军联盟进行了多次新闻公关策划，针对不同对象诠释其价值所在。

营销的对象是消费者，营销的最终目的是不断满足消费者的利益最大化。在家居领域，绿色环保是消费者最关心的问题，然而却存在着严重的信息不对称。一些商家，利用消费者对家居原材料、生产成本、非生产成本以及健康标准等“价格要素”或“价值要素”的认知盲点，以次充好，漫天开价；或是装修时设“障眼法”，故意遗漏某些主材，低价吸引消费者，然后，在装修过程中不断增加项目。对一般的消费者来说，一生中装修也许只有一次，如何选择绿色环保的装修材料，怎样安装最安全环保，验收环节要注意哪些问题，这些都是需要花大力气钻研的生活学问。

欧派董事长姚良松曾说：在装修问题上学问太多，消费者是不专业的。很多消费者一生只装修一次，对他来说，这是个全新的领域，要一下子全搞透是不容易的，他需要培训，需要引导。现在家居装修头号的环保难题是材料污染，冠军联盟的企业刚好处在这一链条中，作为各行业的领军企业，冠军联盟发布绿色家居手册，就是为了对消费者进行选材指导。

姚良松所提到的绿色家居手册让人联想起曾经风靡的奥克斯的“空调白皮书”系列。1994年，奥克斯正式进入空调行业，经过多年滚打，奥克斯一直停留在行业200名之外，为快速走出竞争僵局，奥克斯采取了非常规的“白皮书”营销策略。2002年4月至2003年4月，奥克斯先后发布了空调“成本白皮书”、空调“服务白皮书”、空调“技术白皮书”，痛陈空调行业价格、服务和技术概念炒作的黑幕，造成轰动效果。奥克斯从此树立了亲民、诚信的企业形象，品牌价值飞速飙升。2003年8月，奥克斯空调年销售突破250万台，成功跻身行业前三强。

奥克斯以自揭行业伤疤的方式，披露行业的罪状，虽成为行业里面的“罪人”，但却是消费者心中的“英雄”。白皮书系列迅速为奥克斯赢得了消费者的好感，并带来品牌价值和销售额的飞速提升，使奥克斯在短时间内从空调新秀跃升为行业领袖，其白皮书的事件营销也为众多企业效仿。

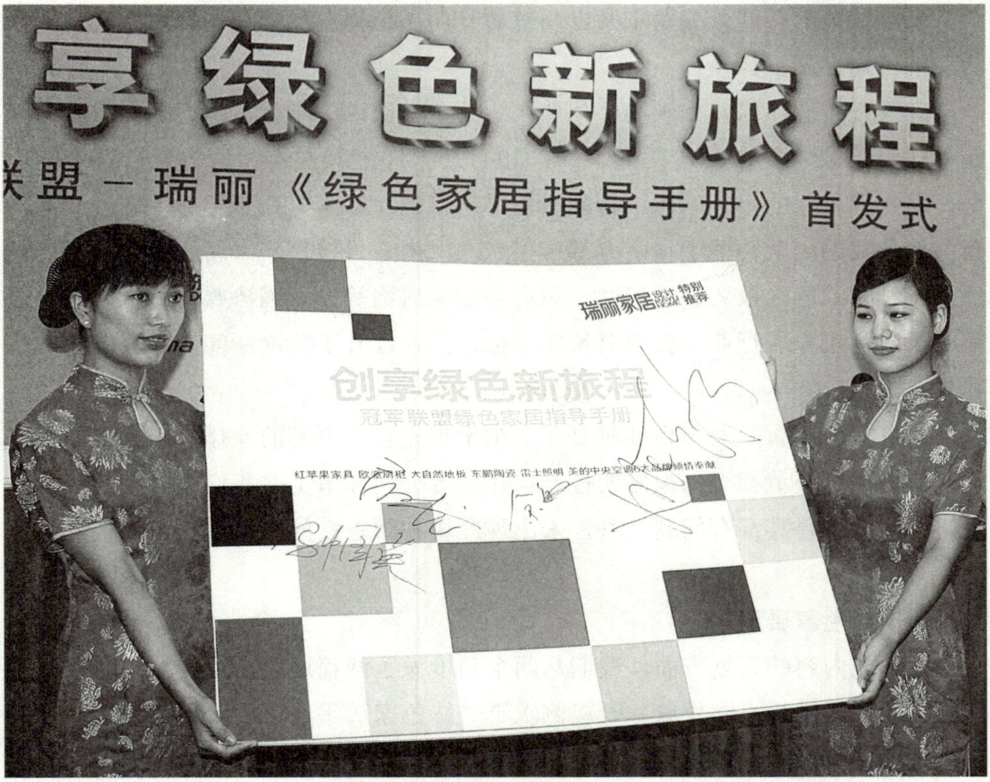

《绿色家居指导手册》新闻发布会现场

据《中国大百科全书》的解释，白皮书是一个国家的政府部门针对某一个行业向国内外正式发布信息、资料、政策的一种手段。它因带有一定的权威性和严肃性，因而能为人们所遵从认可。

“绿色家居手册”事件

冠军联盟制造的“绿色家居手册”事件与奥克斯“空调白皮书”有些许类似，虽然名称不同，却殊途同归。白皮书多由权威部门所颁发，此次由企业或联盟发布则意在向人们传播其在行业中的领军地位，影响力、公正力堪比权威部门，国际联盟此举或许暗含这种野心。

然而，相比起奥克斯的白皮书系列，冠军联盟的绿色家居手册并无对行业黑幕的揭露，从头至尾只是对消费者进行装修指导和产品宣传，这也许是为什么该手册命名为“绿色家居手册”而非“绿色白皮书”。

此类活动多采用新闻发布会的形式，为了吸引更多媒体和消费者的注意，冠军联盟联手家居业知名杂志《瑞丽》共同发行该手册，整合《瑞丽》的知名度资源达到更大范围的传播效果。

冠军联盟的新闻公关策划素以高效著称，抛出“白皮书”的口风不久，发布活动就迅速上演了。

此次发布选在风景如画的广州珠江边一个星级酒店举行，考虑到记者晚睡晚起的作息习惯，发布会选在上午10：30召开。10：20左右，所有记者都如约而至，事先准备好的记者问题、新闻通稿等材料也在签到时送到记者手中。此次发布会我和我的团队邀请了《南方都市报》、《南方日报》、《新快报》、《广州日报》、《羊城晚报》、搜房网、焦点装修家居网等多家强势媒体的记者，同时邀请了广州市家居行业协会秘书长庄子标，大大提升了此次新闻发布会的权威性和规格。

10点30分，新闻发布会准时召开。由于事先有了周密的安排，记者提问、气氛营造等关键环节都得到很好的控制。在记者提问环节上，我们团队安排了十几个问题，每个嘉宾都有问题回答，未出现冷场和敏感性问题，现场得到很好的控制。

传播绿色家居理念

在新闻内容的策划方面，我们从两个角度做了两篇通稿，以便发布时根据媒体的不同风格进行不同投放。一篇侧重于“绿色家居手册”涉及到的健康装修，针对不科学装修对人体带来的危害来引出此本手册对于消费者健康装修的指导意义；另一篇侧重于大装修概念，绿色家居不仅包括绿色选材，在装修、监理、验收同样需要做到绿色，通过列举“装修猫腻”，突出该手册对于指导消费者从选材到验收都做到绿色的实际意义。

新闻发布会是造势的开始，事后的新闻传播则是更重要的步骤。新闻发布会最主要的目的是整合媒体的影响力向外界传播企业信息，“效果才是硬道理”，而评估效果的主要指标就是见报率和社会影响度，因此，在发布会开完后，与记者沟通何时出稿，并跟踪媒体的见报情况，同时收集整理相关样报对作事后评估至关重要。

此次新闻的发布除了以上出席发布会的媒体悉数报道以外，在全国其他地区，我和我的团队代理发布了近100家媒体，《杭州日报》、《东南今报》、《浙江日报》、《天府早报》、《西南商报》、《晶报》、《四川经济报》、《信息时报》、《齐鲁晚报》、《信息日报》、《江西商报》、《经济视点报》、《青年导报》、《中山日报》、《华西都市报》、《南京日报》、《南京晨报》、《大河报》、《郑州晚报》、《深圳商报》、《武汉晚报》、《厦门商报》、《东南早报》、《东方今报》等上百家媒体都在第一时间刊登了此消息。《信息时报》、《齐鲁晚报》、《大河报》等强势媒体更是在家居版头版头条刊

2009年8月21日 星期五 深圳商报

60年 E3

深圳成就展示大型纪念特刊·家居

主编 张智军　责编 潘艺丹
美编 唐　娟　组版 彭宝清

本田车

落谁家

“爱心大行动，买家具送轿车”活动

出一辆本田锋范轿车及高级名床、

第一轮抽奖奖券号公示：

0007064、0007046、0008651、0008918、0008919、0008787、0008790、0008789、0008124、0009626、0009036、0009125、0009014、0009066、0009655

0009076、0008726、0009598、0009961、0009152、0009989、0009751、0009103、0009684、0009179

业界动态

80万份《绿色家居指导手册》今发放

家居装修污染已成为众所周知的健康杀手，绿色家居生活受到高度关注并日趋流行。8月11日，由东鹏陶瓷、欧派橱柜、大自然地板、雷士照明、红苹果家具和美的中央空调6大品牌组成的冠军联盟携手《瑞丽家居》联合编撰的《绿色家居指导手册》于广州举行首发式，在即将到来的家居装修旺季给消费者提供一体化的绿色家装解决方案。

据悉，《手册》首次发行80万册，通过《瑞丽家居》随其8月刊全国发行，同时通过冠军联盟6大品牌遍布的营销渠道向消费者免费派送。为了让更多的消费者受惠，在冠军联盟官方网站和6大品牌的企业网站提供免费下载服务。

《瑞丽家居》代表余敏表示，手册倡导“完美家居生活”，为消费者提供包括清新家具、人性化橱柜、自然地板、艺术瓷砖、绿色照明、健康空调等内容的绿色家居一体化方案，从选材、风格潮流和装修操作实务各个环节，为消费者的装修提供专业的指导。

据了解，不科学的装修会产生“新居综合征”，对人体健康至少有六方面危害：眼、鼻、咽喉刺激，疲劳，头痛，皮肤刺激，呼吸困难等一系列症状；产生典型的神经行为功能损害，包括记忆力损伤、刺激人的三叉神经感受器、引起呼吸道上的炎症、降低人体的免疫功能等，还可能诱发人体肿瘤。

冠军联盟秘书长姚吉庆在现场接受采访时表示，《手册》的发布，将为消费者提供一体化家装解决方案，赋予消费者超值的冠军品牌体验价，以及现代精致的生活享受。另外，对家居行业来讲，它标志着“冠军联盟”将不断以“最优性价比”的产品，努力促进家居行业由“价格营销”向“价值营销”跨越。对社会来讲，它更体现出“冠军联盟”拉动内需，领跑行业发展，推动节能环保的社会责任。

据了解，自4月成立以来，冠军联盟通过整合资源优势，在品牌营销、客户服务等层面全面联手，推动家居产业跨界升级，在为消费者提供绿色环保、健康节能的优质产品的同时，还提供完善的绿色家整体解决方案。《手册》的推出，必将推动绿色家装成为家居生活潮流。（吴席平）

《深圳商报》在头条刊登此消息

2009年8月19日 责编 楚天舒 美编 李庆琦 电话 65795609 E-mail:ppp995@sohu.com

大河报　家居|活动　DAHE HOME　C31

秋装登场

行业快讯

80万份《绿色家居指导手册》发放

家居装修污染已成为众所周知的健康杀手，绿色家居生活受到高度关注并日趋流行。8月11日，由东鹏陶瓷、欧派橱柜、大自然地板、雷士照明、红苹果家具和美的中央空调6大品牌组成的冠军联盟携手《瑞丽家居》联合编撰的《绿色家居指导手册》举行首发式，在即将到来的家居装修旺季给消费者提供一体化的绿色家装解决方案。

据悉，《手册》首次发行80万份，通过《瑞丽家居》随其8月刊全国发行，同时通过冠军联盟6大品牌遍布的营销渠道向消费者免费派送。为了让更多的消费者受惠，在冠军联盟官方网站和6大品牌的企业网站提供免费下载服务。郑州的消费者，未来将可在红星美凯龙各联盟品牌的店面领取。

据了解，自4月成立以来，冠军联盟通过整合资源优势，在品牌营销、客户服务等层面全面联手，推动家居产业跨界升级，在为消费者提供绿色环保、健康节能的优质产品的同时，还提供完善的绿色家居整体解决方案，让消费者居家无忧。G

《大河报》在头条报道此次新闻发布会

登了专题报道。

由此我们可以看到强势媒体对于传播的几何式扩散效果，《羊城晚报》、《南方都市报》等媒体作为国内报纸排头兵，在信息可信度、权威性方面是其他媒体不能比拟的，在网络社会，这种权威性带来的更是网络转载率的几何式增长。

冠军联盟此番“白皮书”造势是在“千城万店”活动过程中进行的，配合“千城万店”终端促销，冠军联盟此本指导手册一方面为消费者在选材、装修等方面作出权威指导，可在一定程度上博得消费者的信赖与好感，提升品牌美誉度，同时手册中大篇幅对六大品牌产品的介绍也可在消费者选材过程中带来不错的“广告”效应。

此外，此次手册发布另一个亮点是借势知名家居类媒体《瑞丽》，家居行业第一冠军联盟与家居知名媒体的结合，必将带来轰动效应。从这一点上看，冠军联盟此次《绿色家居指导手册》实现了借势与造势的融合。

从冠军联盟此次“绿色家居手册”的发布，我们也可以看出，只有真正以消费者利益为中心的新闻营销，才能最终赢得消费者的心智资源，才能真正做到企业之树常青；与媒体的合作，也才更易进行。这也正是冠军联盟在新闻传播时强调“价值营销”的原因所在。

结语　跨界传播，叠加就是影响力

在冠军联盟之前，家居业也曾有不少企业组成联盟开展联合营销与推广，但由于没有明确的发展思路，没有完整的组织构架，也没有一个得力的牵头品牌，往往在重要的环节大家都各执一词，特别是在宣传推广的费用等问题上，各联盟商家之间的思路、方向各异，往往难以达成共识，很多由于分歧越来越大，最终流产。

在我看来，之前的品牌联合营销推广失败的原因主要在于：缺乏专业团队操作和组织协调管理；在利益分享、费用分摊等方面不合理、不透明；品牌选择不当，定位、互补、非竞争性等方面考虑不周。

在吸取了之前联盟失败的经验教训之后，中国家居业冠军联盟设立了联盟代表大会，下设联盟常务委员会，统领策划、媒介公关、推广执行、设计、培训、财务等小组；另外，在广告宣传方面的投入和支出也有透明、合理的计划安排；在选择品牌时采用非竞争性原则，六大品牌互补、互利，不存在竞争关系。

由于经销商在推广的执行中也起到重要的作用，冠军联盟在动员经销商方面也做足了工作，多次举办动员会对为什么要推广冠军联盟、怎样推广进行培训。而“五一”促销的喜人业绩也让经销商看到了效果，对推广的配合也自觉起来。

然而，在内容为王的时代，一个好的推广策划最重要的是主题的选择。冠军联盟每个企业都是传播推广的高手，尤其是欧派橱柜，因而每一个传播事件的选择、每一个新闻选题的制定，都是相当考究的。

人民大会堂的启动仪式声势浩大，高调庄重，良好的开始是成功的一半，只有传播范围广，影响力度大，美誉度高，才能为以后工作的顺利开展打好基础。“博鳌房地产论坛”是借该论坛的平台扩大冠军联盟的影响力，并抛出橄榄枝寻求与房地产商的合作。而“五一”促销与“百城千店”整合了公关、广告和促销，完美地实现了整合营销传播，既推广了品牌又实现了销售的井喷。每一个策划都既具良好的新闻性，易被媒体采纳，又传达了企业的信息，提升了品牌知名度和美誉度。

新闻传播的目标是品牌与销售的双赢。人民大会堂的成功造势为冠军联盟带来了相当广泛的知名度，而随着活动的连续开展，各界和媒体冠军联盟的关注持续升温，并很快引发了消费者的购买行为，“五一”促销引发了冠军联盟第一轮销售热潮，从此一发不可收拾，在随后各地的“百城千店”促销中，新闻推广到位，销售情况也令各大品牌喜笑颜开。

冠军联盟无疑是目前行业联盟最成功的一个例子，在新闻推广方面，吸取之前联盟的经验，设立专门机构，组织专人进行运作，制定了联盟章程，并将媒体公关、推广执行的费用透明化。这些方面，冠军联盟无疑都走在了其他联盟的前面，是跨界传播的典范。

第二章

可持续传播，世界白电巨子格兰仕的“新闻史诗”

引言　话说格兰仕新闻传播

纵观中国本土企业，最善造势者，非格兰仕莫属。

我对格兰仕造势的最初认识，最早应追溯到我在《南方都市报》做记者期间。我记得第一次作为《南方都市报》记者采访格兰仕，是在1999年底，采访对象是格兰仕新闻发言人、格兰仕集团副总裁俞尧昌先生，主题是“格兰仕的国际化”。我的这次采访内容，后来形成了我的著作《赢在WTO年代》里“格兰仕的国际化与国际化的海尔”的主体内容。

在那之后，我与格兰仕的接触逐渐多起来，彼此间的交流和沟通一直持续到现在，也成为了我与格兰仕合作的基础。在这一过程中，格兰仕对于新闻传播的重视与敏锐意识以及实施过程中的高超策略，给我留下了深刻印象。

若要问，格兰仕做新闻传播与其他企业有何不同，可持续传播便是对这一疑问精炼而准确的回答。所谓可持续传播，是将新闻传播作为一种长期的、常规的品牌推广方式，它并非像一般人理解的那样，只有企业发生了一定的新闻事件或者举行了某个大型活动，才有条件实施新闻传播，而是将平常的市场策略、产品推广、品牌形象包装等都作为新闻传播的素材，用新闻的形式进行传播，通过报纸、杂志、网络等媒体每天的新闻报道，加深消费者对品牌和产品的了解与认同，进而夺取行业话语权，套用一句诗，叫做“企事洞明皆新闻”。

如果仔细研究格兰仕的传播历程，便会发现格兰仕的报纸广告、户外广告和电视广告非常少，少到让人觉得难以与格兰仕这样一个国际家电巨头的名声匹配。但另一方面，格兰仕的名气却很大，其原因，除了口碑传播以外，格兰仕长期坚持新闻传播，是一个至关重要的原因，无论是自身的市场策略、新品上市、企业活动，还是品牌形象打造，格兰仕均习惯运用新闻传播方式，进行推广宣传，不仅覆盖面广、权威性高、传播周期长，而且投入产出比相当高。对于讲究投入与产出的格兰仕来说，新闻传播无疑是其最适当的品牌推广利器。

如果说，可持续传播是谱写格兰仕“新闻史诗”的优美语言，那么，构筑格兰仕“新闻史诗”内核的，则是格兰仕精神，一种敢为天下先的精神、一种实干精神，毕竟，优美的语言只是深刻思想的载体。

第一节 化危为机，从“格兰仕现象VS海尔冬泳”说起

2008年底的全球经济危机，实实在在地影响着中国每一个企业，尤其是对于中国家电行业这样的传统制造业，处境更是艰难。一方面欧美市场需求急剧萎缩，直接影响我国家电企业的出口量，另一方面资金链紧张成为各企业最为头痛的难题。如何在重重危机下开拓新市场、保持公众对企业品牌的关注度、苦练内功度过“寒冬”，成为国内众多企业面临的首要问题。由于经济危机通过国际产业链传导，对中国企业的影响，具有一定时滞性，因此，2009年二三月份成为了真正的“隆冬”，我和我的团队也迎来了真正的考验。

金融危机的考验

格兰仕作为我的长期新闻传播合作伙伴，在3月份突然“按兵不动”，一改以往运用媒体大张旗鼓进行新闻传播与品牌传播的做法，无论是对于新一年的产品上市、市场策略，还是企业品牌的宣传都显得异常谨慎。这一方面是因为在全球金融危机的巨大影响下，格兰仕需要时间进行内部管理、组织结构和市场策略的调整；另一方面，在经济环境严重恶化的形势下，企业的品牌宣传更需要精准化，更需要追求投入与产出的合理化，这就要求我和我的团队在新闻传播的策划上，更要有新意，更要一针见血。

在2009年二三月，我和我的团队与格兰仕紧密合作，策划出“格兰仕现象”这一新闻传播主题，重点反映家电下乡以来，格兰仕空调、微波炉、生活电器在农村市场准备充分、反应迅速、服务到位的优异表现，这一新闻通过全国媒体的发布，取得了相当好的效果。

进入4月，我和我的团队针对格兰仕微波炉、空调市场行情看旺的特点，提

出了数个新闻策划构想：

1. 微波炉文化与产品一起下乡

   格兰仕提升软实力推动行业发展

2. 花一样钱买三样电器

   格兰仕“线下B2C”走进农村反应火爆

3. 春江水暖鸭先知

   格兰仕提前送小家电“下乡”

但对于这几个选题，格兰仕方面并未表现出特别的兴趣，其原因在于进入2009年，家电下乡的热潮已渐渐淡去，继续围绕家电下乡做文章，新闻性已大大下降，需要寻找新的新闻点。另一方面，虽然金融危机的话题仍有吸引力，但对其负面影响的过多宣传也开始让人感到乏味，因此急需挖掘既能吸引读者眼球和业界注意力，又能对格兰仕的品牌形象起到正面作用，还必须具有创意性的新闻主题。

横向比较出新意

随后，我和我的团队开始重新调整思路、寻找线索、构思新的新闻内容，在这个过程中，网上几则关于“海尔冬泳”的报道引起了我的注意。海尔和格兰仕一样是国际家电知名品牌，在国内家电行业具有举足轻重的地位，一举一动都备受业界和大众关注，而在这次金融危机中，两个企业都有着逆势勃发的优异表现，堪称中国家电行业乃至民族企业逆势突围的代表和学习典范。在这一背景下，将格兰仕的“过冬”之道和海尔“冬泳”进行横向比较，就显得颇具意义。有了这一构想，我和我的团队提出了新的新闻策划内容：

格兰仕现象 VS 海尔冬泳

“内需时代”的中国企业生态图

这一新闻主题很快获得了格兰仕的认同，而我们在新闻撰写中，也突出了格兰仕打价值牌、内练管理、外夺市场的一系列大动作，与海尔的微笑曲线战略以及在产品、商业模式和管理上的创新进行恰当的对比，展示出格兰仕作为国际品牌的风范。

在媒体的选择上，为了最大限度提升格兰仕的品牌影响力，我们选择了全国上百家报纸媒体和杂志进行投放，最终的传播效果非常之好，超出我们的预期。

在北方颇有影响力的《半岛晨报》在家电版以一个整版发布了此篇新闻报道。

北京的《中华工商时报》也在“民企观察”版刊登了半个版的新闻报道。

C10　半岛家电　2008.4.30 星期四　责任编辑：于东赢　本版编辑：于芙　美编：王自石
24小时新闻热线 82888888 读者 114 转接

半岛晨报

品牌观察

“格兰仕现象”和“海尔冬泳”

——两大家电企业应对“内需时代”的生存挑战

格兰仕“价值提升”，海尔“微笑服务”

激活市场，拉动消费，是企业“御寒过冬”的关键之一。

日前，格兰仕集团对外表示，将把内外销比例，由之前的3:7逐渐调整为5:5，将更多的精力，投入到国内市场，特别是当前的农村市场。

首先，在全球经济低迷、消费下滑的形势下，转战国内市场，充分挖掘市场经济潜力，乃明智之举。其次，借助于其行业第一生产规模与核心技术的完全掌握，进入对抗性比赛，乃智慧所现。

最后，在消费紧缩形势下，通过提升产品性价比，为消费者省钱谋实惠，乃得人心之举。

海尔集团CEO张瑞敏提出了他的“微笑曲线”理论，即海尔的新方向是位于曲线上端的两端，即强化设计与营销，离开曲线下凹的部分，即生产制造。

在海尔看来，设计与营销，才能确保企业拥有足够利润。生产制造的利润空间已越来越小，无论是“过冬”还是“常青”，利润都是企业追求的第一目标。另一方面，海尔向服务型企业转变，也是市场的要求。

格兰仕与海尔，中国两大世界级家电巨头，适时而动，以不同的方式，应对着“内需时代”的生存挑战，由此形成的倍受关注的“格兰仕现象”和“海尔冬泳”，则生动地勾画出了“内需时代”中国企业的生态图。

格兰仕“内外兼修”，海尔“三级创新”

有了战略方向还需战术支持，这方面，格兰仕与海尔都各有高招。

据悉，早在金融危机爆发不久，格兰仕便在全球启动大规模组织层次的营销、研发精英，甚至整个精英团队。同时，在成本控制、质量管控、物流管理、信息化管理、产品管理上，也加大了力度，充分利用“寒冬”时机，提升了自身综合实力。

在市场开拓上，还在“家电下乡”正式启动前，格兰仕便已将自创的“大篷车下乡”活动，推进到了全国各地的农村，并建立起了牢固的渠道和3500个网点，辐射到全国乡镇。今年，更是通过“感恩中国行”等主题活动，在城乡市场，开拓出一片新天地，这也正是格兰仕提出将内外销比调整为5:5的底气所在。

海尔的创新，可分三层：产品、商业模式和管理机制。

对于产品的创新来说，在美国，海尔设计了700升容积的大冰箱，有一个抽屉能放下一只完整的火鸡，方便美国用户过感恩节，在农村，海尔专门设计了具有防鼠板的家电，具有抗菌功能外壳的洗衣机，防溢出的电磁炉等等。

在商业模式上，海尔提出“零库存”要求，根据市场需求，进行定制生产，最大限度地防止库存多、应收多、利润少、现金少现象的出现。

在管理机制上，海尔组成“自主经营体”，鼓励员工根据客户需求，主动跟踪投入产出、主动创新，并分享自身所创造的价值。

据了解，在一系列有针对性的战术驱动下，仅去年海尔集团利润同比增长20.6%，利润增幅超过收入增幅的两倍，而格兰仕在微波炉销售上已逆势增长56%，稳固市场第一，生活电器更是获得了300%增长的奇迹。

“隐性需求”驱动格兰仕与海尔的车轮

没有了市场需求，企业也就失去了存在的依据，“内需时代”一词，也可以被赋予新的内涵了，关键的问题是，如何找到市场需求？

格兰仕和海尔给出的答案是，寻找市场中的“隐性需求”。

这也是为何格兰仕与海尔能把产品卖给原本对普通家电并不感冒的农村消费者，因为他们发现了农村市场的“隐性需求”，并成功将其体现在产品的改良和设计上，而且，相应地提供了农民所未曾想到的周到又实用的服务。

据悉，针对农村市场，格兰仕就不断研发及生产适合农村市场使用习惯的新品，比如开发、研究具有宽电压、防鼠咬性能，增设炒瓜子、烘烤中药的“乡土”功能等家电产品，以满足农村市场需求。

同时，格兰仕还打出了“100%售后服务”的口号，包括小家电在内的所有格兰仕产品，均可享受统一标准的保修服务，首开业界先河，也保证了消费者的利益。C10a

记者 [illegible]新宇

此外，搜狐财经频道、网易商业频道、慧聪网、家电网、金融界等网站也全文转载了此篇新闻报道。

在一个多月的媒体发布过程中，全国共有数百家报纸媒体发布了此篇新闻报道，其中近六成媒体将其作为头条刊登，累计发布字数超过10万字，另外有近60家网站进行了新闻报道转载，掀起了一股新的“格兰仕现象”热。格兰仕应对经济危机的做法，引起了业界和大众乃至政府的高度关注，这也为接下来格兰仕一系列的品牌宣传和新闻传播打下了良好的基础。

第二节　华山论剑，微波炉全球领导者的领先传播策略

“华山论剑，谁与争锋？”

不管在国内还是国际市场，格兰仕就是微波炉的代名词，这一点，无论是在业界还是在大众中，都无可争议。占据国内市场近七成市场份额的格兰仕微波炉，无论在规模、功能创新上，还是在外观设计上都走在行业最前沿，在过去的十多年中，从第一代简单加热功能的微波炉，到第二代单一功能微波炉，再到第三代全能微波炉，格兰仕一直以寂寞的姿态走在对手和市场需求前面，其为数不多的竞争对手，无论在设计、功能、价格等多方面均只能采用跟随战术，格兰仕

“独霸武林”的江湖格局持续多年。

另一方面，微波炉的技术发展已处于相对稳定的阶段，新的设计和应用偶有出现，但核心技术已比较成熟，这方面的因素决定了微波炉市场将长期处于一种相对稳定的竞争状态中。

对格兰仕的SWOT分析

相比动态的竞争激烈的市场，在较为静态的市场环境中做品牌传播，则更考量人的智慧。毕竟变化少，可用来做品牌宣传的由头和借力点就少，而且消费者对品牌的忠诚度也相对稳定，这就对企业的品牌传播策划提出了更高的要求。但正是在这样的市场环境中，世界微波炉巨头格兰仕显示出了高超的新闻传播智慧和技巧。在我和我的团队的配合下，打造出众多经典的新闻传播案例，在新闻传播领域，格兰仕实现了“自我超越”。

进入2009年以来，格兰仕加大力度推广全能型微波炉。自2007年开始，格兰仕“中国红”、“中国映像”等全能型微波炉销售势头非常好，相对于市场上以单一功能为卖点的微波炉，比如“蒸”功能微波炉，取得了压倒性的优势。而如何持续保持这种优势并将其扩大，成为格兰仕一直在思考的问题。

对此，我和我的团队对格兰仕全能微波炉面对的市场情况，进行了SWOT分析：

S （优势）	W （弱点）
格兰仕品牌影响力巨大 全能微波炉被市场接受，消费者认可度高 功能齐全，时尚又实用	全能的概念不够具体，略显空洞 有时会被误认为“全能=高价”
O （机会）	T （挑战）
2008年底到2009年的经济危机，令消费者偏爱“花小钱，办大事” 传统烹饪工具开始难以适应快节奏的都市生活	年轻一族钟爱创意、充满乐趣的厨房生活 全能微波炉烹饪的观念还未被大众广泛接受

基于以上分析，我和我的团队把格兰仕微波炉2009年上半年的新闻传播重点，放在了“全能”和“实用”两个概念上，并力求围绕这两个概念传递出以下信息：

1．格兰仕全能微波炉具有高性价比。

2．全能是微波炉市场的大趋势，是针对单一功能微波炉的全面升级。

3．都市人群形成微波炉烹饪习惯，微波炉烹饪成为一种新兴的烹饪潮流。

这一思路与格兰仕方面不谋而合，主推“全能”和“高性价比”概念也正好是格兰仕的策略重点，于是在这一思路指导下，我和我的团队开始构思格兰仕全能微波炉新闻传播的内容策略。

微波炉的夏天新闻攻略

由于正值盛夏，高温酷暑天气开始在各地出现，充满着油烟和明火的中国传统厨房，成了不少人不愿进但又不得不进的火炉，夏日的高温厨房生活，成为了许多家庭的一大烦恼。另一方面，春夏之交，甲型流感盛行，对饮食卫生的关注再次升温。针对以上情况，我和我的团队果断决定以“清凉厨房”和“光波杀菌”为新闻传播重点，提出了具有时效性和针对性的新闻选题：

炎炎夏日，全能微波炉营造清凉厨房

这一选题很快得到了格兰仕的回应：可行。于是我和我的团队随即根据微波炉的市场行情，结合格兰仕产品的功能，从消费新闻线的角度，以突出“全能微波炉带来无明火和无油烟的清凉厨房”和“格兰仕微波炉光波杀菌保证食品餐具卫生”为目的，在数小时内完成了新闻通稿，并得到了格兰仕的肯定。

接下来，我们按照预先制定好的媒体计划，在全国各地各大报纸发布这一则新闻。此新闻的时效性较强，且贴近百姓生活，受到了各大报纸的青睐。

杭州的《每日商报》也在消费3C版以头条的形式大篇幅刊登了题为“除了煮食还可听歌看电影　高端全能微波炉走俏杭州市场”的新闻。

除了全国主流报纸外，新浪、搜狐、网易、焦点家居等各大网站也转载了此新闻。

11|消费·3C&3G

每日商报

抢鲜报

除了煮食还可听歌看电影

高端全能微波炉走俏杭州市场

印度客户翻倍破百万

阿里巴巴撬动“金砖市场”

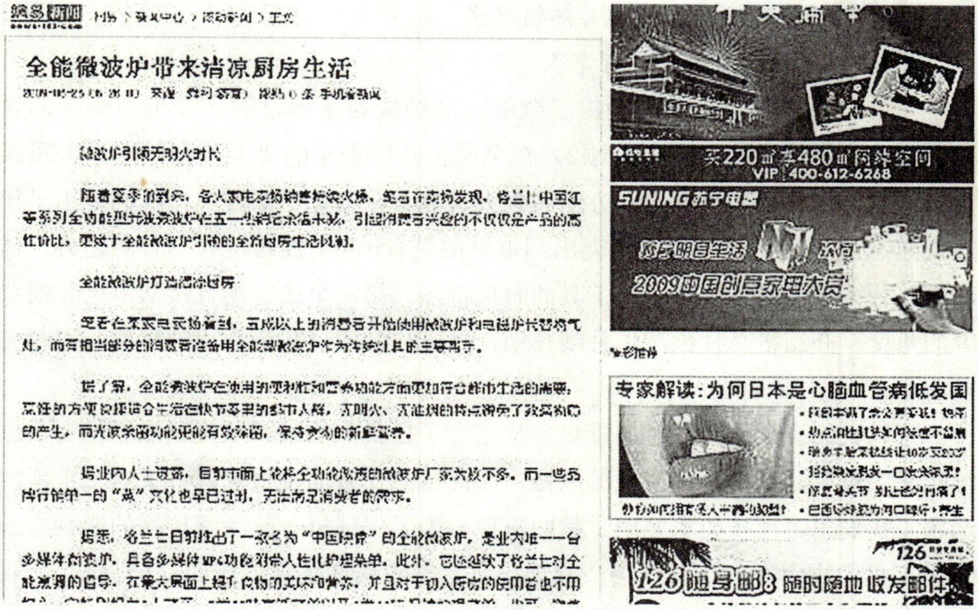

全能微波炉带来清凉厨房生活

微波炉引领无明火时代

[illegible]

全能微波炉打造清凉厨房

[illegible]

经过一个多月的新闻发布，全国共有80余家报纸媒体和超过50家网站刊登或转载了此篇新闻，发布字数超过8万字。在这一轮新闻传播之后，全能微波炉市场的关注度迅速提高，在格兰仕的各大销售点，询问全能型微波炉的人也明显增多，格兰仕微波炉行业领导品牌的地位再次得到体现。

但格兰仕所要求的不仅仅是这一次的新闻传播效果，更是长期、持续的品牌影响力和产品知名度，这就需要我和我的团队在接下来的时间里，不断地根据宏观经济形势、市场情况、消费趋势以及社会热点甚至天气情况等因素，策划出具有创意的新闻选题，而风格依然必须保持消费新闻的路线，以达到贴近民生、直接促进卖场销售的目的，将新闻传播这一产品推广方式常规化，这也完全符合格兰仕可持续传播的风格。

不过，要在一个相对平稳的行业中策划出不同的有创意的新闻选题并非易事，我和我的团队在为格兰仕微波炉做可持续新闻传播的过程中，面对的最大挑战便是“创新”。为此，我们在遵循亲民路线的前提下，利用一系列大众熟悉的名词或概念进行新闻传播策划，在经过反复讨论后，我和我的团队提出三个新的新闻选题：

1. 夏日厨房不再是“桑拿房”

   “无烟火”全能微波炉成时令畅销品

2. 格兰仕全能微波炉引发厨房“72变”

   都市微波美食DIY一族兴起

3. 格兰仕打破微波炉“假日热销规律”

全能超值新品成时令消费品

在第一个选题中，我们提出了全能微波炉成为厨房里的“变形金刚”的说法，顺应了美国大片《变形金刚2》在全国上映所带来的“变形金刚潮”，重点突出格兰仕全能微波炉在烹饪方面的强大功能。在第二个选题中，我们运用了年轻人熟悉的“72变”的说法，突出都市里的美食DIY一族兴起这一时尚趋势，体现格兰仕微波炉成为新兴烹饪工具的时代特点。第三个选题则直接从市场和消费者的角度，介绍格兰仕微波炉持续热销，打破往常假日热销规律的现象，引起大众注意。

可以说，三个选题各有侧重点，都结合了社会上的最新潮流和生活趋势，进行产品的推广，并保持了亲民的风格，因此格兰仕方面也很快认可了这三个新闻选题，我们也迅速按要求完成了新闻稿件。为了保证每一轮新闻传播的影响力最大化，我们决定在三个月内有步骤地推进这三轮新闻传播。于是从6月份起，我们先在全国报纸媒体上发布了第一篇稿件，启动了格兰仕微波炉夏季的以“时令畅销品”为主题的持续新闻传播攻势。

消费时代

中国质量报

China Quality Daily

无烟烹饪让夏日厨房不再“桑拿”

人看懂的橄榄油标签

花八门 场亟待规范

日期酸度有讲究

多了几个字实质大变样

不同品牌配料各异

本版责任编辑 吴 绵 本刊电话：010-84650192 电子信箱：zlglzk@163.com

由于稿件颇具时效性和指导性，全国各大报纸均在其消费、咨询、家电、新闻等相关版面刊登了此篇新闻稿件。

全国发行的《中国质量报》也在消费版以头条的形式刊发了此篇新闻。

此外，新浪等知名网站也在其财经频道全文转载了源自《齐鲁晚报》的新闻。

在一个月时间内，全国共有100余家报纸媒体发布了此篇新闻，发布字数超过7万字，

sina新闻中心　新闻中心 > 国内新闻 > 正文

连日高温厨房变“桑拿房”　微波炉成了省城俏销货

http://www.sina.com.cn 2009年06月29 07:12 大众网-齐鲁晚报

另外有约80家主流网站转载此新闻。在第一阶段攻势取得胜利之后，我和我的团队不敢懈怠，马上投入到第二轮的新闻传播中。这一次，我们决定将侧重于功能介绍和市场销售情况介绍的两篇新闻报道一起发布，强化新闻传播力度，加速格兰仕微波炉影响力的提升。

尽管在短时间内，在版面普遍紧张的报纸上发布同类新闻稿件难度颇大，但

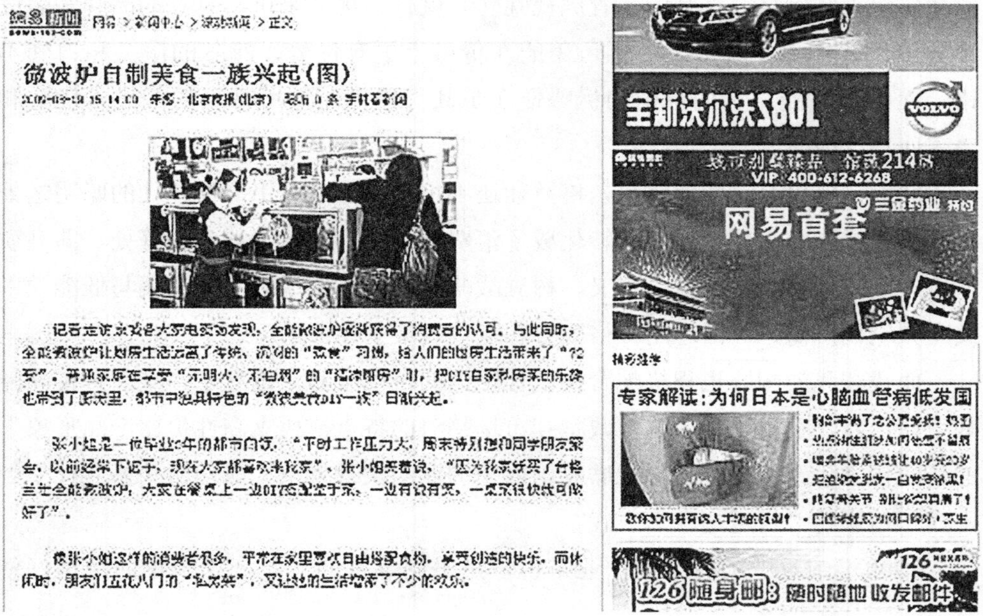
微波炉自制美食一族兴起(图)

在我和我的团队的努力下，格兰仕微波炉的这一轮新闻传播依然顺利完成。

门户网站网易也在其新闻频道转载了此篇新闻报道。

经过约两个月的新闻发布，全国共有近200家报纸媒体发布格兰仕微波炉的新闻报道，发布字数超过20万字，另外有近100家网站转载了相关报道。

这两轮三篇新闻稿件的全国发布，对微波炉市场和大众消费起到了重要影响，格兰仕的全能微波炉在保持近七成的市场占有率情况下，依然实现了高速增长。2009年“五一”前后，增长甚至超过50%，可见，格兰仕微波炉所实施的新闻传播策略功不可没。

凭借在微波炉市场上的逆势增长和垄断优势，格兰仕逆势勃发的决心更加充足，并开始在空调和生活电器市场上酝酿更大的动作。

第三节　穷追猛打，空调搅局者的跟随传播战略

如果说在微波炉市场，格兰仕新闻传播的策略是巩固已有格局和不断超越自我，求的是“稳”和“超”，那么在空调市场，格兰仕的新闻传播策略则大相径庭，其目的在于搅局，求的是“乱”。这一新闻传播策略与空调市场的格局、格兰仕自身的特点不无关系。

在中国空调市场，格力、美的、海尔是当仁不让的三强，而以格兰仕为代表的新生势力则始终对三强的位置虎视眈眈。就各自优势来讲，三强的品牌知名度不分伯仲，格力在渠道上更强，美的在价格上更有优势，海尔的服务和口碑不错，而格兰仕能与它们抗衡的优势便在于其大规模制造所带来的低成本优势和“零库存”战略。

然而，仅仅有这两点优势，格兰仕还不足以冲击前三甲，格兰仕的聪明之处在于将低成本和零库存的优势转化成了消费者看得到也体会得到的好处，即高质低价、高能低价，不搞机会主义，树立战略眼光，坚决用高能效空调与低能效以及变频空调抗衡，灵活运用价格攻势和能效政策争夺市场。

而我和我的团队也积极配合格兰仕空调的市场策略，确立了“重点宣传高能效空调优点，突出其顺应国家政策和市场趋势的特点，树立高性价比产品形象”的新闻传播思路，在金融危机席卷国内空调业的大背景下，成功协助格兰仕空调上演了精彩的“弯道超车”大戏。

2009年，对于国内空调产业来说，是不同寻常的一年。“今年的空调好便

宜”，这是普通消费者最直接的反应，这最为简单的一句话，背后却蕴含着空调业急剧的风云变幻。

关于“弯道超车”一说，爱好赛场上竞技的人都知道，从来都是风险与机遇并存，在瞬息万变、刺刀见红的空调赛场，更是如此。我们知道，“弯道超车”首先讲究的是进弯，选好切入点是抢占先机的关键，进弯之后是过弯，讲究的是“赛车”的抓地力与稳定性，出弯时甩开对手，加速能力成为摆脱对手的关键。

预谋实施“弯道超车”，这是众多空调品牌心照不宣的想法，格兰仕也不例外。“卧薪尝胆”多年，格兰仕终于在2008年那个最为寒冷的冬天，看到了前所未有的“超车”机会，积蓄已久的格兰仕借机高举“积极进攻”大旗，启动了“弯道超车”的第一步。

进弯，找准切入点，以己之长，攻敌之短

2008年下半年，百年一遇的金融海啸爆发，出口需求骤减，空调一线品牌同时还面临“低能效”产品的高位库存压力。而同时，国际铜价暴跌，由最高位8万元/吨降至2万元/吨，这使得行业1500万台库存急速贬值，国内空调行业出现超过140亿元的价值黑洞，一线品牌面临资金链断裂危机。

2008年底，国家空调能效标准出台，2级以下空调面临退市。2009年2月1日，“家电下乡”政策推行，再次将低能效空调拒之门外。国内外形势的风云突变令空调行业充满了变数，也暗含着机遇。

我和我的团队敏锐地认识到，国际国内形势的变换，本质上跟两个要素有关：成本与能效。一线品牌面临空前的库存压力，低能效空调被提前宣判“死刑”，这对于那些没有库存压力，生产成本低，且产品集中于高能效空调的厂家来说，无疑是一个巨大的机会，而格兰仕恰恰是其中之一。

事实也证明了我们的判断，格兰仕在业界率先发起“击穿价格底线”活动，将小1P空调的价格卖到了999元，开业界先河，在格兰仕的带领下，一大批二线品牌纷纷跟进，空调市场大有洗牌之势。

在这种形势下，我们要做的是，把主流品牌抛售不符合国情的“低能效、高价格”空调实情，进行充分揭露，同时把以格兰仕为代表的新生势力在新形势下的优势得以展现，最终的目的是向大众传递出一个关键的信息：低能效、高价格的空调已不再符合当前的市场形势，高性价比的高能效空调才是未来中国空调市场的发展趋势。

为了达到这一目的，我和我的团队为格兰仕制定了有计划、有步骤的新闻传播主题。首先我们选择对行业形势进行报道，引起大众和媒体的关注，并重点宣传格兰仕的零库存和低成本优势，为其在2009年的全面攻势造势，同时也为接下来的新闻传播做铺垫，为此我们策划出第一波的新闻选题：

一线品牌资金链断裂令二线品牌翻身有望

铜价暴跌致空调业命悬一线

选题得到格兰仕的认可后，我们在撰文时从行业的角度，突出了格兰仕的优势，并与一线品牌的窘境形成鲜明对比。随后，利用我们的媒体优势将其刊发在全国各大主流报纸上，这篇透析空调行情的文章在短时间内受到众多媒体的高度关注。

《南方都市报》在《天天财富》版刊发大篇幅记者署名报道：

库存贬值形成至少140亿“价值黑洞”——空调业告别15年胜景，价格血拼衔枚急进

其中大篇幅披露：

空调产业因库存贬值所形成的至少140亿的“价值黑洞”，导致各大品牌积压在经销商的库存至少贬值30%，一线品牌的贬值已超过40%。

此前有厂家光是靠铜期货的套期保值交易就能赚大笔的钱，现在却要把赚的都赔进去了。

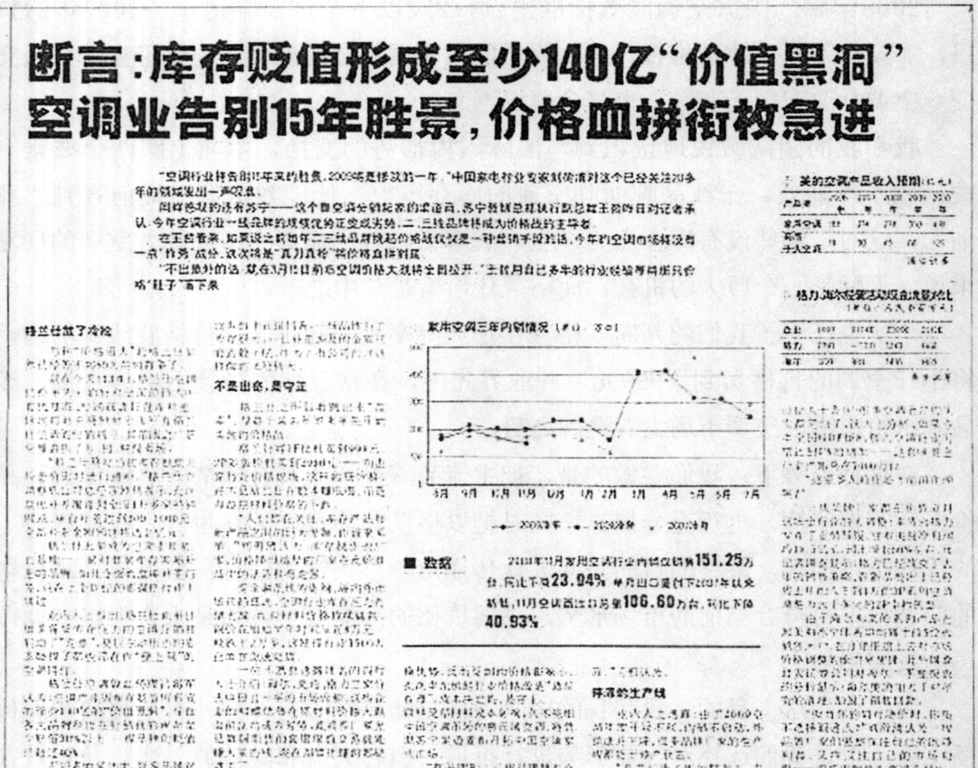
断言：库存贬值形成至少140亿“价值黑洞”
空调业告别15年胜景，价格血拼衔枚急进

对于格兰仕，文中指出：

“号称‘价格屠夫’的格兰仕显然已经等不到60天后的群争了。”

“以格兰仕为代表的国内二线品牌，凭借低成本优势，趁机发动空前规模的价格大战，令一线品牌雪上加霜，陷入四面楚歌的窘境。以格兰仕为代表的二线品牌库存少、成本低、负担小，有望打一个漂亮的翻身仗。”

由于此新闻的重大行业价值，全国其他主要的报纸如《三湘都市报》、《每日商报》、《法制晚报》、《深圳特区报》、《重庆晚报》、《金陵晚报》、《南宁晚报》等也对此进行了报道，国内共有近60家报纸媒体和包括新浪、腾讯、艾肯家电网等近百家知名网站进行了转载。

在这一轮新闻传播完成之后，格兰仕在业界掀起了一股大规模的“降价潮”，一举将空调价格拉回了两年前，同时也树立起了格兰仕空调高性价比的形象，格兰仕空调也因此成为市场销售量增长最快的一匹黑马。接下来，在与格兰仕进行沟通后，我们确定将“高能效”作为新一轮新闻传播的重点，突出格兰仕空调兼具高能效和高性价比的优势，这也符合格兰仕空调自启动“能效起义”后，数次发动“二级能效普及战役”，从高能效、低价格两个方面入手进攻市场的实践。

结合当时空调市场血拼价格，“能效”成为新热点的形势，我们提出了新一轮的新闻选题：

2级能效5级价格

空调血战中的“格兰仕现象”

这个选题的出现，特别是“2级能效5级价格”这一提法，成为了格兰仕空调2009年的市场口号，也是对格兰仕空调市场策略最精炼的概述。而“格兰仕现象”一词的再次使用，一方面是为了再次对“格兰仕现象”进行传播，另一方面也是将“格兰仕现象”具体化，用格兰仕在空调行业的突出表现作为其印证，与2008年底的“格兰仕现象”新闻传播形成呼应。

在完成撰文后，这一新闻报道迅速在全国各大媒体中再次掀起一股格兰仕空调“2级能效热”。

《每日商报》在《消费·3C》版以头条的形式报道：

2级能效抛出5级价格

厂商暗战高端空调 预热“五一”黄金周

其他的媒体也进行了深入报道，《北京晨报》、《燕赵都市报》、《南京晨报》、《青年时报》等纷纷对格兰仕“2级能效5级价格”战略进行了分析：

在原材料成本大幅下滑的情况下，格兰仕空调凭借其强大的成本控制能力和

11|消费·3C

每日商报

2级能效抛出5级低价

厂家暗战高端空调 预热“五一”黄金周

战火从低端烧到高端

不惜成本提前烘托人气

相关新闻链接

高调进军风险投资领域

阿里巴巴集团成立投资管理公司

家电卖场也推满就减

国美电器进驻世纪联华一周年

没有库存压力的优势，压缩利润空间，真正做到还利于民，因此其高性价比产品受到热烈追捧，与冷淡的空调市场形成强烈对比，形成了空调业界的“格兰仕现象”。

对于目前的降价潮，格兰仕表示，格兰仕降价源于其原材料的低成本，这样的降价在力度和持久性上都有可靠的保证，格兰仕空调降价不是在打价格战，而是打一场建立在产品低成本、高性能基础上的价值战。

随着主流报纸媒体的火热报道，各大门户网站和行业网站也纷纷转载这一在行业具有轰动效应的新闻。

这一轮的新闻传播，让格兰仕的“2级能效5级价格”的概念深入人心，不仅带动了其他厂家纷纷效仿将能效与价格挂钩的销售手法，也令消费者在选购空调时，开始密切关注能效等级，为格兰仕高能效空调的后续攻势打下了基础。至此，在空调市场上，在消费者的心中，“格兰仕=高能效”这一观念被牢牢地建立起来。

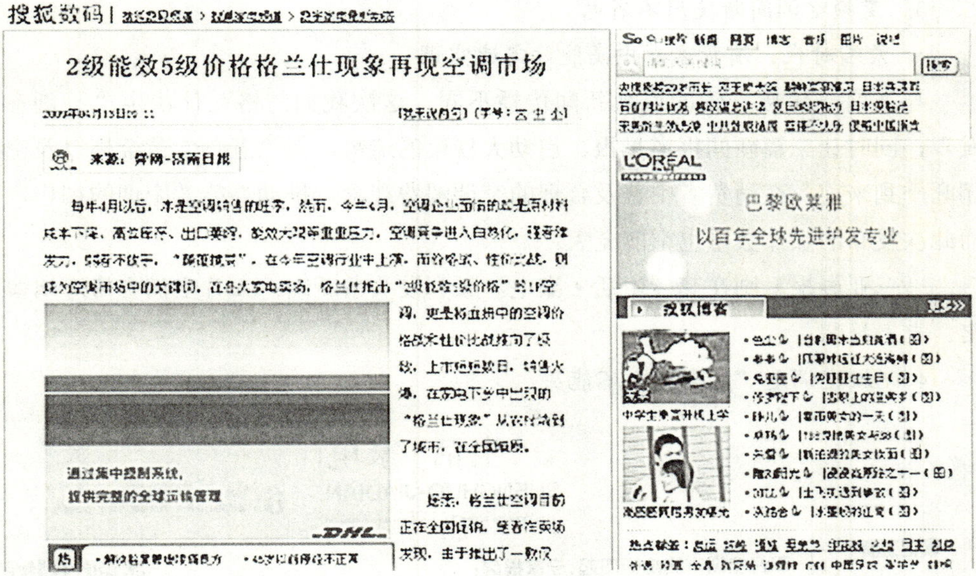

搜狐数码频道转载了《济南日报》的相关报道

过弯，策动群众的力量，确保既稳又快

如果说从2008年底到2009年4月初，是“弯道超车”的“进弯”阶段，那么2009年5月到6月则进入了“过弯”阶段。在“进弯”阶段，大品牌包袱重、反应慢，格兰仕凭借明确的“2级能效5级价格”策略在市场异军突起；到了“过弯”阶段，缓过劲来的大品牌逐渐开始各显神通，要么打变频牌，要么疯狂对4.5级空调清货，或兼而有之。面对来势汹汹的对手，我和我的团队在与格兰仕沟通之后，一致认为，格兰仕在坚持“2级能效5级价格”策略的同时，亟须有意识地引导消费者认清低能效空调和变频空调的弊端，根据自身家庭实际情况和使用习惯进行理性消费，避免盲目跟风带来的损失。

我们与格兰仕都很清楚，高能效空调的普及需要策动群众的力量！

接下来，围绕以上思路，我与我的团队确立了新一轮新闻传播的关键点：

1. 格兰仕高能效空调具有高性价比，不仅买得省，用得也省
2. 格兰仕高能效定频空调更适合中国人的使用习惯

在此基础上，我们一口气提出了新一轮的三个新闻选题：

1. 今夏空调市场火爆
   专家提醒：4、5级空调是“电老虎”不能买
2. 4、5级库存空调放价抛售不叫座
   消费者警惕性提高“愁坏”商家

3. 变频空调间断使用不省电

紧缩时代，消费者看中高能效定速空调

与之前一轮接一轮的连续新闻传播不同，这次我们与格兰仕决定"三剑齐发"，同时让三篇新闻报道见报，启动大规模的造势，在"五一"黄金周以及空调旺季到来前，在消费者中普及合理的空调消费观念，推动高能效空调的销售，而此次发布的媒体数量也空前庞大。

《三亚晨报》则在其《生活·家电》版刊发头条新闻：五月空调市场烽烟四起，专家提醒：

4、5级空调是"电老虎"不能买

生活·家电
SHENGHUO·JIADIAN
三亚晨报
6

小知识
让冰箱变得更安静

五月空调市场烽烟四起，专家提醒：
4、5级空调是"电老虎"不能买

4、5级低能效空调不宜买

冰箱贮食物六

天气资讯

不少主流网站也转载了相关报道，知名财经网站慧聪网转载了《江苏商报》的相关报道。

由于临近空调旺季，关于库存空调、四五级空调的话题吸引了不少媒体的关注，成为各大媒体相关版面的头条新闻，在消费者中引起了极大关注。与此同时，随着空调市场上定频与变频之争愈演愈烈，媒体也开始将更多的注意力放在了这一关系国内空调行业发展趋势和老百姓切身利益的话题上。

此外，《南方都市报》、《大连晚报》、《东南商报》等相关版面上也就以上相关内容进行了深入报道，此轮传播共有180多家全国主流报纸媒体和190多家网站进行全方面报道，报道字数超过30万字，为格兰仕"2级能效5级价格"策略持续高歌猛进摇旗助威。

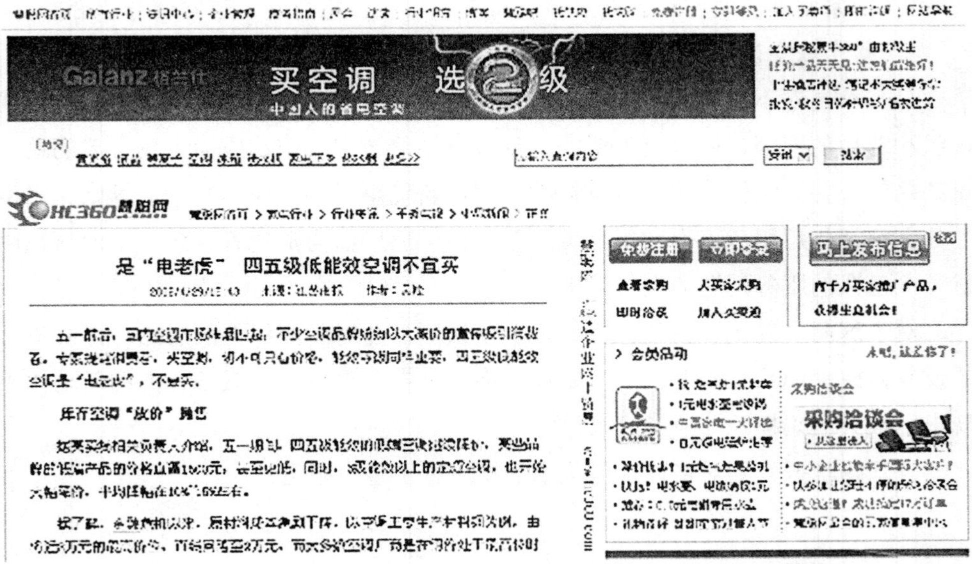

在这一轮的传播之后，格兰仕空调在全国各地的销售增长迅速，4月份同比增长56.37%，5月份同比增长85.60%，在湖北、河北、江苏等多个区域均闯入行业三甲之列。更为重要的是，经过对消费者的正确引导，四五级低能效空调已开始渐渐势弱，格兰仕在战略上赢得了主动权，为下一步实现“出弯”打下了坚实基础。

出弯，顺势造势，弯道超车

进入6月，就在空调市场激战正酣、高能效空调优势渐显、定频与变频之争愈演愈烈之际，国家正式启动空调行业“节能惠民工程”，对1.2级的高能效定频空调实施300—850元不等的补贴。这一政策的出台，无疑明确地表明了国家对空调市场的态度：鼓励定频高能效空调的发展。

我和我的团队以及格兰仕敏锐地意识到，格兰仕“出弯”的时机成熟了，凭借在“进弯”和“过弯”阶段的优异表现，加上国家一系列利好政策的出台，格兰仕空调2009年将走得很远。

“弯道超车”的关键在“出弯”，为了保持“出弯”时的加速，格兰仕启动了新一波的全国促销，对高能效空调实行厂家、商家双重补贴，同时启动了“服务垂直升级计划”，全面提升空调的售后服务水平。

在这样大规模的“攻势”下，格兰仕需要一轮更大规模的造势，向消费者展示其全面的优势，在2009年末发起“全面总攻”。为实现这一目标，我与我的团队结合当前形势，从产品的市场反应、优惠活动和售后服务方面，策划了两个选题：

1\. 国家空调能效补贴正式启动厂商反应不一，高能效定频空调行情看涨。

2\. 格兰仕空调：要打价格战，更要打服务战。

第一个选题不仅着重突出格兰仕作为高能效定频空调的代表，受市场追捧的现状和背后的原因，而且更重要的是反映出高能效定频空调成为市场主流的这一重要趋势，并介绍格兰仕“双重补贴”的最新优惠活动。而第二个选题则突出格兰仕在空调售后服务方面的新一轮攻势，体现出厂商为消费者着想、全面解决困扰行业已久的服务问题的宣传诉求。

对于这两个选题，格兰仕方面表示了认同，并对新闻稿件的思路与措辞进行了反复修改，随后全国各大主流媒体对格兰仕在空调价格和服务方面的新动作表现出了极大的兴趣。

《郑州晚报》则对格兰仕的优惠活动进行了重点报道：

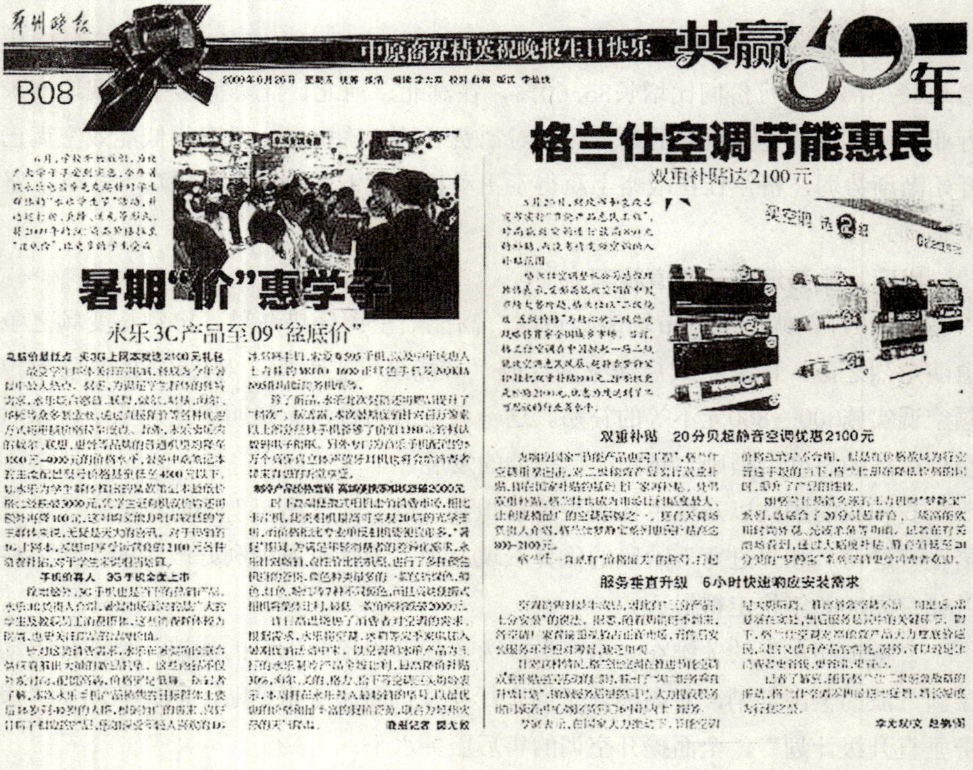
郑州晚报
中原商界精英祝晚报生日快乐 共赢60年
B08
暑期“价”惠学子
永乐3C产品至09“盆底价”
格兰仕空调节能惠民
双重补贴达2100元
双重补贴 20分贝超静音空调优惠2100元
服务垂直升级 6小时快速响应安装需求

网易新闻频道则转载了天津《城市快报》的报道：

格兰仕空调：要打价格战，更要打服务战

在这一轮的新闻传播中，共有约180家报纸媒体和150多家网站进行了报道和转载，传播字数超过30万字。不少消费者在获悉格兰仕“双重补贴”的优惠讯息

格兰仕空调：要打价格战，更要打服务战(图)

眼下正值空调销售旺季，价格大战持续上演，各大品牌争相抢占空调市场销售份额。然而，由于没有规范统一的行业标准，售后网点服务分散，消费者对空调售后安装服务工作满意度正在逐年降低。

服务大战，格兰仕打响第一炮

据悉，为配合“家电下乡”和“家电进城”的国家政策，为抵御持续的价格战浪潮，格兰仕空调日前启动了新一轮的售后服务全面升级计划。

后，对格兰仕的高能效空调表现出了更大的兴趣，直接推动了格兰仕空调的市场销售。据中怡康数据显示，6月份格兰仕空调同比增长178.34%，其中，小1P空调的市场份额连续数月稳居35%左右，1P和1.5P的市场份额稳定在20%左右，堪称行业奇迹。

在接下来的7月份，尽管已进入2009年的收官阶段，但格兰仕空调的增长势头依然不减，直逼行业三甲，年度销售量突破100万套，已具备了在来年冲击三甲的实力。为了回顾格兰仕这一年来的优异表现，盘点空调市场格局与态势，提升经销商和市场对格兰仕空调的信心，增加社会大众和媒体对格兰仕逆势增长的关注，我与我的团队认为有必要进行一轮带有盘点和总结性质的深度传播，为格兰仕空调2009年的辉煌战绩画上全满的句号。为此，我们利用“弯道超车”的概念，提出了新的选题：

“高能低价”战略

格兰仕空调实现“弯道超车”

我们的想法是，突出格兰仕的差异化优势，即“高能低价”策略和“零库存”模式，揭示格兰仕实现奇迹般“弯道超车”背后的秘诀，并对格兰仕所引领的空调市场“定频双高”时代给予肯定，抢占来年空调市场的话语主导权。这一想法赢得了格兰仕的认同，在完成撰文之后，我们立即在全国主流媒体的显要位置进行了新闻发布。

《厦门商报》在《3C周刊》版以头条形式刊发报道：

抓住“补贴、下乡、能效、成本”四大机遇 格兰仕空调实现“弯道超车”

C4 厦门商报 3C周刊 家电

旺季聚焦

抓住“补贴、下乡、能效、成本”四大机遇

格兰仕空调实现“弯道超车”

“高能低价＋零库存”打造差异化优势

“弯道超车”三部曲

品牌关注

创维领跑液晶市场有“绝招”？

手印礼

苏宁上市五周年 服务铭记于心

活动预告

永乐思文海景店7月25日重装开业

网易、腾讯、慧聪等知名网站也转载了该新闻报道。

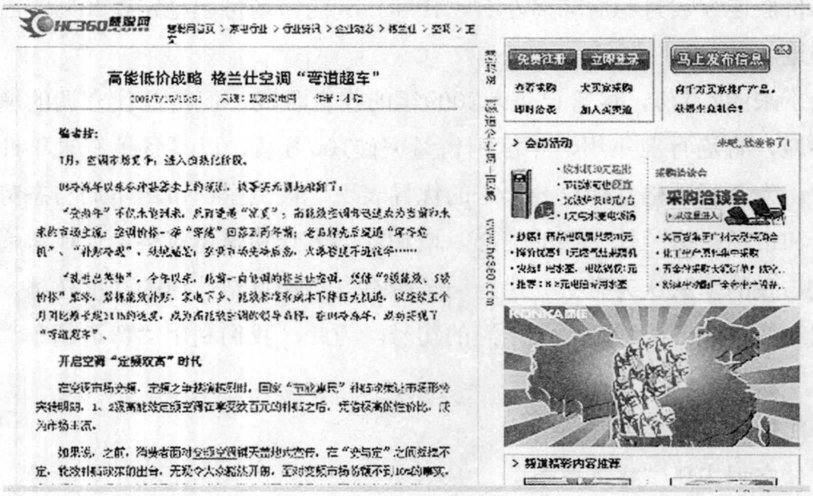

高能低价战略 格兰仕空调“弯道超车”

编者按：

开启空调“定频双高”时代

此轮新闻传播，我们在全国有重点地选择了约50家报纸媒体进行报道，另有近百家网站进行了转载，发布字数超过30万字，并在业界和大众之间引起了极大反响，不少媒体惊呼：格兰仕奇迹般的增长有望冲击来年三甲！

新闻传播如何拉动销售

在2009年结束之时，格兰仕空调轻松突破100万套大关，成为三甲品牌之后最具实力的新贵，同比增长达90%。据专业媒体《空调销售》市场监测数据显示，格兰仕空调在各个区域的表现都令人刮目相看。在北京市场，格兰仕2008年市场销售才2700多万元，而2009年截至7月份，销售已经达到1.5亿元，增长幅度接近600%。而浙江的销售额已经超过2亿元。销售超过亿元的省份还有河北、广东、江苏等省区。

而格兰仕空调销售增长的区域分布态势（下图），也与新闻传播的区域数量分布不谋而合：

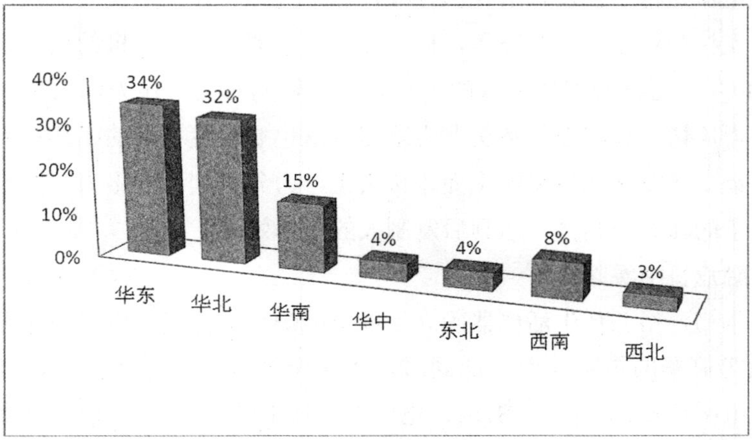

在2009年格兰仕空调的新闻传播统计中，针对华东、华北市场的传播力度是最大的，其比重分别占到34%和32%，其次是华南市场，占到15%。而格兰仕空调的销售增长幅度最大的区域恰恰也在这几个区域，即北京、河北、浙江、江苏、广东等地。由此不难看出，对于从不投放硬广告和电视广告的格兰仕来说，新闻传播对销售增长起到了直接的推动作用。

回首2009年，格兰仕在空调市场充分展示出其灵活多变的策略，颇具预见性的战略眼光，以己之长攻敌之短的巧妙战术，以及坚持为消费者创造价值的精神，并从而实现了逆势增长，向三甲发起了有力冲击。而我和我的团队在这一过程中，始终坚持新闻传播的时效性、灵活性、准确性、系统性，通过密切跟踪市场形势，不断分析对手特点，寻求格兰仕空调在新闻传播上的切入点和突破口，在2009年这样一个“乱世”，协助格兰仕空调漂亮地实现了“弯道超车”。

第四节　后发制人，生活电器黑马的造势韬略

生活电器是格兰仕进入最晚的行业，但经过几年的飞速发展，已成长为格兰仕的三大支柱产业之一。2008年，格兰仕生活电器在金融危机的大背景下，增长仍高达300%，与行业整体下滑的大趋势形成鲜明对比。作为国内生活电器市场上的新势力，格兰仕崛起的势头非常迅猛，这也要求我和我的团队在为其做新闻策划与传播中，以企业自身的正面宣传为主，力争做到有冲击力、有创意，体现出新生力量的魄力与朝气，达到后发制人的传播效果。

在金融危机中崛起

2009年初，格兰仕生活电器确立了以电磁炉、电饭煲、电烤箱为主攻市场，力争多品类冠军的策略。而与此同时，生活电器行业零售量也开始普遍出现下滑，其中电磁炉整体下降31.87%，电饭煲整体下降12.16%。前五强品牌中，唯有格兰仕保持强劲增长，其中格兰仕电磁炉增幅达32.24%，格兰仕电饭煲增幅达72.27%。

从2009年元旦到1月15日期间及春节的七日假期，格兰仕生活电器迎来新年开门红，电磁炉、电烤箱、电饭煲等品类销量、销售额继续急速增长，其中重点区域七成以上门店冲冠。我和我的团队认为，这是一个提升格兰仕生活电器知名度和美誉度的良机，围绕“热卖”这一主题进行新闻策划很一般，我们认为更应突出热卖背后的深层原因：一方面是格兰仕生活电器的高性价比优势，正好契合了金融危机下消费日趋谨慎的特点；另一方面是格兰仕推出的“感恩中国行”大篷车下乡活动，赢得了农村消费者的欢迎，有力地拓展了农村生活电器市场。

这一想法在得到格兰仕的认同后，我们迅速以“格兰仕喜迎2009开门红 生活电器横扫各大卖场 勇夺销量冠军”为题，完成了新闻稿件的撰写，并在全国各大报纸媒体上进行了发布。

《三秦都市报》在《都市卖场》专版以头条的形式刊登了题为“格兰仕生活电器勇夺双节销量冠军”的记者署名新闻报道。

格兰仕生活电器在2009年迎来开门红的时候，其媒体新闻传播也迎来了开门红，这一轮的新闻报道共有全国约50家主流报纸媒体和近百家网站进行了报道，报道字数超过12万字。

您的消费指南

都市卖场

总第0003期

2009年2月　日

E-mail:zhoukan@126.com

WWW.SANQINDAILY.COM

格兰仕生活电器勇夺双节销量冠军

回顾08家电市场竞争

滚筒洗衣机呈现六大特征

好记星承担“十一五”课题

在这一轮新闻传播之后，格兰仕生活电器的市场形势非常好，其电磁炉、电饭煲、电烤箱均受到市场追捧，能催发胚芽的电饭煲、炒茶叶的电烤箱、语音菜谱教学电磁炉等新功能产品很受青睐。与此同时，由于“感恩中国行”活动的深入和普及，格兰仕生活电器在农村市场也销售火爆。因此，我和我的团队决定锦上添花，沿着第一轮新闻传播的思路，以“中国小家电市场洗牌　格兰仕争夺行业冠军”为主题，借势宣传，但在新闻内容上，更加突出格兰仕生活电器的崛起对小家电市场格局的影响。

这一策划得到了格兰仕的认可，随后我们在全国主流报纸媒体上开始了大规模的传播。

网易新闻频道也转载了《济南日报》的报道。

这一轮的新闻发布规模与第一轮相当，《北方新报》、《齐鲁晚报》、《新疆都市报》、《中国企业报》、《辽沈晚报》、《竞报》等全国各地主流媒体均刊登了此则新闻。两轮新闻传播下来，格兰仕生活电器的品牌知名度得到了很大的提升，但老品牌的影响力依然强大，因此，我和我的团队需要为格兰仕寻找更有冲击力的新闻点，毕竟在竞争激烈、品牌众多的小家电市场上，大众化的声音很容易被忽视。

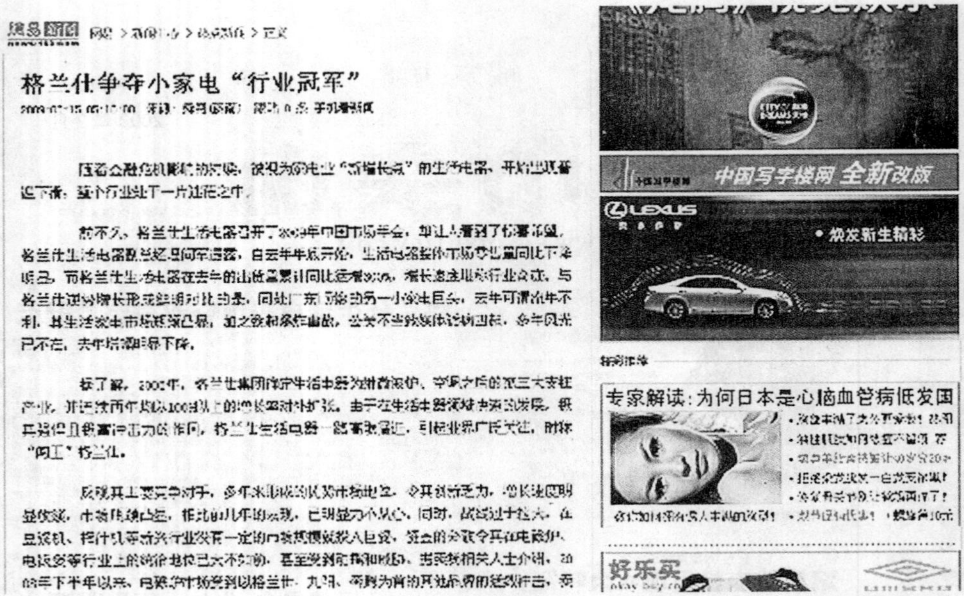
格兰仕争夺小家电“行业冠军”

来自“省委书记讲话”的创意

2009年4月中旬，全国最有影响力的报纸之一《南方都市报》在其封面及数个要闻版连续刊发了广东省委书记汪洋主持珠三角九市现场会议的重要报道。由于这一次会议是在金融危机的大背景下举行的，金融危机对广东传统产业的影响自然成为会议的焦点话题。在中山会场，汪洋带领九市的书记和市长专程参观了格兰仕的新厂和展厅，对格兰仕一款自主研发的能催米发芽的电饭煲产生了浓厚兴趣，并表示，格兰仕不断通过自主技术创新开发新品，受到市场青睐，说明传统产业也能通过技术升级实现金融海啸下的突围。

省委书记汪洋的这一讲话，被《南方都市报》刊登在要闻版的显要位置上，引起了我们的关注。省委书记表扬格兰仕的小家电产品，无疑是一次绝佳的提升格兰仕生活电器品牌美誉度和知名度的机会，但对于此事件的新闻策划并不简单，毕竟涉及到领导人物，有一定的政治敏感性。为此，我们考虑，将格兰仕生活电器靠自主创新实现突围的表现，放在之前策划的“格兰仕现象”这一大主题下进行传播，新闻主题就定为：

“发芽”电饭煲成技术风向标

小家电产业升级中的“格兰仕现象”

这不仅充实了“格兰仕现象”的内容，而且体现了格兰仕生活电器在行业中的技术创新优势，能很好地反映格兰仕为传统产业升级突围树立了榜样这一事实。而在内容上，我们也紧紧围绕格兰仕生活电器的技术创新优势做文章，突出其在国内小家电行业后发制人、后来居上的势头。这一策划得到了格兰仕方面的认同，在完成撰稿之后，我们立即进行了大规模的新闻发布，力求将这一事件的影响力达到最大化。

在我们的努力下，全国众多主流报纸媒体对此新闻进行了刊登。

《每日商报》在《消费·3C》版头条刊登了新闻报道：

瞄准端午节小长假　能催米发芽的电饭煲亮相国美

05|消费·3C
每日商报
抢“时”报
瞄准端午节小长假
能催米发芽的电饭煲亮相国美
气温攀升销售持续升温
空调“二次污染”让杭州人绷紧神经
联想扬天大“智慧”企业信息化系列报道(四)

新浪新闻频道也转载了《济南日报》的报道：

sina新闻中心　新闻中心 > 正文　济南日报

“发芽”电饭煲成技术风向标

http://www.sina.com.cn 2009年04月24日04:40 舜网-济南日报

为贯彻落实《珠三角改革发展规划纲要》，4月初，广东省及所属九个市的相关领导在珠三角实地参观了46个考察点，其中在中山现场会上，格兰仕一款能催生糙米发芽的“黄金芽王”电饭煲，“逗乐”了一行人。当听到这个电饭煲所煮麦芽米饭可以给糖尿病患者吃时，众人连声称赞。

据格兰仕相关工作人员介绍，这款备受称赞的电饭煲，是格兰仕自主研发的创新产品——“黄金芽王”。2008年开始面向中国市场供应，由于在糙米催芽、煮饭脱糖等方面独具的特色养生功能，一上市就受到热烈追捧。

据了解，大米中60%-70%的维生素、矿物质和大量必需氨基酸，都聚积在外层部分，而平时所吃的精白米在去掉外层部分之后，剩下的就只是淀粉。为什么会这样呢？因为未经加工的糙米按正常煮饭方法做出来，口感非常不好，通常的方法是用水浸泡一两天，蒸30分钟后再放入电饭煲中煮，其原理就是让糙米表面的胚芽发芽，以便食用，但这样做太麻烦而且浸泡时间过长会造成营养的流失。

而格兰仕推出的国内第一款用于煮糙米的电饭煲“黄金芽王”，其特有的发芽煮饭功能把胚芽发芽时间从36～72个小时缩短为4个小时，大大节省了用户时间和精力，煮出的米饭不但口感好，而且保住了营养。格兰仕相关技术人员还透露，“黄金芽王”电饭煲除了在煮糙米上的特色功能外，其在传统项目上的功能也更胜一筹：独创业界最高1.7个大气压；3.6MM超强度内锅，品质更有保障；创记录的八重安全保护，业界首创可调节保温。此外，用户还可以根据需要选择高压或低压模式进行蒸炖。

由于新闻内容具有较强的时效性和新闻性，这一轮的新闻传播规模远远超过了前两轮，共有约120家报纸媒体和过百家网站刊登或转载了此新闻，发布字数超过25万字，覆盖全国各个地区。这一轮的新闻传播之后，格兰仕生活电器“高技术”、“新功能”、“高性价比”的形象在市场中迅速树立起来。

据统计，2009年上半年，在电饭煲前七大主流品牌中，格兰仕成为销量增幅最大的品牌，增长达25%。在整体不振的电磁炉市场，众多品牌的零售量与零售额累计同比降幅都超过20%，格兰仕则是前十强中唯一保持逆势增长的品牌。格兰仕电烤箱销量也持续增长，外销数量居国内品牌首位，成为行业领军品牌。

第五节　舌战群儒，中国企业新闻发言人中的“俞尧昌现象”

中国家电业“名嘴”俞尧昌

说起格兰仕的可持续传播，就不能不提到格兰仕集团副总裁、格兰仕集团新闻发言人、中国家电业的第一名嘴俞尧昌先生。

企业新闻发言人，堪称一个企业的喉舌与形象代表。在风起云涌、硝烟不断的中国家电业，有能力凭自己的话语，给业界带来一次次“蝴蝶效应”的人不多，而有“价格屠夫+企业诸葛亮”之称的俞尧昌，绝对算其中之一。或许也正是因为俞尧昌的存在，才使得格兰仕的品牌传播真正实现了“可持续”，格兰仕的声音在中国家电业始终不断地被人注意、令人关注。

俞尧昌手握一把“价格屠刀”，用“企业诸葛亮”的智慧，在竞争激烈的家电市场披荆斩棘，屡屡让业界风声鹤唳，闻“格兰仕”色变，成功且有力地打造出格兰仕的世界白电巨头的品牌形象。

作为当下炙手可热的企业新闻人物，俞尧昌成功地由“格兰仕新闻发言人”变身为“中国家电业新闻发言人”，成为中国企业新闻发言人中的明星人物，也造就了独一无二的中国企业新闻发言人中的“俞尧昌现象”。

“党校老师”出身的新闻发言人

“不说正确的废话”是优秀新闻发言人的信条。新闻发言人这一行，一般以记者出身较多，俞尧昌是个例外。在格兰仕发展早期，他用一把“价格屠刀”奠定了其在家电业新闻发言人中的地位，其后，凭个人市场敏锐力及人格魅力，一路风风光光地成为了明星企业新闻发言人。

格兰仕的“价格屠刀”战术，早在1996年就开始了。这一年，格兰仕微波炉全面降价，用排山倒海之势，完全颠覆了微波炉行业当时的格局。至今，谈起当年被称为“家电梦魇”的格兰仕价格战时，众多血本无归的企业仍对从上海“空降”而来的俞尧昌“怀恨在心”。

这样的“怀恨在心”是有理由的，要知道，格兰仕微波炉在一年时间里，连续四次发起的高幅度降价，硬是从几千块降到了几百块，令自己的市场最大化策略获得空前成功。俞尧昌能在微波炉的暴利阶段，推动格兰仕做出“市场最大化”这一具有重要意义的市场策略，可谓高瞻远瞩，深谋远虑。信奉毛泽东“集中优势兵力歼灭敌人”战略的俞尧昌，正是扛着价格这把大刀，将所有积蓄的力量集中于微波炉上，直指目标“敌营”，在“谈笑间”，对手“灰飞烟灭”，从而缔造了格兰仕微波炉行业霸主的地位——国内市场场占有率近70%，国际市场占有率超50%，而这一地位至今依然牢固地掌握在格兰仕手中。

2008年，史无前例的金融风暴袭来，国家推行“家电下乡”政策，知青出身的俞尧昌再次策动发起“价格下乡”，不同的是，“下乡”的是他与格兰仕十几载的奋斗成果——高质低价的格兰仕微波炉、空调、小家电等产品。对于广大并不富裕的农村而言，俞尧昌的“价格屠刀”宰的是自家的猪，分猪肉的是广大的农民。

格兰仕2008年推出国内1P空调史上最低“起义价”，多年来的努力，终于等到了汇聚“天时、地利、人和”的最佳时机。俞老师这一次策动的是要让中国人都能用得起高品质、高能效的空调。不难发现，2009年在对国内一线品牌的博弈上，格兰仕空调的野心初现，在2009年结束时成为上升势头最猛的品牌后，俞尧昌又喊出了“2010冲三甲”的口号，令业界一片惊叹。毛泽东提出的“一万年太久，只争朝夕”的精神，在俞尧昌身上体现得淋漓尽致。

“俞尧昌现象”：一个人代言一个行业

新闻传播从来是一柄双刃剑，成功的新闻传播能有效化解危机，甚至变危机为转机，而失败的新闻传播，则会加大危机传播范围，加深危机程度。

不难发现，“俞铁嘴”在公众面前从容不迫、游刃有余，这等功力却戏剧性地来自当年的“苦心志，劳筋骨”，2002年格兰仕重创于“微波炉有害论”，2003年被指为“最不懂营销的家电企业”，同年被涉嫌无根据宣传“世界名牌”等负面报道，这一场场危机四伏、“四面楚歌”的情景绝不亚于当年的“非典”防御战。

当年的俞尧昌就这样被推向了时代的风口浪尖上，在媒体上开始了频频曝光、颇为艰难的两年，却奇迹般地成就了代表行业的一张“铁嘴”。放在当下来讲，格兰仕当年的全民“保卫战”，也可称为处理危机公关的经典之作。动作之迅速、角度之精准，对媒体力量的整合之娴熟，都给中国企业提供了一个成功的范本。

曾有业内人士笑称，当年俞尧昌放言吃进格力电器巨额股份，才是其“红遍大江南北”的原因。可以想象，当年这一被媒体称为年度十大营销之一的事件，是何等地让格兰仕“荣耀”了一把，借着“蛇吞象”的巨大吸引力，媒体对格兰仕的跟踪和报道浩如烟海，俞尧昌再次令格兰仕成为亿万眼球关注的焦点。

家电行业的腥风血雨在2006年底稍稍平淡下来，这一年俞尧昌宣布淡出格兰仕，我们看到“喜者有之，忧者更有之”，最为“失落”的恐怕要数媒体，没有俞尧昌的家电业终究有点“食不知味”。

水与鱼天生就应该交融，俞尧昌2007年底还是重出江湖，面对媒体，依然说话铿锵有力，依然“语不惊人死不休”。这一次，俞尧昌抛出的是“价格战”升级版：“过去大家都误会了我的意思，其实格兰仕一直打的是价值战而不是价格战。”这就是被格兰仕称为“点子王”的“俞诸葛”，媒体和对手永远不知道下一步他在思考什么。

可以想象，这一张利嘴让格兰仕省了多少广告费，当“金融风暴”、“家电下乡”接踵而至时，俞尧昌策划一连串“格兰仕现象”、空调“能效起义”、“2级能效5级价”、“空调领导品牌‘失职’”的言论被媒体多次转载，格兰仕成功化危为机。

俞尧昌不说“正确的废话”，可谓“大智慧”，这也是其被称为行业代言人的缘由，中国家电业需要这样的人。

独一无二的“俞式语录”

有人曾归纳，优秀企业新闻发言人，一定是睿智与气魄、理性与激情兼备，同时具有在关键时刻撬动市场的能力。可以看出，饱含学识的“俞老师”具备天赋异禀的语言能力，凭借其独到的营销理念，在中国家电业传播史上谱写出一篇篇风格独特的“俞式语录”。

“我就是格兰仕的一张嘴。”

“我们站在巨人肩膀上发展。”

这是俞尧昌用心投入格兰仕，用口才智夺市场，用真情沟通媒体的开始。俞尧昌最崇拜毛泽东的战略思想，即持久战、疲劳战、游击战、集中兵力打歼灭战。

“做市场就是要不断折腾！”

“中国的下一个30年怎样走？企业要做实，从事实体经济。”

“企业只有做实做透才能做得长。”

这是其“愚公移山”精神留下的铬印。

“中国农村不是‘垃圾桶’，什么垃圾产品都可以往那里扔。”

“价格屠夫也好，杀手也好，我相信中国老百姓会希望有这样的价格杀手，对于中国的老百姓来讲是他们的孺子牛。”

“每个人、每个企业在这个社会存在的价值就是财富，存在的价值不仅仅是物质财富，在很多领域，精神财富远远高于物质财富。但是，很多企业往往忽略了这一点。”

“对家人欠得太多，未来想回上海做教师，与家人一起放风筝。”

这是这位直面人生、铮铮铁汉的侠骨柔情。

俞尧昌对于格兰仕最经典的表述莫过于这句话：“在暴利时代，很辉煌的企业不一定是优秀的企业，只有在微利的时代能够自我造血并健康、可持续发展的企业，才是优秀进而卓越的企业。”

有人评价，俞尧昌的话是触动心灵的弦，这根弦发出来的声音或刚或柔，或翻腾怒吼或悦耳动听，均恰到好处——媒体听着过瘾，大众听着宽心，对手听着闹心。

结语　高屋建瓴，中国企业新闻传播鼻祖的可持续传播模型

在中国，大部分企业对新闻传播的认识还停留在发布企业新闻和产品、概念炒作上，对新闻传播，尤其是长期持续性的新闻传播的威力还不甚了解。作为中国企业新闻传播的鼻祖和家电业最善利用新闻传播的造势者，格兰仕一直以来遵循“公关第一、广告第二”的原则，坚持可持续性的新闻传播，将新闻传播的威

力发挥到了极致，也逐渐令不少企业开始效仿格兰仕的做法，格兰仕的可持续传播模型也渐渐受到关注。

作为长期为格兰仕进行新闻策划与传播的合作伙伴，我和我的团队对格兰仕的可持续新闻传播颇有体会，其核心有两点：一是善于借势，二是整体新闻传播战略。

格兰仕借势法

先说借势。善于借势是好的新闻策划的关键，是新闻传播的前提，格兰仕借势有着自己的独到之处。不少企业在进行新闻策划和传播时，往往偏爱围绕企业自身新闻进行宣传，如企业举办了某地面活动、企业获得某荣誉称号、新产品上市等，这些新闻传播往往是企业新闻色彩较重，稿件的广告味重，削弱了新闻的权威性和影响力，令新闻传播的效果打折。

格兰仕的思路和做法无疑高人一筹——借势包装自己，提升新闻的可信度和影响力。不过，格兰仕的借势颇有学问，所借之势必是在社会上有影响力的热点、焦点或难点，如最新社会话题、社会热点事件、流行趋势、消费趋势、时令话题、天气、市场热点等，在这方面格兰仕有着丰富的经验，成功例子不少。

比如2008年底，由于金融危机的影响，不少都市白领开始紧缩开支，放弃下馆子，纷纷回家自己做饭。这一并不起眼的现象被格兰仕敏锐地捕捉到，并成功地以“一日三餐越省越健康 上班族抢购微波炉‘过冬’”为主题进行了大面积的新闻传播，效果非常好。

在格兰仕新闻传播的过程中，类似的策划还很多，善于借势令格兰仕能够不断策划出有新闻性的话题，进行品牌传播，避免了许多企业在新闻传播过程中“无话可说”或自卖自夸的尴尬。

点线面结合

仅仅靠借势还不够，格兰仕可持续的新闻传播还要靠其成熟的整体新闻传播战略，具体来讲，即“一点、三线、一面”，点线面相结合的新闻传播策略。

一点，是指始终牢牢抢占制高点，这里面有两层意思：

一是从行业乃至社会的高度宣传格兰仕的策略与动作，对品牌进行拔高，树立起行业主导品牌或领导品牌的形象。比如2009年12月，我们与格兰仕合作一起策划了《格兰仕牵手‘美苏’引领微波炉‘全能’时代》这一新闻，通过报道格兰仕与国美、苏宁两大渠道巨头联手举行“微波炉节”和“微波美食文化节”，为全能微波炉造势，并通过大力传播“全能”时代的概念，帮助行业、市场、消费者加速迈向全能微波炉时代，促进行业的升级换代。由于“全能”的概念占据了市场的制高点，再配合大规模的地面活动，微波炉已进入全能时代的观念在媒体、大众、经销商乃至整个行业中深入人心，取得了期望中的传播效果。

二是抢占制高点，也就是跳出格兰仕去审视格兰仕，从第三方的视角去看待格兰仕的一举一动在业界的意义，增强新闻传播的可信度与说服力。比如“‘发芽’电饭煲成技术风向标　小家电产业升级中的‘格兰仕现象’”的策划，便是突出了格兰仕生活电器在技术创新和产业升级上的巨大优势，因而成为金融风暴下，传统产业突围的典范。这样一来，格兰仕在行业中的领导品牌形象便迅速建立起来，营造出“格兰仕生活电器是行业中最具技术含量的领导品牌”的形象。

三线，是指格兰仕始终牢牢地用新闻传播配合微波炉、空调和生活电器三大产品的市场推广和销售，在策划上紧跟时令变化，在传播上做到有的放矢、不放空，在时间上控制精确，在地域上覆盖到位。如前文第二—四节所讲述的内容，便是格兰仕在三条线上的具体举措。而具体到不同的市场，传播的风格又会略有不同。

比如微波炉市场由于相对稳定，因此格兰仕的新闻传播主要以消费新闻为主，突出产品的功能和实用性，多结合时令性的事件进行宣传，如“炎炎夏日全能微波炉营造清凉厨房”、“格兰仕全能微波炉引发厨房‘72变’　都市微波美食DIY一族兴起”等，均以民生、社会、消费类新闻的形式进行传播。

而在空调市场，由于竞争异常激烈，格兰仕的新闻传播以产经新闻为主，结合行业和宏观形势，突出品牌优势，谋求品牌影响力的提升，如“2级能效5级价格　空调血拼中的‘格兰仕现象’”、“国家空调能效补贴正式启动厂商反应不一，高能效定频空调行情看涨”等产经新闻的策划与传播。

而在生活电器市场，格兰仕则根据其增长最快和多品项齐头并进的特点，重点突出品牌的快速增长势头和产品高技术含量、高性价比的特点，如“年货市场小家电火热　格兰仕勇夺双节销量冠军”、“‘发芽’电饭煲成技术风向标　小家电产业升级中的‘格兰仕现象’”等，均以行业新闻和产经新闻为主进行传播。

一面，是指在长期坚持“三线”新闻传播的同时，加入格兰仕品牌层面的宣传，这样与“三线”侧重于市场、产品、销售的宣传形成呼应，实现新闻传播上的高低搭配、线面互补。如“格兰仕现象VS海尔冬泳”的新闻传播便是以提升格兰仕的品牌影响力为目标，在金融危机的大背景下，通过与海尔的对比，从审视中国家电业的角度，突出格兰仕集团在逆势突围中的优异表现，在格兰仕微波炉和空调宣传如火如荼的时期，为格兰仕的品牌造势加了一把火。

抢占新闻传播的制高点，坚持“三线”可持续传播，辅之以品牌面的传播，堪称格兰仕新闻传播战略的核心，这也成为了格兰仕的新闻传播能够做到长期、可持续，又能与企业的整体战略契合的关键。

第三章

差异化传播，电脑黑马海尔的“眼球哲学”

引言　海尔电脑，从本土黑马到海外狼

最早接触海尔电脑是我在《南方都市报》做记者期间，那是2000年，海尔第一次进入电脑行业，却倒在了自己自负的脚步下。

第二次接触海尔电脑，一晃已是2007年，这时的海尔已经历了2003年二进PC的失败与阵痛，并把计算机事业部升级为了本部，与冰箱、洗衣机等重要产品并驾齐驱，开始了三进PC的尝试。在这样的力度与决心下，我和我的团队也开始与海尔电脑在新闻传播上进行合作。

三进PC，海尔信息科技公司总裁高以成先生感触颇深，在他看来，PC产业与其他产业非常不同，在上游研发制造商—电脑厂商—消费者这样一个链条上，驱动行业发展的是上游的英特尔、微软等跨国研发巨头，而不是品牌厂商，或消费者，在这个行业中，速度与差异化决定着成败。这便是高以成的“PC产业链理论”。

在这样的认识下，海尔电脑的第三次PC征程较前两次顺利得多。在上游，海尔电脑整合了英特尔、微软、NVIDIA等世界巨头的研发资源；在渠道上，海尔电脑充分利用了海尔家电渠道的优势；在应对市场需求上，海尔电脑始终坚持“科技+设计”的战略，用最新、最时尚的产品占领市场；在售后服务上，海尔电脑则继承了海尔“真诚到永远”的服务理念与传统。

当各方的优势汇聚在一起，海尔电脑立刻成为了PC市场上的黑马，在“电脑下乡”中成为市场份额占三成的领导品牌，在3G上网本市场中成为行业领航者，在欧洲、东南亚、俄罗斯等海外市场屡有斩获。三进PC的海尔电脑，实现了从失意者，到“本土黑马”，再到“海外狼”的转变，而在这一过程中，“快”无疑

成为海尔电脑成功的秘诀。技术研发快、产品更新快、物流快、服务快，加上步调一致的新闻传播，海尔电脑后来居上，成为业界最具实力的国产品牌，而在这一过程中，海尔电脑的差异化传播则起到了不可忽视的重要作用。

第一节 高歌猛进，从润眼到3G的产品传播路径

润眼篇 润眼，为消费者健康而生

从计算机诞生之日起，个人电脑就是一种不折不扣的消耗品——消耗的不仅是电力资源和硬件的寿命，还影响用户的健康。

随着电脑引起的用眼健康问题日益严重，由长时间使用电脑造成的眼部健康综合征也急剧增多，渐渐地，“买电脑就买润眼电脑”开始成为不少消费者的共识，特别是一些关注孩子用眼健康的家长，更是把护眼功能放到购买电脑的首位。

这一微妙的市场变化，早被海尔电脑发觉。2005年之前，海尔电脑就通过多方面调研，以解决使用电脑时眼睛的酸痛、干涩、流泪等问题为目标，投入了巨资，进行了新一代润眼电脑的研发。

随后，海尔电脑不断整合英特尔、微软、NVIDIA等国际IT巨头的技术和研发资源，对润眼技术进行多轮升级，研制出在国内保持遥遥领先水平的3H润眼技术。它能吸收多达50%的反射光波，有效屏蔽散射、折射的不相干光线，减轻眼部刺激，减缓用户的使用疲劳度，有效降低了眼睛干痛、流泪等不良症状的产生。

润眼电脑的诞生，无疑顺应了消费者对健康环保和护眼的需求，而对于海尔电脑，润眼电脑为海尔电脑带来了飞跃式发展，在短短一年的时间里，海尔电脑一举跻身国产品牌前六名。

除了“润眼”之外，海尔电脑还“安全、节能”，海尔电脑还采用最新技术，最大限度地降低辐射、噪声、原材料中的有害物质，这使得海尔电脑在激烈的PC业竞争中，开辟出了一片属于自己的蓝海。在中国PC业，海尔电脑成为了“润眼电脑”、“健康电脑”的代名词。

海尔“润眼电脑”的热销，使得护眼电脑备受业界关注，一些国际品牌也纷纷加大了“护眼电脑”的研发力度，并推出了一些健康环保型电脑，个别品牌甚至不惜冒着侵权的风险，也推出“润眼”概念的电脑。各个厂家的蜂拥而至，导致市场上一度出现“润眼电脑”鱼目混珠的乱象。

针对这一情况，海尔电脑迅速向国家知识产权局申报了润眼技术专利。2008年底，海尔电脑“润眼”商标获得国家工商行政管理总局的注册认证，“润眼”成为海尔电脑的专属商标，受到法律保护，这使得海尔电脑在行业内具备了竞争者所没有的差异化品牌优势。

此时，我和我的团队接到任务，通过新闻传播，进一步扩大“润眼”品牌的影响力，提升海尔电脑的知名度。2008年12月，我和我的团队决定以“海尔电脑‘润眼’获国家商标注册”为传播重点，希望通过新闻造势，树立起海尔电脑“润眼电脑”第一品牌的形象，打造区别于其他品牌的差异化优势。

我们策划了两个新闻选题：

1．海尔电脑“润眼”获国家商标注册，高清润眼电脑成市场主流。

2．“润眼”成功通过国家商标注册，海尔电脑打造“健康电脑”新标准。

这两个选题的意图很明显，希望将高清润眼电脑塑造成PC市场的主流，同时将“润眼电脑”打造成“健康电脑”的同义词。

在媒体的选择上，我们挑选了华南、华东等地区作为重点，同时辐射东北、西南、华中、华南和西北等地区，力求在限定的媒体中达到影响力的最优化，强势树立海尔电脑行业领导者形象。

《南国早报》：海尔电脑“润眼”商标获得注册，意味着海尔电脑通过产品差异化的耕耘，在行业内成功独家享有商标和品牌上的保护，拥有“润眼”的商标独家使用权。“润眼”的成功注册，大大拉升了海尔电脑的整体品牌含金量，

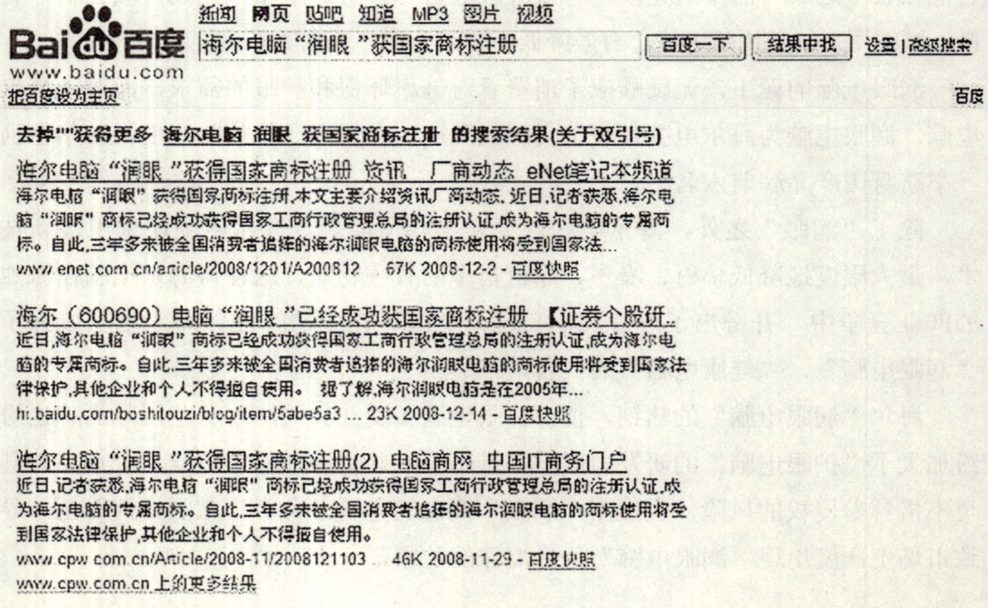
新闻 网页 贴吧 知道 MP3 图片 视频

Baidu百度 www.baidu.com

海尔电脑“润眼”获国家商标注册 百度一下 结果中找 设置 | 高级搜索

把百度设为主页 百度

去掉""获得更多 海尔电脑 润眼 获国家商标注册 的搜索结果(关于双引号)

海尔电脑“润眼”获得国家商标注册 资讯 厂商动态 eNet笔记本频道

海尔电脑“润眼”获得国家商标注册,本文主要介绍资讯厂商动态. 近日,记者获悉,海尔电脑“润眼”商标已经成功获得国家工商行政管理总局的注册认证,成为海尔电脑的专属商标。自此,三年多来被全国消费者追捧的海尔润眼电脑的商标使用将受到国家法...

www.enet.com.cn/article/2008/1201/A200812 67K 2008-12-2 - 百度快照

海尔（600690）电脑“润眼”已经成功获国家商标注册 【证券个股研..

近日,海尔电脑“润眼”商标已经成功获得国家工商行政管理总局的注册认证,成为海尔电脑的专属商标。自此,三年多来被全国消费者追捧的海尔润眼电脑的商标使用将受到国家法律保护,其他企业和个人不得擅自使用。 据了解,海尔润眼电脑是在2005年...

hi.baidu.com/boshitouzi/blog/item/5abe5a3 ... 23K 2008-12-14 - 百度快照

海尔电脑“润眼”获得国家商标注册(2) 电脑商网 中国IT商务门户

近日,记者获悉,海尔电脑“润眼”商标已经成功获得国家工商行政管理总局的注册认证,成为海尔电脑的专属商标。自此,三年多来被全国消费者追捧的海尔润眼电脑的商标使用将受到国家法律保护,其他企业和个人不得擅自使用。

www.cpw.com.cn/Article/2008-11/2008121103 46K 2008-11-29 - 百度快照

www.cpw.com.cn上的更多结果

对企业的无形资产也是极大的增值。

《羊城晚报》：“润眼”商标的注册成功，使得海尔电脑垄断了国内电脑市场对“润眼”这一概念的使用权，将对未来国内电脑市场的竞争态势造成重要影响。海尔电脑的“关注眼睛健康”的理念将引发行业上下对于品牌战略的再次审视和调整。

在经过半个月的媒体发布后，全国共有近80家报纸媒体和120多家网站对海尔电脑“润眼”商标获得专利进行了报道，发布字数超过20万字。

在旗帜鲜明地以独一无二的“润眼电脑”形象出现在众人面前后，海尔电脑正式启动了2009年的寒促攻势，推出了“两超三新”为特色的寒促策略，即超大内存和硬盘加上新产品、新技术和新应用。在“同等价位性能更高、同等性能优惠更高”的策略指导下，海尔电脑依托世界级技术平台，在寒促期间推出全新配置、全新技术的“润眼”电脑产品。

海尔电脑的促销目标十分明确：在提高海尔“润眼”电脑市场普及度的同时，依靠“两超三新”的寒促策略，把“润眼、健康”的PC消费理念更深层次地渗透到全国各级市场。

为此，我们配合海尔电脑的寒促策略，在新闻策划上重点突出海尔电脑健康、高性价比、高技术含量的特点，在媒体选择上，以海尔电脑的主要市场——华中和华东为主，发布的版面为数码、3C、IT、家电等专业版面。

《郑州晚报》：据了解，海尔电脑提倡的“两超”为“超大内存、超大硬盘”，“润眼”电脑的主流产品均配备了4G内存/500G硬盘的两大存储组合。至于“三新”，则为海尔“润眼”电脑的最新产品、技术和应用。新技术方面，

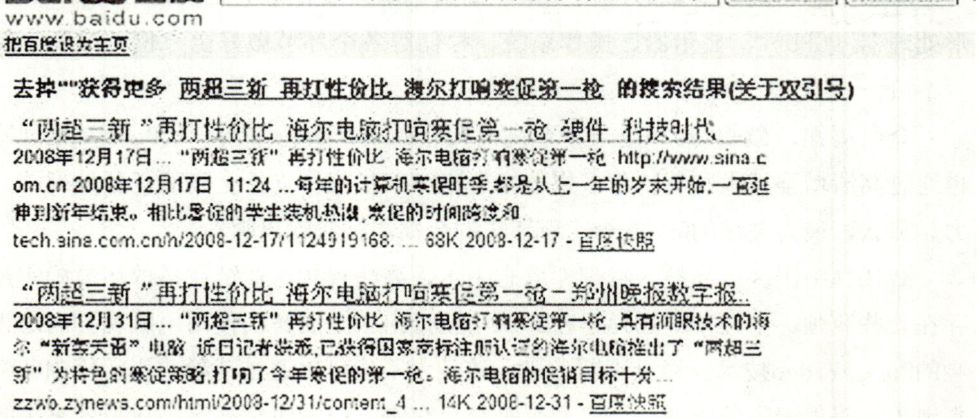

海尔电脑采用超薄1080P全高清润眼显示器和最新英特尔45纳米四核处理器的搭配，并使用NVIDIA最新的GT 120 显卡，确保用户能体验最新的应用效果。

《青年时报》：根据“润眼”的品牌特色，海尔电脑为寒促的所有台式机配备了高亮宽屏“润眼”显示器，严格做到保护每个用户的视力健康，并为用户带来更清晰、细节表现力更完整的显示效果。新应用指针对用户的按需定价，针对学生、白领、游戏玩家、家庭用户推出了不同配置和价位的“润眼”电脑。

由于发布及时，大规模的新闻宣传攻势在寒假市场刚刚开始时就已铺天盖地，全国近70家报纸和150多家网站刊发了海尔寒促动向的报道，几乎覆盖了所有的大、中、小城市，协助海尔电脑在寒促中一马当先，率先摆脱了金融危机的阴影。

海尔“润眼”电脑的诞生对行业的辐射和影响是难以预计的，在润眼技术的背后，凝聚着海尔人对PC行业的独特理解和不断追求，正像不用洗衣粉的洗衣机奠定了海尔洗衣机的行业霸主地位、防电墙热水器奠定了海尔热水器的国内领袖地位一样，自主创新的“润眼”电脑，也奠定了海尔电脑的行业话语权。

高清润眼，缔造视觉盛宴

随着高清摄像设备、高清显示器、大容量存储设备的价格逐步走低，以及高清存储标准的明朗化，从高清的输入到输出，整个产业链基本上都已准备齐备。一句话，高清时代正在来临。

尽管“高清”产业链貌似已经完备，但在整个高清产业链的核心环节，也就是高清数字信号源的处理方面，却并非如想象的那样简单。实际上，现有高清电脑中有相当一部分产品在输出高清信号源到显示器上时，映入眼帘的却是“缩水”的画面。

为什么会产生这样的现象呢？

海尔信息科技副总裁方纯松介绍，高清电脑需要在中央处理器（CPU）、图形处理器（GPU）、显示器、操作系统、存储等各个环节做好全方位的准备，缺一不可。

众所周知，微软Vista是一个全高清操作系统，英特尔新一代Penryn处理器也通过高清增强技术和英特尔多媒体指令集SSE4加强了支持全高清任务处理的能力。那么，最为关键的GPU能否实现真正的全高清视频输出呢？

NVIDIA中国区产品技术经理邓培志表示，高清视频产业链在播放环节确实还存在一些瓶颈。不过，NVIDIA早在2004年就推出了全面解决使用电脑观看高清视频的Pure Video技术。经过不断改进，该技术不但可以通过消除重影、模糊和失真现象，提供清晰的画面，还可利用时空反交错、反影讯和高级缩放技术来去除高清视频的边缘锯齿。

此外，Pure Video还具备高清解码加速能力，可以最大幅度降低CPU的占用率，让电脑平稳播放高清视频信号源。应该说，带有Pure Video技术的NVIDIA GPU才是真正的视频处理器。显然，在这个意义上，具备高清视频处理器（GPU）、高清CPU、高清显示器、高清操作系统和大容量存储等各种高清配件的电脑才是真正的高清电脑。

实际上，有记者在卖场调查中发现，有不少打着“高清电脑”旗号的产品每每在播放高清视频画面、进行现场演示时，通常就露出马脚，一些挑剔的消费者一眼就能辨别出高清电脑的真伪。

在当今体验式营销年代，一款产品的好坏，往往取决于消费者的口碑。因此，作为系统产品，一款电脑要实现真正的全高清功能，就必须与高清产业链中的各个环节达成良好的研发及合作关系，确保产品质量。海尔电脑便深谙其中的道理。

早在2006年，海尔电脑就利用集团优势将家电高清理念引入IT领域，将高清电脑的研发纳入战略规划，开始积极探索IT产品的高清发展路径。稍后，联合海尔中央研究院，并与全球技术大鳄英特尔成立创新产品研发中心，携手全球视觉计算技术行业领袖NVIDIA成立了“海尔&NVIDIA数字高清实验室”，打造出强大的高清产业链，成为IT领域快速走上高清之路的第一品牌。

海尔率先提出业内第一个高清解决方案：不伤眼睛的升级技术的8代顶级高清润眼屏、高清动力源处理器及具有支持HDCP保护协议的高清HDMI接口显卡。这一高清解决方案的提出，为整个高清产业的发展提供了良好的理论基础，为相关产品的研发提供了很好的理论依据。

NVIDIA亚太区销售副总裁俞炯龙表示：“海尔电脑所倡导的高清PC概念与NVIDIA所倡导的将高清视频带入平民百姓家的思路不谋而合。NVIDIA与海尔电脑联手，将极大地推动高清PC在中国的发展和普及。”

海尔电脑联合英特尔、NVIDIA、微软等上游厂商积极寻找高清解决方案，为普及高清电脑寻找更好的发展出路。

业内人士也曾一度认为，海尔与英特尔成立创新产品研发中心，与NVIDIA成立数字高清实验室，无疑都是抓住上游技术驱动者的发动机，借助这些IT巨头的全球研发资源和技术测试平台，使自身品牌保持国际化品质的同时，更好地推动了中国高清产业的快速发展，成为中国高清产业发展的领头羊。

随着科技的进步，消费者的需求也是在不断升级和变化的。这一点要求海尔电脑的润眼技术必须保持和科技的同步。

在高清视频应用提上日程后，海尔电脑依托“海尔&英特尔创新产品研发中心”、“海尔&NVIDIA数字高清实验室”、海尔中央研究院等全球领先的研发资源，推出了更多更领先的“高清润眼”产品：2007年，海尔电脑针对消费者的新需求把“润眼”升级为“高清润眼”，并推出了高清润眼的四核轰天雷、新极光、新轰天雷等润眼电脑新品；2008年，海尔电脑把润眼技术移植到笔记本电脑上，推出了“高清润眼无亮点”的锐志T68笔记本、洛可可风尚的T62笔记本、时尚小本T220等创新笔记本产品。

而在2008年底，为了配合海尔电脑寒促的销售计划，我们结合海尔电脑主推的产品，其中之一就是高清润眼产品的代表轰天雷系列，此次寒促轰天雷价位跌破5000元。为此，我们采用“四核PC杀破5000元！海尔轰天雷率先抢双节先机”作为选题进行了新闻宣传。

《海峡都市报》：近日，元旦、春节双节将至，纷繁促销活动让人无法招架，但其中，让人喜至冰点的是——四核游戏PC，仅用4999元就能抱回家！而且是4G内存和500G硬盘！这就是强烈推介给大家的年底性价比之王——海尔“新轰天雷”G5-B082，其装备了45纳米酷睿2四核处理器，属发烧游戏机型，标配的19英寸高亮宽屏液晶显示屏与之相呼应，非常值得重点关注。

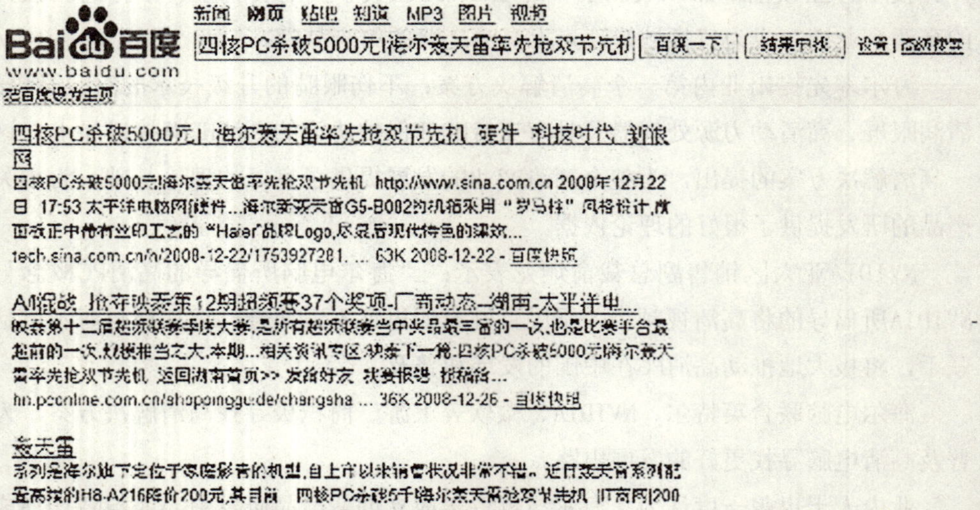

由于在新闻宣传中，我们紧紧抓住海尔电脑携手NVIDIA、分享其最新科技成果这一其他品牌无法比拟的优势，在消费者中树立起了“海尔电脑=高清电脑”的形象，在市场上赢得了巨大成功。这一轮的发布，覆盖了全国100多家报纸媒体和近200家网络，各大报纸的3C或IT版面均可见到海尔高清电脑的报道，各门

户和专业网站对海尔高清电脑产品的评测介绍也接连不断。在2008年底和2009年初PC业形势低迷的大环境下，高清战略为海尔电脑稳住阵脚、逆势突围打下了坚实基础。

3G，抢夺话语权

2008年12月的羊城，仍旧是绿意盎然，丝毫没有冬天的痕迹，电脑厂家的寒促活动，也在如火如荼地进行着。可是我们和所有的电脑厂商一样感受到，南国最冷的冬天，真的来了，这是2008年底，这是百年未遇的金融海啸下的第一个年底。

作为每年销售的重头戏，寒促并未给PC行业带来多少暖意，而另一个行业盛事，无疑照亮了PC行业的冬天，这就是电信重组后3G时代的来临。

2009年元旦，改组后的三大运营商，分别“迎娶”了3G牌照，并积极筹建3G基站。尽管，金融危机对IT造成了严重的冲击，导致世界范围内计算机产品的需求萎缩，但是，在国内，3G上网本和其他产品，已经呈现出旺盛的增长势头，而且，基于3G的上网本、手机已经在市场上全面铺开。

3G是诸多业内人士关注多年的焦点，各产业链都想分得一杯羹，实际上这也成为各PC厂商在上网本市场上争夺的焦点，谁都期望借中国市场的巨大潜力改变其在上网本市场的地位。

众所周知，上网本的最大优点就是具有出色的便携性，从名字上也直观地表现出了他的最大用途就是用来上网。不过在3G未到来之前，上网本却不能完全满足这项基本要求，因此，可以说3G上网本才是上网本发展过程中的最终归宿。

3G上网本迎来井喷，相关数据显示，2008年全球上网本出货量为1121万台，2009年这个数字达到2300万台。3G的全面发展，对扩大内需、刺激中国经济增长产生了重要作用，与国内三大电信巨头联手，共推3G笔记本电脑，是行业上下游各方窥视已久的巨大蛋糕，3G上网本市场也顺理成章成为各大PC厂商的必争之地。

国内三大电信巨头与国内外知名笔记本厂商联手，以3G通信为契机，共推3G笔记本电脑。至此，两大热点开始碰撞，两个新兴事物从此共生，两大产业以全新商业模式携手共赢。这势必对笔记本产业格局和电信业产生重大影响。

这样的契机，海尔电脑当然不能也不会放过。海尔电脑早在2008年初就开始了无线通信上网产品的研发，“海尔&英特尔创新产品研发中心”、“海尔&NVIDIA数字高清实验室”联手大唐通讯等运营商的相关技术部门，默默致力于3G上网本的研发和准备工作。

根据海尔电脑的产品规划，2009年六七月份会有一批3G新产品上市。新品划分两个层次：一个是细分市场的上网本产品，将根据不同用户需求进行设计；另一个是在现有12—14英寸传统笔记本基础上，进行外置或内置3G模块的改造。

先发制人，海尔电脑总是能给人们带来惊喜。2009年4月15日，海尔开心G3 X105和X200在中国移动举行的“无线精彩 G3引领 中国移动G3笔记本发布暨合作伙伴加盟仪式”上惊艳亮相，在这次与中国移动合作的17家PC厂商中，海尔电脑有两款产品入围。而在中国移动的上网本测试前四名型号中，海尔独占两席，在深度定制产品评测中，海尔X105上网本综合排名第一，并夺得上网本的首发权。

这是海尔电脑在成功推出润眼电脑、高清润眼电脑的基础上，在中国3G牌照发放之后，率先推出的中国首款支持3G的上网本，成为中国3G电脑时代的领航者。

首发的地点选在广州，结果令人兴奋：三天卖出1000台！这样的佳绩，对PC行业来说，无疑打了一针强心剂，也令海尔电脑在接下来的市场竞争中更有底气。与移动合作的首次告捷，不仅让海尔电脑受到更多的瞩目，也令海尔电脑在上网本市场上的思路更加明晰。接下来，海尔电脑又与中国电信联手，推出多款3G上网本，全面覆盖3G上网本市场。

与此同时，海尔电脑在海外3G上网本市场也屡有斩获。2009年5月底，从印尼传来喜讯，海尔电脑在与印尼3G的捆绑合作中，首期斩获一万台3G上网本大单。海尔电脑连中三元!!!

这是继海尔电脑在国内成功中标中国移动、中国电信，成为两大巨头战略合作伙伴后，国内首家中标海外3G上网本大单的电脑品牌。海尔电脑吞噬3G上网本市场的速度如此之快，不仅是行业内其他国内外品牌没有想到的，也是众多媒体始料未及的。海尔电脑三战三捷，锋芒毕露，其目标直指中国3G上网本市场份额的40%。

在海尔电脑进军3G上网本市场的同时，与之配合的新闻传播也在紧锣密鼓地进行。我和我的团队认为，海尔电脑全国首发3G上网本，不仅对海尔电脑自身是一件大事，对于我国3G市场也是一件大事，因此这一轮的新闻传播，必须从企业价值和行业价值两方面同步挖掘，占领品牌传播的制高点，对海尔电脑首发3G上网本取得的硕果和意义进行重点传播，推动海尔电脑品牌价值的提升。更为重要的是，海尔方面与我们也希望通过新闻传播的配合，树立起海尔电脑3G上网本第一品牌的形象，直接拉动海尔电脑的市场销售。

在新闻传播的思路上，我们以“X105全国首发、广州三天热销1000台”为由头，回顾海尔3G上网本国内首发权的历程，突出海尔电脑善于整合上游资源、与IT跨国巨头合作研发高科技产品的特点，同时对海尔电脑品牌和渠道优势以及与运营商的成功联姻，也给予一定程度的报道。

鉴于不同媒体受众和宣传模式的不同，我们在选题上也相应提出不同的方案进行投放：对于《广州日报》我们采用了“海尔：开创3G技术普及化时代，海尔电脑携手中国移动全国首发3G上网本”，突出海尔3G上网本的领军市场的作用。对于《南方日报》我们则采用偏软的“上网本推荐　7款3G笔记本广东上市”，内容重点推荐宣传海尔3G上网本的产品。

广州、深圳作为华南地区一线城市，一直是海尔电脑的销售市场重点，所以，在媒体选择上，我们采用广州、深圳权威报纸进行新闻传播，如《南方日报》、《广州日报》、《深圳特区报》等等，使消费者在第一时间了解到海尔3G上网本的上市初况。在版面的选择上，我们提出了选择《广州日报》的专题版面、《羊城晚报》的时代科技版面的头条进行宣传，以吸引读者，其他报纸我们也选择了相应行业新闻集中、版面靠前的位置。另外，根据海尔新闻内容的特点，我们选择了《南方日报》的特刊——3G服务手册作为新闻宣传的投放，配合这种特别形势的投放，以实现更好的宣传效果。

《广州日报》：日前，由中国移动与海尔电脑携手推出的国内首款3G上网本在广州面市，销售情况火爆，占据市场份额的90%左右。在卖场电脑柜台，一款由海尔电脑全国首发的X105 3G上网本售价3288元，其中包括了1500元的上网费和600元手机话费补贴，受到了众多消费者的关注，首发三日销售便突破1000台。

《羊城晚报》：中国移动相关负责人表示，海尔电脑的上网本在实地测评中，网速和整机稳定性良好，重量最轻，外观也非常时尚。另外，海尔电脑在渠道上拥有巨大优势，其品牌影响力也毋庸置疑。

首期纸媒新闻对海尔3G上网本首发的报道，为海尔电脑进一步攻占其他城市3G上网本市场作了有力的基础铺垫，不仅广州、深圳城内迅速掀起3G上网本关注热潮，同时网络媒体也迅速进行了转载和报道，由此新闻宣传顺利扩大到全国范围，消费者对3G上网本的全国上市充满期待。

为了更广泛更有效地报道此次海尔电脑“连中三元”事件，我们针对宣传重点的不同，规划了两个选题以及两种媒体投放计划。首先针对海外中标事件，我们采用了“海尔3G上网本中标海外市场”突出海尔3G上网本海外投放的战果，而另一个选题为“继中标移动、电信，再次海外中标，海尔电脑上网本连中三元”，突出海尔电脑中标移动、电信后，中标海外市场的过程。为此，在新闻投放上，第一轮，我们配合“海尔3G上网本中标海外市场”选题，进行小范围媒体投放，如《齐鲁晚报》、《深圳特区报》、《重庆商报》等等。而第二轮，我们则配合“继中标移动、电信，再次海外中标，海尔电脑上网本连中三元”的选题，选择了各地区颇具代表性的报纸媒体，由北向南，覆盖了东北、华北、华东、华中、华南地区，并且选择专业的3C、消费、数码、家电等专业的版面，在全国进行全面宣传。

《深圳特区报》：海尔电脑结合印尼用户和客户的需求，通过整合全球研发资源成功开发了专门针对印尼市场的3G上网本，这款产品经过印尼电信运营商的多次综合测试，各项性能指标明显高于参与竞标的数家国际竞争对手。

《齐鲁晚报》：专家认为，海尔电脑在国内和海外的3G上网本招标中连中三元，足以彰显海尔在3G上网本方面的综合技术实力，更体现了海尔3G上网本技术已经走在了国内乃至国际前列。

纸媒传播效果反应良好，一时间，网络媒体也纷纷进行了转载。

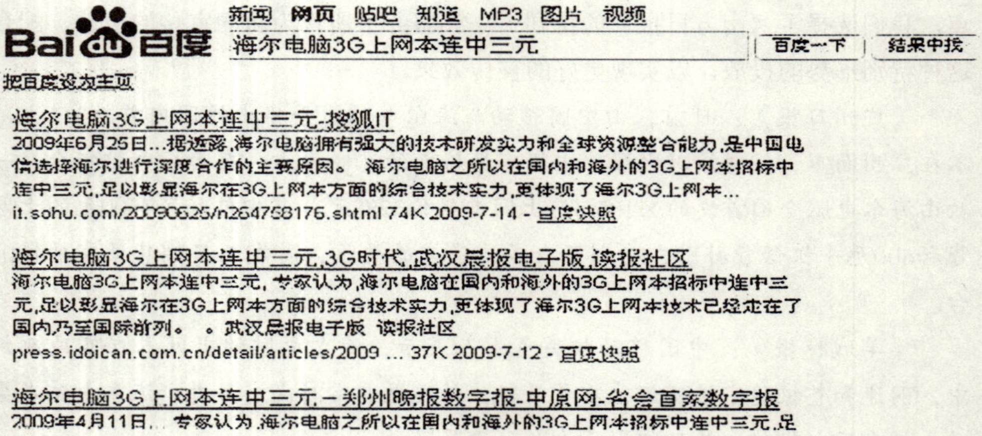

在整个海尔电脑3G上网本的新闻传播中，我和我的团队坚持以市场需要为导向，步步为营、重点突破的传播策略，总共发布报纸媒体达80多家，网站转载超过200家，为海尔电脑引领的3G上网本热销进行了成功造势。

第二节　所向披靡，从“中标马其顿”到“电脑下乡”的非常规传播实践

中标马其顿十万大单

在强手如林的国际PC市场上生存，是对企业生产、设计、物流、渠道、品牌、销售、服务等各个环节的一次综合考验，任意一个环节成为短板，都可能令整体优势难以发挥出来。从家电行业起家的海尔电脑深知，要想后来居上，在国际市场上占有一席之地，需要在运营模式上寻找到差异化优势，扬长避短方可站稳脚跟。为此，海尔电脑将设计、销售、服务等利润率高、自己擅长的环节留给自己掌控，而将生产、物流等环节外包，通过“有所为有所不为”，集中优势力量打歼灭战。在这样的战略指导下，海尔电脑从2004年起，便开始了自己的海外市场拓展之路。

当年，首批5000台海尔笔记本电脑成功销往法国，海尔电脑成功迈出了进军海外市场的第一步。2005年7月，在青岛消费电子博览会期间，来自荷兰、西班牙、葡萄牙三个国家的消费类电子经销商与海尔电脑签署了一项数额庞大的供货买断协议。根据这份协议，海尔电脑将在2006年下半年向三家经销商供应6万台笔记本电脑及10万台显示器，这三家欧洲分销商均为欧洲当地位列三甲的IT分销企业，在当地分销行业拥有强大的影响力。这是海尔电脑进军国际市场以来在欧洲市场上获得的最大订单。

海尔电脑继2006年成功获得荷兰、西班牙、葡萄牙单笔16万台的销售订单后，在荷兰最大的连锁卖场Media Mart海尔笔记本单型号成为最畅销机型，在韩国第一门户网站DONAWA网海尔笔记本实现单月排名第一，在以色列联合MOTO异业联盟成功上市。

到了2007年，海尔电脑在海外已经成功进军韩国、澳大利亚、西欧三个制高点，并形成在亚洲由韩国辐射到日本、印度，在欧洲由西欧挺进北欧、东欧，在大洋洲由澳大利亚辐射新西兰的三大格局，产品远销法国、荷兰、西班牙、葡萄牙、韩国等五大洲的21个国家和地区。

2007年8月31日，是一个具有里程碑意义的日子，海尔电脑中标马其顿教育部10万台电脑采购项目，合同金额为2400万欧元，这是国内电脑制造企业有史以来在欧洲单笔出口订单中最大的合同。本次国际招标竞争异常激烈。全球共20家企业购买了标书，经过几轮评比，参与投标的有7家，最终海尔集团以第一名的成绩胜出，总成绩高出第二名30分，100%中标。

这似乎是一个“奇迹”，当中国的玩具在美国和欧洲市场被围追堵截，狼狈不堪的时候，当“中国制造产品质量低劣”被喧闹得沸沸扬扬的时候，当反倾销的大棒一次一次打在中国企业头上的时候，海尔集团成功中标马其顿教育部10万台电脑的项目，这似乎是一个反讽。

此次中标是海尔集团全球化战略重要的一环，其意义不仅是占领了马其顿整个教育电脑的市场，树立了品牌形象，更在于海尔集团在未来欧洲仅存的新兴市场——巴尔干地区建立了前进的桥头堡。

为了这个订单，海尔集团成立了专门的调研小组和技术小组，预先进入马其顿进行调研，并根据调研结果设计样机，经过确定、否定和肯定之后“过五关斩六将”，最终进入“决赛”。在参加竞标的20个品牌中，海尔电脑的语言系统是唯一具有双语切换的系统，既有英文也有马其顿文，因为仔细地考察了消费者的真实需求并且满足了这个需求，再配合优质的品牌和服务以及高质量的产品，海尔赢得了马其顿教育部的“芳心”。

为此，我和我的团队对这次意义重大的事件进行了大规模的新闻传播，我们决定以直接而具有冲击力的“海尔电脑中标马其顿10万订单”为题，第一时间进

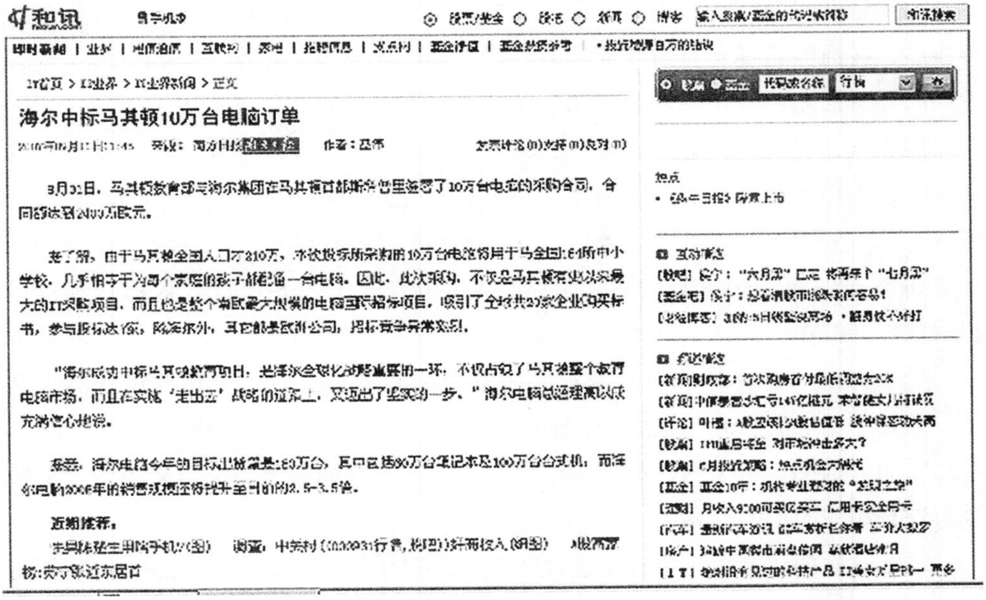

海尔中标马其顿10万台电脑订单

3月31日，马其顿教育部与海尔集团在马其顿首都斯科普里签署了10万台电脑的采购合同，合同额达到2400万欧元。

据了解，由于马其顿全国人口为210万，本次投标所采购的10万台电脑将用于马全国364所中小学校，几乎相当于为每个家庭的孩子都配备一台电脑。因此，此次采购，不仅是马其顿有史以来最大的IT采购项目，而且也是整个南欧最大规模的电脑国际招标项目，吸引了全球共20家企业购买标书，参与投标的除海尔外，其它都是欧洲公司，招标竞争异常激烈。

“海尔成功中标马其顿教育项目，是海尔全球化战略重要的一环，不仅占领了马其顿整个教育电脑市场，而且在实施‘走出去’战略的道路上，又迈出了坚实的一步。”海尔电脑总经理周以成充满信心地说。

据悉，海尔电脑今年的目标出货量是180万台，其中包括80万台笔记本及100万台台式机，而海尔电脑2006年的销售规模还将提升至目前的2.5-3.5倍。

行宣传，《青岛早报》、《南方日报》、《北方新报》、新浪、网易、和讯网等主要媒体均对此进行了报道。

一个10万台的订单对于企业而言是一次盛宴的开始，这意味着，在未来，海尔电脑将有机会在诸多竞争对手中脱颖而出，更加深入欧洲市场。此次竞标，海尔并非以低价格取胜，其产品价格不仅保证了合理的利润并且高于某些国际对手，这充分彰显出一个事实：海尔品牌在欧洲市场日益提高的品牌美誉度，也显示了“中国制造”的高质量和海尔品牌日益进入欧洲主流市场、主流社会，无疑，此次获得订单有力地佐证了“中国制造”的影响力。

不可否认，欧洲是世界上最成熟的市场之一，协会林立，标准精细，跨国品牌丛生，高手云集，强手如林。“在欧洲市场站稳脚跟，至关重要，我们的产品要头上长角，脚下长脚，上要靠产品创新和工作人员勤奋，冲破国际防线，下要用脚丈量每一寸市场。”海尔电脑人感言。

冲出去是包括海尔在内的所有中国企业的梦想。目前虽然很多中国企业的产品已经打入欧洲市场，并占据了一定位置，但是，对于大多数中国企业来说，它们仍然是低端品牌的代名词。海尔电脑中标马其顿10万台大单无疑是一个巨大的突破，标志着海尔在实施“走出去/走进去/走上去”战略的道路上又迈出了坚实的一步。

电脑下乡的“独角戏”

一个成熟的企业必然是一个有“韧性”的企业——能根据不同的市场环境在

产品、渠道、策略等方面灵活应变，并最终占领市场。海尔电脑无疑是这样的一个典型，在海外市场屡有斩获的同时，在中国广大的农村市场牢牢确立起了先行者和领导者的角色，这一切要归功于海尔电脑不同寻常的远见卓识。

国家统计局的数据显示，截至2008年末，农村每百户居民家庭年底耐用消费品保有量中电脑仅为5.4台，稍弱于1999年城镇居民家庭平均5.91台的水平，而到达5%左右的保有率水平，恰恰是城镇居民家庭电脑保有比例的起飞点。2000年底每百户城镇居民家庭达到接近两位数的9.7台，2006年这一数据则攀升至47.2台，2007年、2008年底则分别增加到53.77台、59.3台。

另一方面，截至2008年，农村网民已经达5262万人，占全国网民的四分之一，增长率为127.7%，远远高于城镇的38.2%。其中，由于电脑设备的缺乏，有23%的人借助手机上网，但费用昂贵。农民不上网的首要原因已从不会上网转变为没有相应的上网设备。

对于这些变化，海尔电脑早已成竹在胸，海尔明白，要在竞争激烈的PC行业生存，抢先占领潜力巨大的农村市场，将为企业未来的长远发展打下坚实基础。于是，从2005年起，海尔电脑便启动了农村市场战略，通过充分利用海尔集团家电品牌影响力大、渠道成熟、终端数量多、分布广的独特优势，将其数以万计的传统家电渠道改造为具有IT产品销售、服务能力的3C融合渠道。

此外，海尔电脑还在2万个镇里建立了专卖店，在20万个服务村建立了信息服务站，搭建了包括服务旗舰店、星级服务中心、授权服务站及乡村联络站的服务网络，一举解决了产品的宣传、销售、配送、售后服务等农村市场中最为突出的问题，让农村消费者能放心大胆地购买电脑、学用电脑。这一系列的举措也令海尔电脑具备了其他国际PC品牌所不具有的优势。

当2008年底，国家电脑下乡政策正式出台时，海尔电脑早已凭借在河南、山东等地的试点经验，占领了大部分的农村市场，成为金融危机下本土PC品牌的一大亮点，也为企业的逆势突围注入了一针强心剂。

为了配合海尔电脑的“电脑下乡”战略，我和我的团队决定围绕着“国产品牌、本土品牌”这样的核心概念对海尔电脑进行新闻宣传，突出海尔电脑在产品、渠道、销售、售后服务等方面的本土化优势，提升国产PC品牌在消费者心目中的形象和地位，体现出海尔电脑能与国际知名品牌叫板的气势与实力，增加消费者对海尔电脑的信心。

为此我们决定以“‘电脑下乡’成PC行业救命稻草 国产品牌占天时尽地利人和”为主题，在全国范围内进行新闻传播。《济南日报》、《宁波日报》、《每日新报》等各地主流报纸纷纷进行了报道。

类似的新闻被全国近50家报纸和网站报道转载，成功为海尔电脑的“下乡战役”掀起了巨大声势，令以海尔电脑为代表的国产PC品牌成为媒体和消费者关注的焦点，同时也增加了农村消费者对海尔电脑的信心。随后，海尔电脑在农村市场持续热销，2009年7月，商务部发出了一个振奋人心的消息：本土品牌在电脑下乡中大获全胜！数据显示，在电脑下乡的“成绩单”中，海尔电脑成了最大黑马，拿下近三成市场份额。

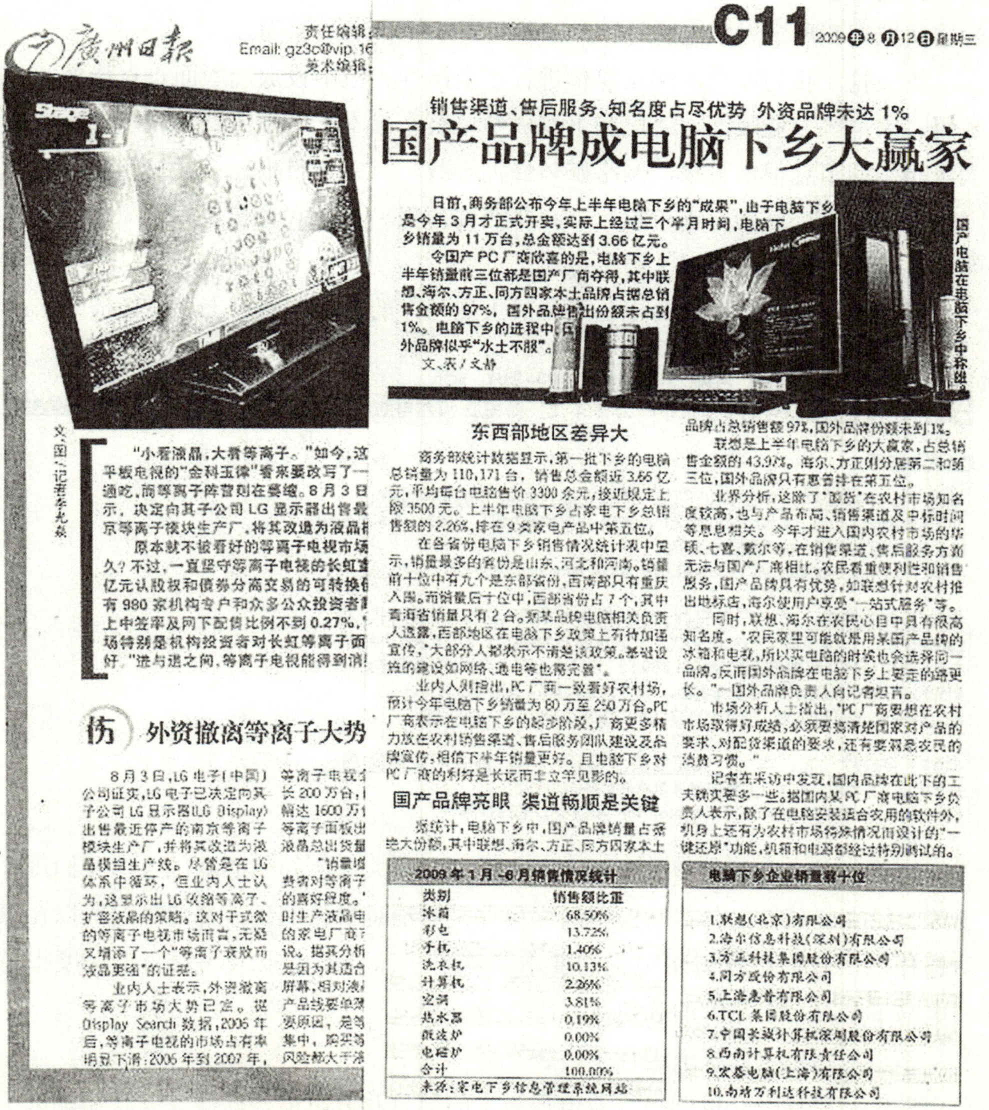

广州日报

C11　2009年8月12日星期三

销售渠道、售后服务、知名度占尽优势　外资品牌未达1%

国产品牌成电脑下乡大赢家

日前，商务部公布今年上半年电脑下乡的“成果”，由于电脑下乡是今年3月才正式开卖，实际上经过三个半月时间，电脑下乡销量为11万台，总金额达到3.66亿元。

令国产PC厂商欣喜的是，电脑下乡上半年销量前三位都是国产厂商夺得，其中联想、海尔、方正、同方四家本土品牌占据总销售金额的97%，国外品牌售出份额未占到1%。电脑下乡的进程中，国外品牌似乎“水土不服”。

文、表/文静

国产电脑在电脑下乡中称雄。

东西部地区差异大

商务部统计数据显示，第一批下乡的电脑总销量为110,171台，销售总金额近3.66亿元，平均每台电脑售价3300余元，接近规定上限3500元。上半年电脑下乡占家电下乡总销售额的2.26%，排在9类家电产品中第五位。

在各省份电脑下乡销售情况统计表中显示，销量最多的省份是山东、河北和河南。销量前十位中有九个是东部省份，西南部只有重庆入围。而销量后十位中，西部省份占7个，其中青海省销量只有2台。某某品牌电脑相关负责人透露，西部地区在电脑下乡政策上有待加强宣传，“大部分人都表示不清楚该政策。基础设施的建设如网络、通电等也需完善”。

业内人则指出，PC厂商一致看好农村场，预计今年电脑下乡销量为80万至250万台。PC厂商表示在电脑下乡的起步阶段，厂商更多精力放在农村销售渠道、售后服务团队建设及品牌宣传，相信下半年销量更好。且电脑下乡对PC厂商的利好是长远而非立竿见影的。

国产品牌亮眼　渠道畅顺是关键

据统计，电脑下乡中，国产品牌销量占绝大份额，其中联想、海尔、方正、同方四家本土品牌占总销售额97%，国外品牌份额未到1%。

联想是上半年电脑下乡的大赢家，占总销售金额的43.97%。海尔、方正则分居第二和第三位，国外品牌只有惠普排在第五位。

业界分析，这除了“国货”在农村市场知名度较高，也与产品布局、销售渠道及中标时间等息息相关。今年才进入国内农村市场的华硕、七喜、戴尔等，在销售渠道、售后服务方面无法与国产厂商相比。农民看重便利性和销售服务，国产品牌具有优势，如联想针对农村推出地标店，海尔使用户享受“一站式服务”等。

同时，联想、海尔在农民心目中具有很高知名度。“农民家里可能就是用某国产品牌的冰箱和电视，所以买电脑的时候也会选择同一品牌。反而国外品牌在电脑下乡上要走的路更长。”一国外品牌负责人向记者坦言。

市场分析人士指出，“PC厂商要想在农村市场取得好成绩，必须要搞清楚国家对产品的要求、对配货渠道的要求，还有要洞悉农民的消费习惯。”

记者在采访中发现，国内品牌在此下的工夫确实要多一些。据国内某PC厂商电脑下乡负责人表示，除了在电脑安装适合农用的软件外，机身上还有为农村市场特殊情况而设计的“一键还原”功能，机箱和电源都经过特别测试的。

2009年1月-6月销售情况统计

类别	销售额比重
冰箱	68.50%
彩电	13.72%
手机	1.40%
洗衣机	10.13%
计算机	2.26%
空调	3.81%
热水器	0.19%
微波炉	0.00%
电磁炉	0.00%
合计	100.00%

来源：家电下乡信息管理系统网站

电脑下乡企业销量前十位

1.联想(北京)有限公司
2.海尔信息科技(深圳)有限公司
3.方正科技集团股份有限公司
4.同方股份有限公司
5.上海惠普有限公司
6.TCL集团股份有限公司
7.中国长城计算机深圳股份有限公司
8.西南计算机有限责任公司
9.宏碁电脑(上海)有限公司
10.南京万利达科技有限公司

伤　外资撤离等离子大势

文/图 记者李光焱

“小看液晶，大看等离子。”如今，这平板电视的“金科玉律”看来要改写了一……液晶……畅销……而等离子阵营则在萎缩。8月3日……示，决定向其子公司LG显示器出售最……京等离子模块生产厂，将其改造为液晶……

原本就不被看好的等离子电视市场……久？不过，一直坚守等离子电视的长虹……亿元认股权和债券分离交易的可转换……有980家机构专户和众多公众投资者……上中签率及网下配售比例不到0.27%，……场特别是机构投资者对长虹等离子面……好。“进与退之间，等离子电视能得到消……

8月3日，LG电子(中国)公司证实，LG电子已决定向其子公司LG显示器(LG Display)出售最近停产的南京等离子模块生产厂，并将其改造为液晶模组生产线。尽管是在LG体系中循环，但业内人士认为，这显示出LG收缩等离子、扩容液晶的策略。这对于式微的等离子电视市场而言，无疑又增添了一个“等离子衰败而液晶更强”的证据。

业内人士表示，外资撤离等离子市场大势已定。据Display Search数据，2006年后，等离子电视的市场占有率明显下滑：2006年到2007年，……

这是对海尔电脑实力的最有力体现。2009年1—6月电脑下乡销售统计中，海尔电脑囊括27.75%的市场份额，大大领先于第二阵营方正的15.04%和同方的10.97%。

针对海尔电脑的卓越表现，以及与此形成鲜明对比的惠普、戴尔等国际品牌的零销售，我们延续既定的突出本土品牌的策划思路，以“本土厂商完胜 海尔成最大黑马”为主题，第一时间在全国进行新闻发布，突出信息的时效性。同时，我们还以“电脑下乡：本土品牌的独角戏”为题，进行有计划的深度传播，深层次挖掘和展示海尔电脑等国产品牌称霸农村市场的原因。

第一轮，我们在全国50家媒体进行了全国性大范围投放，版面重点选择3C、数码、家电等专业版面，“电脑下乡成绩单公布：本土厂商完胜，海尔电脑成最大黑马”的消息很快见报，网络媒体蜂拥转载，《广州日报》、《贵州商报》、《扬子晚报》、《南方都市报》、《华西都市报》、《武汉晚报》、《大河报》等各地主流媒体均进行了大篇幅报道。

随后，“海尔电脑成为电脑下乡最大黑马”的消息在网络上迅速传播开来：

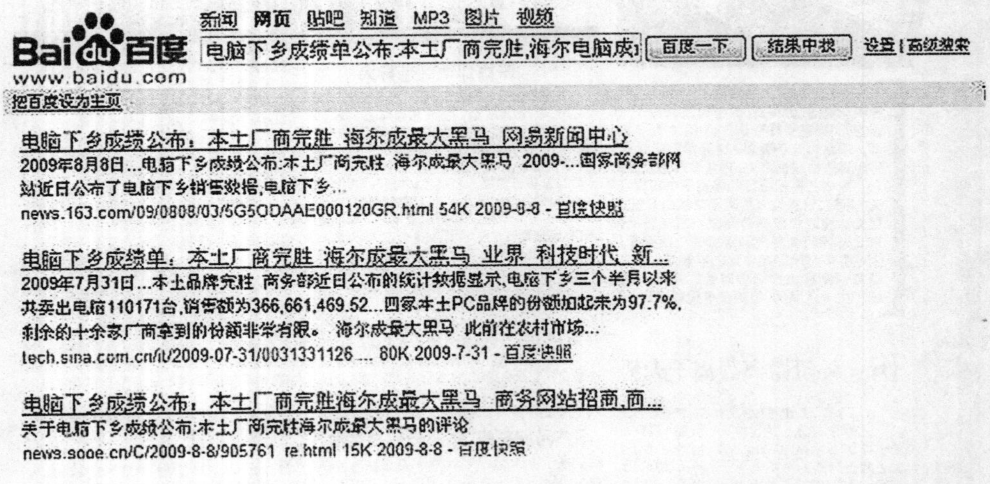
新闻 网页 贴吧 知道 MP3 图片 视频
电脑下乡成绩单公布:本土厂商完胜,海尔电脑成 百度一下 结果中找 设置 | 高级搜索
www.baidu.com
把百度设为主页

电脑下乡成绩公布：本土厂商完胜 海尔成最大黑马 网易新闻中心
2009年8月8日...电脑下乡成绩公布:本土厂商完胜 海尔成最大黑马 2009-...国家商务部网站近日公布了电脑下乡销售数据,电脑下乡...
news.163.com/09/0808/03/5G5ODAAE000120GR.html 54K 2009-8-8 - 百度快照

电脑下乡成绩单：本土厂商完胜 海尔成最大黑马 业界 科技时代 新...
2009年7月31日...本土品牌完胜 商务部近日公布的统计数据显示,电脑下乡三个半月以来共卖出电脑110171台,销售额为366,661,469.52...四家本土PC品牌的份额加起来为97.7%,剩余的十余家厂商拿到的份额非常有限。 海尔成最大黑马 此前在农村市场...
tech.sina.com.cn/it/2009-07-31/0031331126 ... 80K 2009-7-31 - 百度快照

电脑下乡成绩公布，本土厂商完胜海尔成最大黑马 商务网站招商,商...
关于电脑下乡成绩公布:本土厂商完胜海尔成最大黑马的评论
news.sooe.cn/C/2009-8-8/905761 re.html 15K 2009-8-8 - 百度快照

接着，在“海尔电脑成为电脑下乡黑马”被大众所知晓的基础上，我们进行了第二轮深度稿件的传播，由于深度稿件是对消息稿件的延续性传播，所以在媒体选择上，我们根据海尔电脑的要求覆盖了一部分城市报纸，发布了深度报道《电脑下乡：本土品牌的独角戏》。

不少网站也对此报道进行了转载。

考虑到农村受众以读报、看电视为主的信息获取习惯，此次发布我们加大了对全国各地报纸媒体的发布力度，在120多家媒体上进行了密集宣传，发布字数超过20万字，形成了海尔电脑是农村第一电脑品牌的舆论氛围。海尔电脑在农村

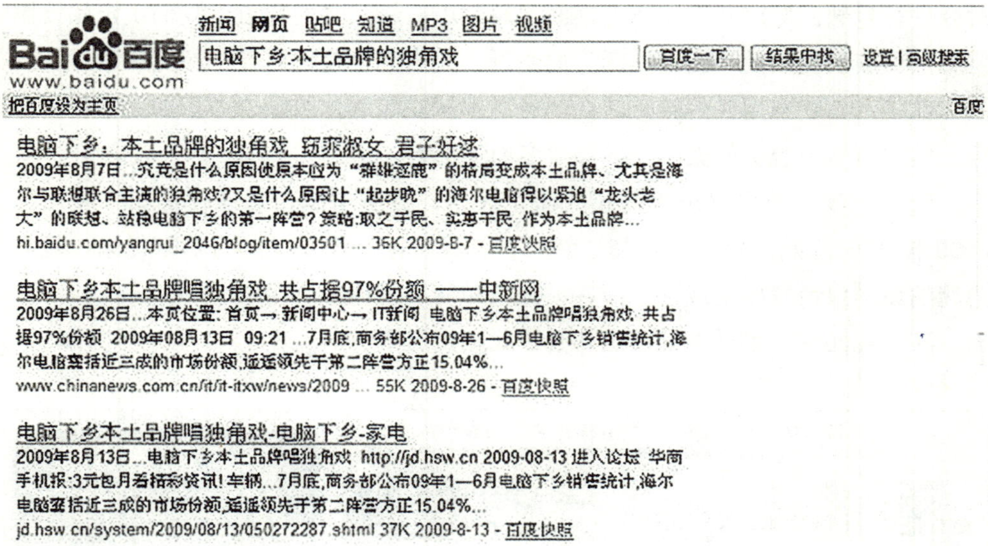
新闻 网页 贴吧 知道 MP3 图片 视频
电脑下乡:本土品牌的独角戏 百度一下 结果中找 设置|高级搜索
www.baidu.com
把百度设为主页 百度

电脑下乡：本土品牌的独角戏 窈窕淑女 君子好逑
2009年8月7日...究竟是什么原因使原本应为“群雄逐鹿”的格局变成本土品牌、尤其是海尔与联想联合主演的独角戏?又是什么原因让“起步晚”的海尔电脑得以紧追“龙头老大”的联想、站稳电脑下乡的第一阵营?策略:取之于民、实惠于民 作为本土品牌...
hi.baidu.com/yangrui_2046/blog/item/03501 ... 36K 2009-8-7 - 百度快照

电脑下乡本土品牌唱独角戏 共占据97%份额 ——中新网
2009年8月26日...本页位置: 首页→ 新闻中心→ IT新闻 电脑下乡本土品牌唱独角戏 共占据97%份额 2009年08月13日 09:21 ...7月底,商务部公布09年1—6月电脑下乡销售统计,海尔电脑囊括近三成的市场份额,遥遥领先于第二阵营方正15.04%...
www.chinanews.com.cn/it/it-itxw/news/2009 ... 55K 2009-8-26 - 百度快照

电脑下乡本土品牌唱独角戏-电脑下乡-家电
2009年8月13日...电脑下乡本土品牌唱独角戏 http://jd.hsw.cn 2009-08-13 进入论坛 华商手机报:3元包月看精彩资讯!车辆...7月底,商务部公布09年1—6月电脑下乡销售统计,海尔电脑囊括近三成的市场份额,遥遥领先于第二阵营方正15.04%...
jd.hsw.cn/system/2009/08/13/050272287.shtml 37K 2009-8-13 - 百度快照

市场告捷，对海尔电脑自身乃至国产PC品牌的意义都极为重大，处于金融危机压力下的PC业由此找到了突围的正确方向，海尔电脑在业界和大众中的“专业PC品牌”形象也得到了进一步巩固。

第三节 卧薪尝胆，从“寒促”到“暑促”的常规传播努力

国内PC市场在某种程度上是一个季节性的市场，每年的寒暑假是市场的绝对旺季，也是各厂商在产品和宣传上竞争最为激烈的时段。海尔电脑在这两个时段的新闻传播攻势颇能体现出PC行业的特色，同时也帮助其实现了从“不受注意”到“主流领导品牌”的质变。

寒促，新品与品牌双箭齐发

寒假无疑是PC厂商推广新品的最佳机会，但各大媒体上铺天盖地的宣传和广告，往往让厂商的声音犹如石沉大海，如何在恶劣的传播环境中引起目标消费群的注意，成为海尔电脑以及我和我的团队所思考的问题。

考虑到一般PC厂商在寒促中以新品宣传为主，我和我的团队认为，一般性、高频次的新品宣传固然不可少，但需要辅之以品牌层面的新闻传播，此外，生硬直白的产品宣传往往令受众将相关信息自动过滤，因此我们考虑将产品宣传结合

时令进行包装。针对2009年寒促期间，海尔电脑新品多的特点，我们决定始终围绕海尔电脑所提出的“两超三新”的主题，突出其“超大内存、超大硬盘、新产品、新技术、新应用”的特点，在消费者中树立起海尔电脑“大”和“新”的形象，实现传播内容上的聚焦，确保“多而不乱”。

为此，我们首先打出“两超三新”大旗，打响电脑市场寒促的第一枪。从2009年1月份开始，以“‘两超三新’再打性价比　海尔电脑打响寒促第一枪”为题的新闻报道开始出现在全国各大报纸和网络媒体。

PC专业网站太平洋电脑网也刊登了此则报道：

“两超三新”再打性价比　海尔电脑打响寒促第一枪

[12-17 11:24:30]　出处：PConline　作者：厂商稿　责任编辑：yangjingjing

每年的计算机寒促旺季，都是从上一年的岁末开始，一直延伸到新年结束。相比暑促的学生装机热潮，寒促的时间跨度和瞩目程度都要大得多。近日记者获悉，已获得国家商标注册认证的海尔电脑推出了“两超三新”为特色的寒促策略，打响了今年寒促的第一枪，在“同等价位性能更高、同等性能优惠更高”的策略指导下，海尔电脑依托“海尔&英特尔创新产品研发中心”、“海尔、NVIDIA数字高清实验室”的技术平台，在寒促期间带给用户全新配置、全新技术的“润眼”电脑产品。

海尔电脑的促销目标十分明确：在提高海尔“润眼”电脑市场普及度的同时，依靠“两超三新”的寒促策略，把“润眼”的行业标准成功渗透到全国四六级市场。

“两超三新”打响头炮　海尔润眼产品寒冬热销

“征途就像自行车比赛一样，你永远不知道爬坡成功之后是否还有另一个坡段，这就需要你不行地预测，不停地改变。”环法自行车七冠王阿姆斯特朗在退役前的感言一度被IT业界誉为经典，海尔电脑在“润眼”商标成功注册之后，依靠“两超三新”为“润眼”注入了更多的技术含量和活力，在

通过全国近60多家报纸在短时间内多达8万字的密集宣传，电脑寒促市场迅速升温，海尔电脑则占尽了先机，率先用“两超三新”的概念激发大众的购买欲。在启动寒促新闻传播后不久，我们又接连对海尔电脑的三类新品——上网本、笔记本、台式机——启动了三剑齐发的新闻攻势。

对于上网本，我们重点突出其应用性、时尚性，以“海尔开心豆丁X102：也能装下的本本好礼”作为传播主题；对于笔记本，重点强调其设计与品牌，因此以“海尔寒促热卖笔记本T621、X102获两项行业大奖”作为传播主题；对于台式机，则主推其高配置和高性价比，选择以“四核PC杀破5000元！海尔轰天雷率先抢双节先机”作为传播主题。我们希望通过对产品特性的差异化宣传，实现对目标消费群的有效传播，以此保证传播的“多而不乱”。

接下来，《安徽商报》、《郑州晚报》、《三秦都市报》等各省市主流报纸媒体纷纷对海尔电脑的寒促新品进行了重点报道。

在之后的一个月时间里，全国共有近百家报纸和网站对海尔电脑的寒促新品进行了报道和转载，累计报道字数超过15万字。在2009年1月这个对PC行业来说最“冷”的寒假，海尔电脑的新品却卖得异常红火，成为了寒促市场上一匹真正的黑马，也为其后在2009年征战3G上网本市场、农村市场和海外市场起到了鼓舞士气的重要作用。

暑促，出奇制胜的造势

2008年底及2009年初的“两超三新”战略令海尔电脑在寒促市场上大获全胜，随着2009年6月份的到来，暑促即将拉开序幕，海尔电脑如何再次上演出奇制胜好戏？

事实上，2009年PC厂商暑促的方式并没有发生大的变化，降价、送礼仍然是重头戏，但力度与往年相比有所加大，目的在于迅速摆脱金融危机带来的低迷，PC厂商还在加大暑促期间品牌宣传推广力度，力求扩大自身的品牌知名度。这种情况在一二级市场表现得尤为明显。

要在众多品牌中异军突起，借助差异化的传播内容与方式，是海尔电脑最佳的选择。通过对其暑促新品的特性分析，我和我的团队认为，主打“娱乐”牌、突出国际化水准、强调高性价比，三箭齐发，将可以有效针对城市市场消费者的需求，在一二三级市场站稳脚跟。

接下来，我们选择了X108上网本为海尔电脑的暑促战役打响头炮，原因在于该产品低于2000元的售价在主流品牌中尚属首次，意义重大，为此，我们在新闻主题中用了“核聚变”一词为产品造势：

暑期惊现上网本性价比“核聚变”！

海尔X108上网本1999元感恩回报老用户

在媒体选择策略上，配合产品投放，我们选择了北京、深圳、山东作为重点投放地区，版面以3C、财经、家电为主。

不久，这一极具冲击力的新闻迅速在全国各大媒体上登出，《齐鲁晚报》、《深圳特区报》、《北京娱乐信报》、《北京晨报》等各地主流报纸纷纷给予报道转载。

众多门户网站和行业网站上也出现了相关报道。

直到暑促结束，共有近50家报纸和80多家网站对海尔电脑第一款暑促产品进行了宣传，海尔电脑成功用高性价比的上网本打响了暑促第一枪，引发了众多消费者对海尔电脑的关注，也为2009年的暑促大战定下了“性价比为王”的基调。

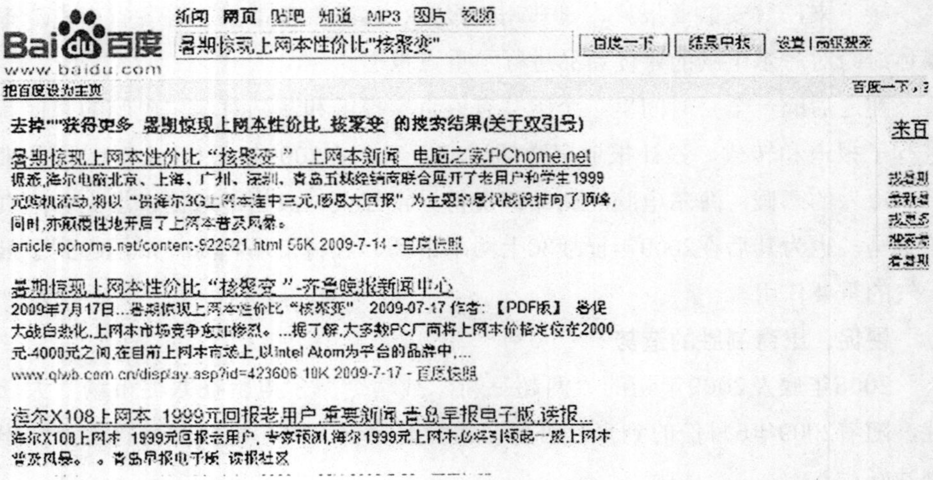

第一轮暑促传播之后，我们趁热打铁，主推海尔电脑的笔记本新品——T628。由于该产品是首款搭载英特尔My Wi-Fi技术的产品，在娱乐和网络共享方面功能强大，因此在传播上我们用了“全能娱乐”、“国际化设计”、“国际化代工”等词语突出其特点，将其塑造成一款高性价比的全能娱乐平台。更为重要的是，我们在业内首次提出了“娱乐共享”的概念，区别于同类产品，对于注重娱乐、游戏功能的用户具有强大的吸引力。

我们将新闻主题定位为：

国内首款搭载My Wi-Fi技术笔记本T628震撼上市

海尔电脑携手Intel打造局域网“娱乐共享”

并针对消费版采用了“暑档3C新品热力登场，新款MY Wi-Fi本本抢鲜上市有礼”这一主题，以适应媒体发布的不同版面要求和消费者消费特点。

为了有效配合新品上市，我们选择了全国近20家权威媒体，包括《新民晚报》、《长春晚报》、《厦门晚报》、《济南日报》等等，发布版面以3C、家电、消费咨询等专业版面为主，充分利用了我们的优势媒体资源，为T628全国上市造势。

《南京晨报》、深圳《晶报》、《燕赵晚报》、《青岛早报》、《济南日报》、《山西晚报》、《京华时报》等媒体对海尔T628上市做了重点宣传报道。

随着海尔电脑暑促信息的纷纷见报，网络转载的热度也不断提高。

在全国上百家报纸和网站的传播下，头顶“全能娱乐”和“国际化”的光环，T628成为了海尔电脑暑促中的明星产品，受到了消费者的热捧，这一股热潮一直持续到了国庆。

笔记本卖得火热，台式机也不甘落后。2009年“暑促”，海尔电脑的台式机

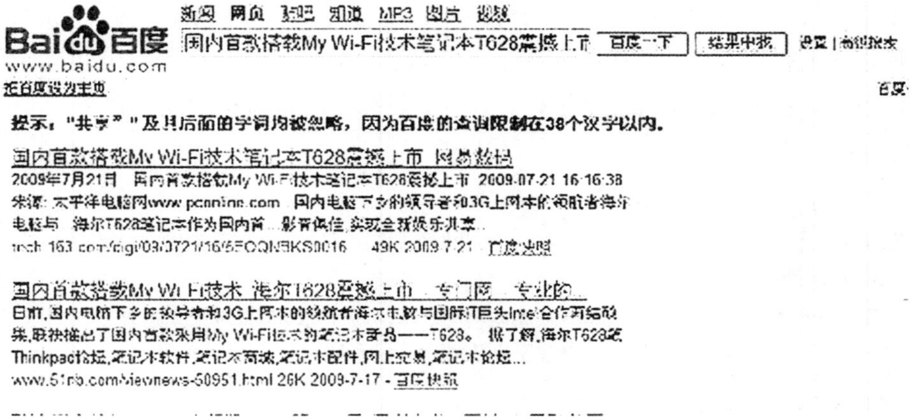

堪称威力巨大的杀手锏。之前，市面上的四核台式机都停留在5000元的价位，特别是配备512MB显存高清显卡的机型，价格一直居高不下，这为在技术整合方面具有优势的海尔电脑提供了占领市场的良机。

512MB显存、四核台式机3999元！海尔轰天雷G5一亮相暑促市场便成为了大众和业界的焦点话题，该产品也成为了2009年暑促中最具性价比的高端产品，海尔电脑掀起了一场四核电脑普及风暴。对此，我们进行了两轮的新闻策划，第一轮以产品低价促销为主，突出活动主题，推出了“将‘至尊游戏电脑’拉下‘神坛’，海尔电脑暑促‘大手笔’感恩回报消费者”的宣传。

考虑到活动的“大手笔”，我们采用了全国投放，重点投放了22家媒体的3C、家电、数码等版面。新闻传播的投放贯穿了暑促第一轮和第二轮，延续了近一个月的时间，充分覆盖了全国的主流新闻媒体，无论是报纸媒体、网络媒体，对海尔此次降价举措都发表了看法。

轰天雷的后续宣传，我们有建设性地提出了“3999元海尔轰天雷G5电脑掀起四核普及风暴”作为新闻传播的方案，重点突出海尔四核台式机的卓越性能，并

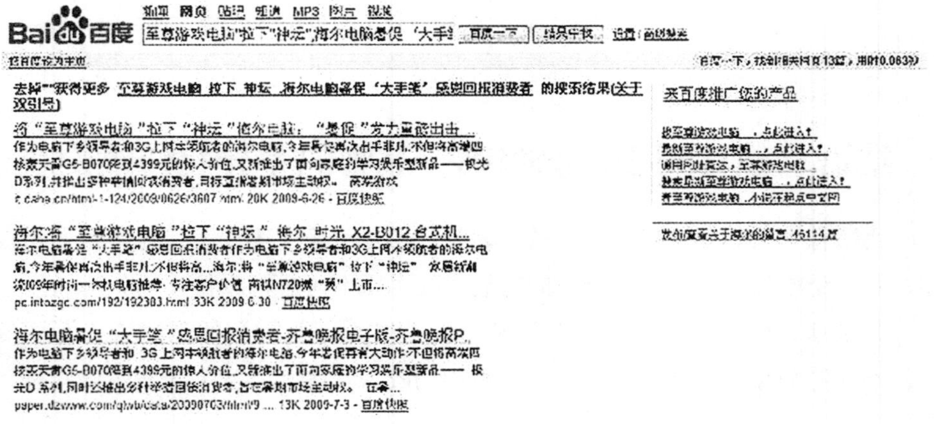

深度挖掘其引领低价四核风暴，对海尔电脑本身是重大的突破，同时对整个行业具有非同凡响的意义。在媒体选择上，从东北延伸至大连，从华南延伸至深圳，贯穿中国大部分重点城市，7月下旬，主流媒体对海尔掀起的四核风暴纷纷作了报道和评论。

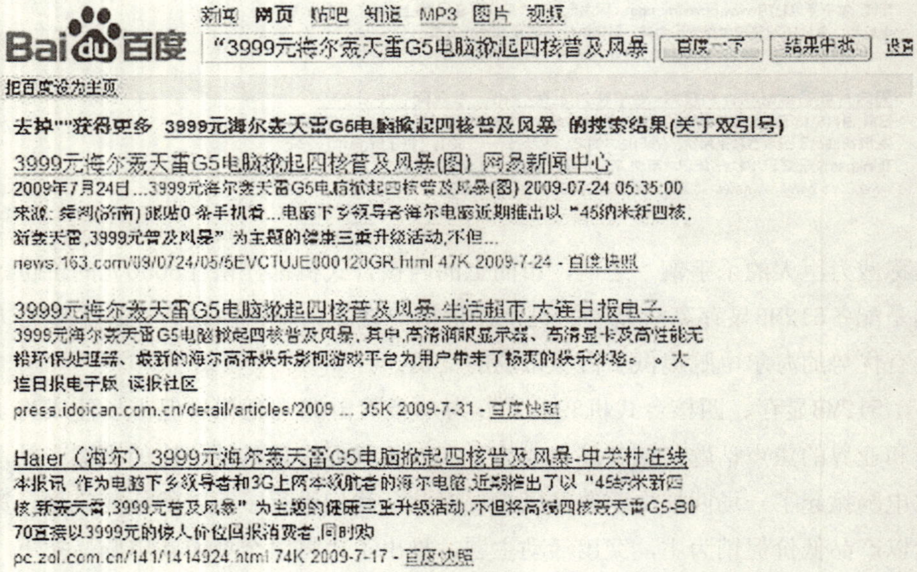

新闻 网页 贴吧 知道 MP3 图片 视频

Baidu百度 “3999元海尔轰天雷G5电脑掀起四核普及风暴 百度一下 结果中找 设置

把百度设为主页

去掉""获得更多 3999元海尔轰天雷G5电脑掀起四核普及风暴 的搜索结果(关于双引号)

3999元海尔轰天雷G5电脑掀起四核普及风暴(图) 网易新闻中心
2009年7月24日...3999元海尔轰天雷G5电脑掀起四核普及风暴(图) 2009-07-24 05:35:00
来源: 舜网(济南) 跟贴0 条手机看...电脑下乡领导者海尔电脑近期推出以“45纳米新四核,新轰天雷,3999元普及风暴”为主题的健康三重升级活动,不但...
news.163.com/09/0724/05/5EVCTUJE000120GR.html 47K 2009-7-24 - 百度快照

3999元海尔轰天雷G5电脑掀起四核普及风暴,生活超市,大连日报电子...
3999元海尔轰天雷G5电脑掀起四核普及风暴, 其中,高清润眼显示器、高清显卡及高性能无铅环保处理器、最新的海尔高清娱乐影视游戏平台为用户带来了畅爽的娱乐体验。。大连日报电子版 读报社区
press.idoican.com.cn/detail/articles/2009 ... 35K 2009-7-31 - 百度快照

Haier（海尔）3999元海尔轰天雷G5电脑掀起四核普及风暴-中关村在线
本报讯 作为电脑下乡领导者和3G上网本领航者的海尔电脑,近期推出了以“45纳米新四核,新轰天雷,3999元普及风暴”为主题的健康三重升级活动,不但将高端四核轰天雷G5-B070直降以3999元的惊人价位回报消费者,同时购
pc.zol.com.cn/141/1414924.html 74K 2009-7-17 - 百度快照

全国60多家报纸和100多家网站纷纷抢先对此新品上市进行了报道，报道字数超过18万字。不少业内人士惊呼，海尔轰天雷堪称2009年暑促中高性价比的代名词。

通过上网本、笔记本和台式机三条线、多轮次的有序新闻传播，海尔电脑的暑促战役打得颇为成功。无论是学生族、商务人士，还是电脑玩家、家庭用户，对海尔电脑的关注度均大大提升，海尔电脑自身也延续了寒促以来的良好销售势头，企业内部出现供不应求的状况。

结语 独具匠心，润眼第一品牌的差异化传播模块

兵法有“出其不意，攻其不备”之计，市场竞争中需要差异化营销而得以长存，每个企业都力图采用与众不同的战略战术压倒对手，赢得市场。

寻求差异化是每个品牌企业最常用的手段，因为不同的消费者、不同的偏好、不同的个性、不同的生活方式、不同的收入水平和不同的消费理念，都决定

了人们对产品有着不同的需求，这一系列的不同之中往往蕴藏着切入蓝海市场或抢占对手领地的机遇，因此差异化营销备受重视。

差异化营销，核心思想是“细分市场，针对目标消费群进行定位，导入品牌，树立形象”，关键是积极寻找市场空白点，选择目标市场，挖掘消费者尚未被满足的个性化需求，利用产品的新功能、新价值占领市场，建立品牌的差异化和个性化核心竞争优势。

差异化营销不是某个营销层面、某种营销手段的创新，而是产品、概念、价值、形象、推广手段、促销方法等多方位、系统性的营销创新，并在创新的基础上实现品牌在细分市场上的目标聚焦，取得战略性的领先优势。

在海尔电脑的差异化营销战略中，差异化传播是极为重要的一个手段。要探寻海尔电脑的差异化传播模式，我们需要进一步探讨差异化传播背后的东西。

1. 差异化研发

差异化传播的根本来自差异化产品，而差异化产品则源自差异化研发。海尔电脑作为PC行业的新生力量，采用了与传统PC企业不同的研发模式，通过将国际顶级IT研发力量与自身研发团队结合，打造出适合不同市场需求且又具备国际最新顶尖技术的产品。在这一思路下，海尔电脑先后与英特尔、NVIDIA、微软联手建立起了“海尔&英特尔创新产品研发中心”、“海尔&NVIDIA数字高清实验室”和“海尔＆微软联合开发实验室”，在产品的核心架构、显示技术、外观设计、应用设计等方面进行大胆创新，始终走在行业前列。

海尔电脑的国际化整合研发模式为其市场销售带来了直接的促进作用，在针对农村市场的下乡产品中，海尔便与英特尔、微软、网通等公司携手，将电脑、网络、应用以及金融服务等结合在一起，形成了“以海尔电脑为平台，以应用方案为核心”的“信息化套餐”，让农民家的电脑能实实在在地发挥作用。在设计上，则采用宽电压、低能耗设计，保证在电压较低的地区也能正常使用且确保省电。针对农村用户电脑知识不足的特点，海尔电脑还专门加入了“永不死机”、一键恢复备份、双平台杀毒等专利技术，配备了“手写输入、语音朗读、电视输出”等特色功能。为了满足农村用户对市场信息和保健、学习方面的需求，海尔电脑还专门安装了“海阔天空”、“祝您健康”、“北师大在线课堂”等功能性软件。

在海外市场上，海尔电脑的研发设计在整合国际资源的基础上，更加注重本土化应用。在马其顿教育部的电脑招标项目中，海尔电脑与NCOMPUTING公司进行合作，针对马其顿在节省成本与降低能耗上的要求，量身设计专门的解决方案，通过在马其顿全国架设约18万个PC工作站，借助桌面虚拟软件，每台PC可以同时供7人使用，大大降低了成本和能耗。同时，在电脑操作系统上还专门设计了马其顿语言，并针对中小学课程设计了相关应用软件，强化了电脑的教育功能和使用的便利性，凭此最终获得7万台的大单。

既注重对国际研发资源的整合利用，又重视市场的本土化需求，海尔电脑的研发模式成为其打造差异化优势的重要一环。

2．差异化产品

在消费主义盛行的时代，产品竞争是市场竞争的基础与核心，建立产品的差异化，是远离竞争、建立竞争真空区的一种有效方法。

差异化产品，除了通过功能和外观的创新来实现，更多的还是通过产品策略来实现。

差异化产品大致可分为两类：一类是价格领先的产品，表现为产品的价格低，以低价格超越竞争对手。

具体的做法是：实用主义地将产品的功能简化到只满足消费者最重要的需求，以节省成本。这样，消费者可从低成本的差异化产品中得到两种体验：一是使用要求上的满足，二是支出的节省引发的消费快感。

对于海尔电脑来说，最具有代表性的非2009年暑促中的X108上网本了，上网本的突出功能在于外观的精致和便捷的上网功能，而其因低配置而产生的低成本是业内众所周知的。

作为重点促销产品的海尔上网本X108，率先试水以1999元进行上网本普及活动，抢跑在市场的前头，敏锐地把握并引领着市场走向和消费需求，引领了上网本低价风潮。我们抓住了这一点，提出“上网本性价比‘核聚变’”这一概念，宣传主题为“海尔低价促销上网本迎暑假”，采取预热的方式，宣传内容突出X108上网本低价促销打头阵。

第二类是价值领先产品，表现为产品以超越其他对手的价值去满足消费者。价值领先的产品可由以下元素组成：全新的技术化的产品、复合化技术化的产品、高溢价的产品、拥有独特工艺和设计的产品等等。

对于海尔电脑来讲，推出更多价值领先的产品，是海尔电脑不断领先于其他品牌的重要优势所在，从最初运用国际资源研发海尔润眼电脑，到与电信运营商合作率先推出3G上网本，海尔电脑始终保持以第一的领先态度制造第一的领先产品，在赋予产品价值的同时，赋予海尔电脑更多的品牌价值。

2005年，润眼电脑的诞生，无疑顺应了消费者对健康环保和护眼的需求，而对于海尔电脑，润眼电脑为海尔电脑带来飞跃式发展，在短短一年的时间里，海尔电脑一举跻身国产品牌前六名。

2008年，英特尔45纳米无铅处理器和45纳米酷睿i7四核处理器的国内首发，给海尔电脑带来了新的机遇，海尔电脑借此推出了“新极光”、新轰天雷、游戏之王”雷神X7、锐志T68、T62、T220笔记本等高性能润眼电脑新品，再次成为消费者的宠儿。

2008年12月，海尔电脑“润眼”商标获得国家工商行政管理总局的注册认证，标志着海尔电脑终于站上了“润眼”电脑、健康电脑市场的制高点。

2009年，海尔电脑联手中国移动、中国电信，全国首推3G上网本，成为中国3G时代的标志性事件，继承了润眼、高清特性的3G上网本迅速成为时尚人士、商务人士的首选。

拥有了不同类别的差异化产品，海尔电脑就有了征战各类市场的“武器”，从而在激烈的市场竞争中显得游刃有余。

3．差异化策略

差异化策略是企业通过树立品牌形象、提供特性服务以及优势技术等手段，来强化产品特点，让消费者感觉其支付的费用尽管高于同类产品，但仍然是“物有所值”甚至“物超所值”，企业也就提高了合理的利润空间，进一步加强在产品质量、新技术开发和附加值服务方面的投入，从而实现企业成长的良性循环。

对于海尔电脑来讲，其差异化策略的核心是高举“高清润眼”大旗，分阶段、有步骤地搞促销，用一句海尔自己的话来讲，便是“两高”策略，即“同等价位性能更高、同等性能优惠更高”。

其实海尔电脑将“高清润眼”作为卖点已不是近期的事，但是“润眼”商标获得专利注册在业内则不多见，这无疑令海尔电脑独占了“润眼”这一概念，赢得了健康电脑市场的制高点。之后，海尔电脑的市场策略十分明确：农村、城市、海外三大市场齐头并进，各个击破。

在农村，海尔电脑早在“电脑下乡”之前便凭借海尔集团庞大的渠道网络和品牌美誉度，将产品送到了不少农户家中，战略上重视，销售上积极，加上物流、服务到位，海尔电脑在农村市场颇有点所向披靡的气势，将一个个国际知名电脑品牌摔在了身后。

在城市，海尔电脑充分利用寒假和暑假，大力度搞促销，通过“两超三新”等销售策略，成功突破学生市场；通过3G上网本首发，抢占中高端商务市场，成为国内PC业迅速崛起的黑马。

在海外，海尔电脑则强化了对当地客户的个性化需求研究，通过创新性的设计与应用，成功开拓蓝海市场，在俄罗斯、马其顿、菲律宾等地区相继获得采购大单。

可以说，是各自不同的市场需求决定了海尔电脑差异化的策略：海外市场看重适合自身特点的技术应用，海尔电脑便成立专门团队在产品的设计与应用和市场需求研究上下工夫；城市市场看重性价比、新技术、新功能和时尚外观，海尔电脑便细分市场，利用国际资源各个击破；农村市场看重电脑的实用性和维修的便利性，海尔电脑便对硬件和软件进行专门开发和设计，同时以星级服务标准解决售后问题。随“需”应变，海尔电脑的差异化策略往往能一针见血。

4．差异化渠道

拥有好的产品不一定能称霸市场，相反，有能力管理不同渠道及其带来的市场资源，才能让产品迅速获得市场的青睐。

渠道管理不仅仅是指销售或供给，当然它们也都非常重要，但更重要的，它是一种思维方式，一种与顾客建立新型联系以捕捉崭新商业机会的方式。一个公司与其顾客之间存在各种互动方式，包括顾客怎样及在何处购买商品或服务，又怎样及在何处使用这些商品或服务等。

作为世界家电巨头，海尔集团的市场渠道覆盖面广，体系成熟，依靠集团的渠道优势，海尔电脑将产品放在集团固有渠道——家电卖场和专卖店销售，既省去了自建渠道的时间与经济成本，又能够迅速覆盖并深入各地、各级市场，与其他品牌的渠道策略形成了鲜明对比。同时，海尔电脑也不放松与大卖场的合作，如与国美合作，进行3G上网本全国首发便是经典的战例。

海尔电脑的差异化渠道优势，在农村市场中体现得更加明显。海尔电脑看得远，行动得更早。早在2005年，海尔电脑就已启动了农村战略，充分整合海尔集团家电渠道终端数量多、分布广的优势，将数以万计的传统家电渠道改造为具有IT产品销售、服务能力的3C融合渠道，并在2万个镇建立了专卖店。同时，海尔电脑在农村建立起了直销模式，并将独有的“润心服务”送到了农村，提供24小时全年无休的售后服务。

当电脑下乡启动，各厂商纷纷为渠道、物流、售后服务等一系列问题头疼时，海尔电脑的服务人员早已穿梭于各乡镇之间，解决了许多偏远农村和山区农民因维修难而不敢买电脑的后顾之忧。

电脑下乡的成功，得益于海尔电脑的差异化渠道运作，这样的说法一点也不为过，成为电脑下乡中的领头羊也在意料之中。

5．差异化传播

如果没有实实在在的内容支撑，差异化传播将是空中楼阁；如果不能配合市场策略与品牌策略的执行，差异化传播的效果将大打折扣。所幸的是，这两点，海尔电脑都做到了。回顾海尔电脑的差异化传播，始终以针对差异化产品的传播为核心，以差异化研发、差异化渠道的宣传为辅，在时间和频率上紧密配合其差异化的市场策略与品牌策略。

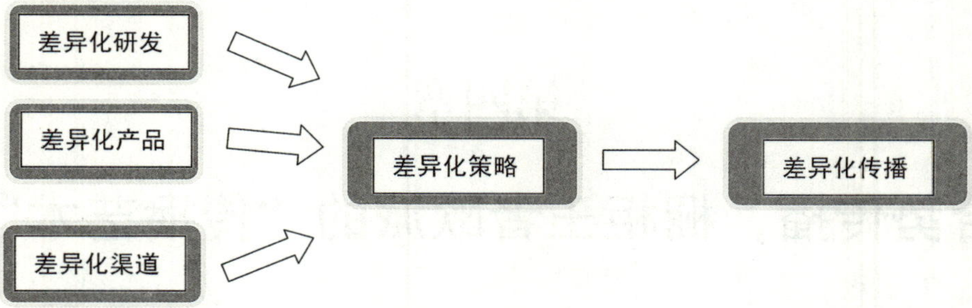

与其他PC品牌相比，海尔电脑在传播内容上始终围绕“润眼、高清”的产品特点和整合国际资源的企业运作特点，突出自身在工业设计和技术应用上的强大实力，打造时尚新锐的品牌形象。可以说，海尔电脑在新闻传播的内容上是经过精心设计的。一方面，通过宣传自身与Intel、NVIDIA、微软等国际IT巨头的战略合作，树立起大众对海尔电脑技术实力的信心；另一方面，通过宣传海尔电脑自身工业设计、技术应用、渠道服务和海外市场方面的优势，打造出具有国际水准的国产PC品牌形象，对消费者的购买选择起到了直接影响。

在传播方式上，海尔电脑习惯于有计划地“重复传播”，在寒促或暑促这样的市场旺季，针对某一产品实施轮次多、持续时间长的新闻传播，与密集的地面宣传和促销紧密配合。同时，对于在市场上突破性的表现，海尔电脑往往不遗余力地给予重点深度传播，如关于其在“电脑下乡”中的卓越表现，海尔电脑以“电脑下乡：国产品牌的独角戏”为题，在全国各大报纸和网络媒体进行了大规模深度传播，与多频次的新品传播形成“深浅搭配”。此外，出于配合市场销售的需求，海尔电脑将新闻传播的重点放在了华东的报纸媒体上，华北、华南和东北的媒体次之，做到有的放矢、重点突破。与此同时，海尔电脑还在众多知名的行业网站进行了“重复传播”，实现传统媒体与网络媒体的有机结合。

总体来讲，海尔电脑差异化传播的成功，很大程度上源于对产品差异化的深层把握及对品牌特点的挖掘和与市场战略的默契配合。海尔电脑清醒地认识到，差异化不应是一个空洞的概念，更不应该为了“差异化”而“差异化”，这恰恰是其差异化传播成功的关键。

第四章

合势传播，橱柜王者欧派的“传播艺术”

引言　因新闻传播结缘

我与欧派相识，要追溯到12年前。那时，我在《南风窗》杂志做编辑、记者，我收到一位读者的来信，这位读者就是现任欧派总经理张金良先生。

在来信中，他讲述了欧派董事长姚良松先生颇具传奇的创业故事。出于记者的敏感，我按图索骥地找到了张金良先生，并如愿以偿地见到并深度采访了姚良松先生。这次采访，最终成了《南风窗》的一篇人物报道——《姚良松：从流浪汉到千万富翁》。

在成功创业故事备受追捧的20世纪90年代，这篇讲述一个农家子弟历经艰辛走向成功的报道，很快被多家报刊转载。多年后，姚良松先生告诉我，这篇人物专访是媒体对他的第一次报道。可以说，因新闻传播，我与欧派结缘。

从企业新闻传播角度看，“合势”是组合谋势、蓄势、借势、造势等常用运势方法，携众“势”之威，制定企业新闻传播战略的操作过程。由于组合各家所长，故“合势”通常可以在企业新闻传播中发挥“组合拳效应”，在企业品牌传播体系中发挥重要的作用。

科特勒在《营销管理》一书中，对“合势”理论中的“借势”和“造势”概念作了初步阐述。科特勒将二者整合在“事件营销”（Event Marketing）的概念里，认为事件营销可分为“事件选择”和“事件创造”。事件选择，是参与大众关注的焦点话题或事件，将自己带入话题或事件的中心，由此引起媒体和大众的关注，即为“借势”；事件创造，是企业通过自身创造富有创意的活动或事件，引起媒体或者大众关注，是为“造势”。

在企业的新闻传播中，经常是借势和造势结合使用，本书称为“合势”传播。相比起直接的造势传播，借势传播投入小，风险小，因此更为企业所钟爱。在本章的案例中，除“欢乐中国行”是欧派的主动造势外，其余案例均为借势传播，借势更为隐蔽和巧妙，同时，也需要更多技巧，一般来说，借势主要有以下方法：

第一，借名人、权威人士之势，通过名人代言，吸引消费者注意，激起消费者的跟风行为，通过“权威人士说”等方式来获取消费者的信任，增强顾客粘性。本章中“姚良松握手克林顿”的案例就是利用美国前总统的影响力为欧派做了一次免费传播。

第二，借宏观经济或行业形势的势。这是一种几乎不会犯错的方法，往往还能激起社会、消费者对企业形象和社会责任感的认同。楚汉之争时，刘邦就借助了当时民不聊生，百姓希望过安生日子的大形势，施仁政，与老百姓约法三章，最终打败项羽，赢得天下。本节中从“过冬”到“破冬”的新闻传播就是借势金融危机的经济热点，传达出欧派在危机来临时的积极举措；“冠军联盟”的两次专访策划则是借助家居业第一大联盟“冠军联盟”的影响力开展传播。

第三，借节假日和特殊事件的势。通常一般节假日或一些有纪念意义的日子、行业突发事件都可以成为新闻策划的由头。欧派“橱柜业打假”的案例即为借助当时震惊社会的地板业“欧典事件”间接宣传欧派产品的环保性能的一次成功尝试。

第一节　焦点传播，从“过冬”到“破冬”

2008年底的经济危机让每个行业都猝不及防，橱柜市场也是如此。上半年还能明显感觉到消费者的购买热情，但是进入7月，整个橱柜行业就渐渐冷了下来，10月之后，更是寒风阵阵。到了年底，全国橱柜市场总体下滑了20%到30%，部分品牌下滑更高达50%。

在市场萎靡的大背景下，各企业都在进行战略收缩，在品牌推广方面，不断压缩整体预算；在传播策略上，大幅度减少广告支出，加大对新闻传播的投入。对于企业如此动作，我们不难理解，金融危机下商家投入大把的广告费用效果难料，不如收缩预算，以成本较低的新闻传播为主拉动市场，以待市场好转，所谓“弱市靠PR”。此外，经济危机很大一方面在于信心的危机，而在重塑信心方面，新闻传播比广告会有更好的效果。

正当大家都在捂紧口袋准备过冬之时，欧派掌舵人姚良松却抛出了一个惊人言论：“欧派将加大品牌推广的力度，增加对新闻公关、广告的投入，看准并创造机会，主动出击，在战略上达到品牌宣传效果。”

姚良松的决定自有道理：“在经济寒冬，品牌宣传机会会更多，同时成本更低，效果更好，如果有实力可以利用这个机会扩大品牌影响力。”

对于新闻传播高手来说，成功在于看清形势，找准机遇，偶尔也要不按常理出牌。姚良松在商海沉浮多年，对品牌推广不会随波逐流，而会剑走偏锋。此次，对于品牌宣传的决策，正是基于对形势的准确分析基础上得来的。

怎样过冬?

对于总体形势的分析，姚良松在2008年11月发表过《形势与对策》一文，下达至全国的经销商。这封信对经济危机、行业形势进行了深入剖析，并表达了欧派即将采取的对策，其中就有对品牌推广的对策分析。而《形势与对策》本身，也成为我和我的团队为欧派危机下造势的第一个事件。

在《形势与对策》中，姚良松认为：“中国经济和房市、股市已经进入了一个深度调整期，房地产市场总体会在明年（2009年）春天或秋天（乐观点看是‘五一’，悲观点看是‘十一’）迎来‘初春’，尽管是春寒料峭的‘初春’，明年以后的房地产市场，仍会在几股力量不断拉锯中调整、博弈。……‘初春’到来前的2008年下半年及2009年上半年，则将是房地产业真正的寒冬。”

他同时认为：“这次异常的寒冬，我认为对企业长远发展也有六个好处：一是可以利用这个机会练好自己的内功，强身健体（以前我们只顾跑，无暇清理整顿）；二是可以利用这个机会摄取人才，构建更强的精英团队；三是如果企业能够以主动的心态去应对，还可以趁行业洗牌之机抢占更大的市场份额；四是，房地产业通过调整，长远来讲会更加稳健，泡沫减少，会有更多真正需要的人买得起房，而且还有钱装修；五是，在经济寒冬，品牌宣传机会更多，同时成本更低，效果会更好，如果有实力可以利用这个机会扩大品牌影响力；六是，大环境总体不好，但也有好的方面，如税收政策、宽松货币政策、能源及原材料价格的下调等。”

然后，姚良松介绍了欧派总部将采取的应对措施：一是战略收缩与战术调整；二是三大计划，即“再造车”计划、“名牌战略”计划和“开源节流”计划，试图借这次“寒冬”减缓速度的机会，全面苦练企业“内功”，通盘检视、反思、提升欧派的体系。

以《形势与对策》进行新闻传播的价值在于，金融危机下，企业尤其是领军企业的应对之策将是公众、业界和媒体均关注的话题，有较强新闻性，可以达到较好的传播效果；而通过对金融危机、宏观经济形势、行业形势、未来形势的分析以及对欧派一系列战略调整的展示，也可树立欧派高瞻远瞩的超前眼光和行业领导地位，从而打造出欧派行业领航者的形象。

明确这一思路后，我和我的团队决定采用人物专访的形式对此事件进行传播。人物专访详细生动，便于展开姚良松对于宏观经济形势、行业形势的分析和对欧派的战略调整的论述。同时，专访形象生动的写作风格，也有利于塑造姚良松高瞻远瞩的企业家形象。经过精心策划，稿件主题最终确定为：

中国橱柜业怎样过冬？

——专访全国工商联橱柜专业委员会会长、欧派董事长姚良松

确定了传播内容与方法，下一步的工作就是大范围的新闻传播。此次专访由于新闻性强，被很多媒体采纳，达到了较广的新闻传播效果。《燕赵都市报》、《郑州晚报》、《辽沈晚报》、《三湘都市报》、《楚天都市报》、《南方都市报》、《广州日报》、《羊城晚报》、《南方日报》、《新快报》、《深圳晚报》、《海峡都市报》、《齐鲁晚报》、《新安晚报》等几十家全国各地的媒体刊登了这一报道。

由于此次专访代表了中国民营经济在金融危机下的应对之道，具有很强的时效性，《南方日报》刊登了两篇专题报道，一篇题为“姚良松：守得云开见月明”，回顾了2008年的经济和行业形势，表达了欧派“任何挑战也是机遇”的乐观与勇气，并对新战略进行简单介绍。

记者到访泰达荷银基金公司，分别采访了总经理缪钧伟和合丰成长基金经理王勇。

较大的调整，而且持续时间较长，并在年初召开的战略会议上，明确了战略转型的方向。3月初大盘跌破4000点，当天3只股票型基金获批，当不少投资者酝酿抄底之时，缪钧伟于3月17日给公司部门经理以上员工发了一份邮件，标题是“让我们一起过一个暖冬”，一

市中的王者”，当熊市再度来临的时候，年轻的王勇能否再度夺回合丰成长的荣誉？王勇履新之后，考验再次来临。两天后，由于雷曼兄弟破产引发的巨大恐慌，A股随全球股市连续暴跌，市场陷入巨大恐慌。

“太阳底下无新事。”王勇年初

股泡沫破裂，在过去一年，A股经历了从6100多点到1800多点前所未有的大跌，给很多基金经理们都深深地上了一课。

在暴跌的市场中能够保持领先，在王勇看来，最关键的一点是依据投资纪律，坚决恪守，少有放纵。“熊市比牛市更强调纪律。”王

压力会更大。2010年目前暂时还看不清楚，但同样会面临很大考验。面对寒冬，有些东西是基金公司必须坚持做的——优良的业绩、精准的投入、核心团队的稳定、对客户的服务等等。毕竟冬天总是会过去。

本报记者　贾肖明

▶企业篇

在即将过去的一年，企业受到经济不景气的影响如何？我们选取了欧派橱柜作为个案，欧派橱柜董事长姚良松向本报记者道出了这一年的行业起落及个人感悟。

姚良松：守得云开见月明

姚良松。　　资料图片

[回顾]

这一年“内外交困”

“如果要用一个词来概括这一年行业的情况，那就是‘内外交困’。” 欧派橱柜董事长姚良松说，“其实，也不只是橱柜，其他很多行业都是如此。其实，各种外部困难从2007年下半年就已经开始显现：原材料价格直线上涨、劳动力成本的上升、人民币的升值、出口退税率下调等多方围困。对出口型企业来说，困难更是一波接一波的，上半年主要是成本和汇率影响，而下半年由于受到金融危机冲突，订单开始急剧下降。很多以外销为主的企业就因此陷入了困境。”

行业寒冬对欧派造成了哪些影响？姚良松用数据说话：:欧派近几年一直处于高速发展期，销售量增长率保持在50%—80%之间，去年达到了60%。但今年开始逐步回落，1—6月增长率还保持在60%左右，但7月到10月开始逐步下降到20%，前10个月的销售量同比增长约40%，全年有望达到35%。

随着外部需求的下降，橱柜业整体市场开始萎缩，欧派的产品销售增长速度减缓。但姚良松却乐观地表示：“市场蛋糕变小了，但欧派分得的份额却在逐步扩大！今年仅北京市场的销售就翻了一番。”

[感悟]

任何挑战同时也是机遇

在一些同行岌岌可危之际，欧派何以逆风前行？ 姚良松认为，一个关键因素是欧派拥有强大的销售体系。现在欧派全国有一千多家代理商、专卖店。“如果把欧派比喻成一棵树；代理商就是我们的根。对于这些根，我要求有几方面：第一要密密麻麻，第二要每条根都长得又粗又壮。要根深叶茂，整个根系非常发达，这样在遇到干旱、雪灾等大灾难时，才能抵抗得住。”姚良松如此生动地形容他引以为豪的销售体系。

尽管形势严峻，但姚良松认为，换个角度来看，任何挑战同时也是机遇。这次异常的寒冬对欧派的发展也有好处，欧派可以利用这个机会练好内功，强身健体。“以前我们只顾奔跑，而无暇整理，很多要做的事情无暇顾及。现在，欧派可以利用这个机会揽取人才，构建更强的精英团队。”

他表示，企业能否成功，靠的都是人。欧派能够持续发展，依赖的就是有一个团结的人才队伍。

[展望]

“再造车计划”引领企业走向新的成功

为应对当前的经济形势，欧派提出了“再造车计划”和“名牌管理计划”。“再造车计划”指的就是要以更强的团队带领企业走向新的成功。其中重要的一环是人才，姚良松认为，要领导这辆战车，还需要人才，就是选人、用人的机制，用人机制是最核心的部分。“种的梧桐树，引得凤凰来”。内部的人才辈出，自然能够“凤凰成群”。

谈到未来发展，姚良松乐观地表示，只要调整适宜，应对得当，欧派就不仅可以度过这个冬天，更可以在寒风下跋涉前行，以一个更加强健的躯体迎来春天！

见习记者　黄应来

《东南快报》、《楚天都市报》等多家媒体也在重要版面的头条刊登该专题报道。

家居专刊

装点无限生活

楚天都市報

寒冬几时过 是否能回暖

十字路口的家居业

何去何从？

记者 杨巍

家居业由2007的风云激荡变幻为2008年的风云突变。2008年伊始华尔街掀起的金融海啸席卷全国，波及实体经济；中国房地产业急转直下，家居业等房地产上下游行业唇亡齿寒。由房地产业调整而波及的全国固定资产投资规模，开始出现增速下滑，这将直接导致家居业需求回落，从而对这个眼下正面临过度投资局面的行业产生巨大冲击。

市场春天在“五一”

欧派董事长姚良松表示，上半年国内经济明显过热，带来股市和房市的大量泡沫，大部分成交的房地产都来自炒房行为，这是一种无效需求，虚假的繁荣。对于春天何时降临，姚良松认为，房地产市场总体会在明年春天或秋天迎来“初春”，乐观点看可能是“五一”，悲观点看可能是“十一”。

当被问及企业如何应对寒冬，姚良松表示形势虽然严峻，但对企业长远发展也有好处：一是可以利用这个机会练好内功，摄取人才；二是企业可以趁行业洗牌之机抢占更大的市场份额。此时，品牌宣传机会会更多，成本更低，效果会更好。

姚良松坦承，中国橱柜业的出口已开始遭遇寒冬，目前已经出现产品积压工厂或码头的现象。而国内市场也显露出低迷态势。由于一贯以来都奉行比较稳健的经营策略，欧派的资金面比较从容，资金链健全，团队机制也比较稳定有力，基本面较好。目前，欧派已经做出了一系列的调整，实施战略收缩与战术调整，启动“再造车计划“和“名牌战略”。

姚良松相信，只要保持忧患却激扬向上之心，把危机作为动力，主动而智慧地去应对转化，那么就一定能够化危为机，赢得明天。

在2008年的这个冬天，我们对春天的期待似乎比哪个一冬天都来得更加强烈。至于2009年的经济气候，很多家居行业业内人士均表示应该是上半年极度寒冷，下半年逐渐回暖。其原因在于目前影响中国经济的主要因素并非国际金融危机，而是中国的房地产泡沫。迎接房价的拐点，我认为最多1年。之所以下半年回暖，是因为中国经济的基本面还是好的。这包括三个方面：

一、进出口仍然保持着增长；

二、国家正在通过积极手段，来恢复经济活力；

三、消费体量大，中国仍然保持着消费增长的趋势。

所以我认为中国的经济基本面仍然良好，未来的市场环境我们应该充满信心。

启航在明年

对于企业如何面对2009年的市场，我想需要企业和行业都做好新的准备：

策略一：企业做好续航准备

家居行业将迎来非常重要的一年。与以往不同，今年的主旋律是“求生存，再发展”。对于家居企业，尤其是规模较大的流通业企业来说，保持续航能力，考虑稳步发展，适度扩张规模将成为2009年的重点。同时，企业可以利用2009年进行内部的调整，在规模、管理和服务上进行创新，包括丰富卖场的功能、利用网络等新媒体引导客户、与厂家互动共赢方面作出创新。行业有冷有热是很正常的事情，谁能及时调整，适应周围环境，谁就将是最后的赢家。

策略二：呼吁保护中小企业

对于普遍比较悲观的2009年市场，我认为我们应该一起呼吁国家对于中小企业的保护。因为中小企业解决了中国主要的就业问题，同时也是中国经济最有活力的部分。我认为2009年是中小企业比较难过的一年，但是我们仍然呼吁，保护这些中小企业，才能为行业经济带来活力。

《楚天都市报》的报道

新闻传播是一项复杂而灵活的工作，任何群体、个人必要时候都可能成为传播的对象，传播高手姚良松深谙此道。

在欧派的传播对象中，经销商一直是欧派非常重视的一个群体。如在经销商加盟问题上，欧派就采用了特许加盟扩张战略，不将加盟费作为收入来源，经销商既不需要压货，又没有太多额外开销。欧派这一举措收到不错效果，产生了巨大的蝴蝶效应，近几年专营店数量每年都以30%的速度递增。

欧派对经销商传播的重视来源于经销商在欧派战略体系中的重要地位。姚良松曾说过：“如果把欧派比作大树，经销商就是树根，根深才能叶茂。”对于欧派来说，终端渠道一直是欧派的一大重点和优势，经过15年的苦心经营，欧派的经销商网点已经达到1000多家。这些经销商具备强大的分销能力，是欧派终端的中流砥柱，同时在配合欧派进行终端促销、本地品牌推广和搜集反馈市场信息方面作用重大。欧派数十年以每年50%—80%的销售增长，经销商的努力功不可没。

2009年2月的南国，乍暖还寒，在东莞会展国际酒店，欧派“2009欧派营销年会”如期举行。与往年喜气洋洋的氛围不同，此次会议气氛凝重，没有谈笑风生、高谈阔论，只有一张张严肃的面孔和略带焦急的眼神。此次金融危机，欧派的销售下降了40%，终端的经销商最先感知冷暖，面对这一令人沮丧的数字，经销商们自然怎么也高兴不起来。

在凝重的氛围里，一个轻快的身影闪现了，他就是姚良松。姚良松首先总结了2008年的经济形势，然后对金融危机下经销商所面临的问题和困难进行分析，继而宣布了一个重大计划：“总部将投入2000万，启动‘火炬计划’。首先总结欧派多年来在市场推广中形成的经验教训，探索并总结提炼出一套行之有效、易于复制的市场推广模式，打造样板市场，点起第一把希望之火。然后进行‘火炬传递’，将样板市场中的成功模式在全国范围内全面复制、推广，保障欧派经销商在‘寒流’中也能稳健经营。”

姚良松的话给大家打了一针强心剂，经销商们紧缩的眉头舒展开了，而对于欧派来说，辟开的则是一条别出心裁的寒冬突围之路。

在金融危机下，新闻传播比起广告，在重塑信心方面效果要好得多。欧派此次2000万“火炬计划”提升了经销商抵御寒冬的能力，保证其在金融危机下也能稳健经营，增强了经销商对欧派品牌的信任度和忠诚度。

在新闻策划方面，我和我的团队决定以此次“经销商”年会事件中的“火炬计划”为新闻由头，突出金融危机下大部分企业在等待国家救市的情况下，欧派独辟蹊径，奋力“自救”的意义，以及对于“保增长，促内需”、维护社会稳定的积极作用。

这一意义在当时的经济环境下相当难能可贵，因而后来发布时非常受媒体和业界关注，达到了很好的传播效果。而欧派颇具社会责任感和大无畏精神的企业形象也得到展现，行业地位进一步得到稳固。

经过精心策划，稿件题目确定为：

两千万大手笔破解市场困境

点燃“火炬计划”，欧派多箭齐发谋“过冬”

借助我们强大的媒体资源，此次稿件发布超过了预期的效果。此外，华南的《南方都市报》、《羊城晚报》、《南方日报》、《海口晚报》、《信息时报》，华北的《山西晚报》、《燕赵都市报》、《大河报》，华东的《海峡都市报》、《新安晚报》、《东南快报》，华中的《三湘都市报》、《潇湘晨报》，东北的《辽沈晚报》，西部的《兰州晨报》、《华西都市报》、《三秦都市报》等近百家重量级媒体都对此事件进行了重点报道。

如何破冬？

伴着木棉花的盛开，2009年5月，中国橱柜市场已经略呈暖意，欧派凭借未雨绸缪的眼光和过冬的一系列举措，已经率先迎来早春。2009年上半年，欧派的销售额增幅没有继续下降，反而保持了35%的稳健增长，如此振奋人心的业绩自然也是新闻传播的一个良好契机。

然而仅凭该数字并不足够吸引媒体和公众的注意，如何将这一成果以最具新闻性的方式传达出去，达到最广和最好的传播效果，我和我的团队展开了一次次的“头脑风暴”。

无独有偶，远在青岛的海尔集团，凭借“冬泳”战略，在金融危机下也表现不俗。从战略上看，海尔的“冬泳”策略与欧派“破冬”似乎有异曲同工之处，二者在危机下没有“冬眠”，而同时采取了逆势扩张的对策，这是二者在严冬仍能保持强盛的增长势头的首要因素。

在生产上，海尔提出“零库存”战略，最大限度地防止库存多、应收多、利润少、现金少现象的出现。与欧派融合规模制造和个性化生产的“大规模定制生产”同为精细化生产模式。

在产品创新上，海尔把握“老外”和“老乡”两个市场，为美国市场设计可以放下一只完整火鸡的超大容积冰箱，为农村市场设计了具有防鼠板的家电、具有抗冻防晒外壳的洗衣机、防雷击的电视机。这些与欧派凭借大规模生产的低成本优势，主推高质价比产品，增加壁挂式设计、缓冲设计等人性化设计也有类似之处。

经过大量资料的搜集、深入的思考分析和一次次的集中讨论，我们确定了“横向比较式”的新闻策划策略，通过对欧派和海尔过冬战略的对比进行稿件策划，主题定为：

欧派破冰VS海尔冬泳

后危机时代，姚良松之谋与张瑞敏之略

该方案的用意在于借助二者的行业影响力增加媒体和公众关注度，同时二者作为中国民族企业的领军人物，在金融危机下相似的过冬举措对其他企业也有很强的借鉴意义，新闻性得到大大提升。

这个创意得到了姚良松的强烈赞许，方案很快得到执行。而最终的发布结果也让大家都非常满意。

2009年5月7日，《山西晚报》与《太原晚报》在家居版头条全文刊发了该报道，揭开了此次新闻投放的序幕。2009年5月8日，《潇湘晨报》在房产家居频道头条大篇幅刊登此文，并配以姚良松与张瑞敏的人物图，还为二者精心设计了一场对白。在对白中，张瑞敏微笑着对姚良松说：“呵，你那把‘火炬’烧得真旺。”姚良松则莞尔一笑：“哦，你的‘冬泳’技术那才叫高。”

调侃式的设计让读者在会心一笑的同时，更加深了对“欧派破冰”特别是“火炬计划”这一事件的印象。

C07 房产·家居

2009.06.08 星期五

欧派破冰VS海尔冬泳

金融危机余威犹存，面对市场低迷消费紧缩的恶劣形势，有人冷中取暖，也有人还在受冻。

姚良松与张瑞敏，中国家居业与家电业的领军人物，面对经济“寒冬”，一刻也未曾停止过对“破冰”的思考与探索，在他们的领导下，欧派“破冰”与海尔“冬泳”，成为中国企业“过冬战役”中，两个最引人瞩目的亮点。

本报记者郑辉　长沙报道

主动营销VS向服务转型

窗外，在建的写字楼工地，略显寂静，“寒冬”尽管严酷，却无法动摇身处广州的姚良松逆势勃发的决心。今年初，姚良松做出了一个大胆的决定，拿出2000万巨资，启动“火炬计划”，通过在宣传和营销上给予补助，帮助欧派全国的经销商“过冬”，推动主动营销战略的实施。

“火炬计划”一启动，欧派全国经销商的反应热烈，纷纷主动展开多种形式的品牌宣传、产品促销工作。而欧派总部则给予各经销商宣传费用上的支持，并大力推行样板市场，积极开展大规模促销优惠活动，不少人表示以目前的价格能买到欧派这样高端的产品，很让人心动！在搜房网公布的三四月份最新口碑榜上，其实木系列橱柜位列所有橱柜产品榜首。

逆势扩张，表面看似一招险棋，其实，欧派是利用自身的综合实力和品牌影响力，向每一个欧派人注入信心，推动企业乃至行业顺利“过冬”。

与此同时，远在青岛的张瑞敏也抛出了他沉思已久的“过冬之道”——向服务型企业转变。在张瑞敏看来，海尔的新方向是强化设计与营销，逐渐剥离生产制造环节，因为生产制造的利润空间，已越来越小，只有设计与营销，才能确保企业拥有足够的利润，而无论是“过冬”还是“常青”，利润都是企业追求的第一目标。

张瑞敏认为，本质上，消费者购买产品只是一种手段，用产品来满足不断提升的生活品质需求，才是目的，而要帮助消费者达到这一目的，仅仅靠生产是不够的，服务才是根本，这也是海尔战略调整的目的之一。

冠军联盟VS三大创新

4月23日，北京人民大会堂，由欧派领衔打造的“冠军联盟”正式启动，美的、红苹

张瑞敏把海尔的创新归纳为三部分：产品创新、商业模式创新和管理创新。张

成都的《华西都市报》也以接近整版的篇幅刊登了该报道。重量级的版面体现了媒体对此稿件新闻性的高度认可。

经过统计，在此轮媒体投放中，从5月7日到6月12日，共有近百家媒体刊登该篇报道，范围遍布华南、华北、华东、华中、华西，尤以华南、华东市场最多。如华南的《南方日报》、《羊城晚报》、《新快报》、《深圳特区报》、《深圳晚报》、《海口晚报》、《信息时报》等，华东地区的《新安晚报》、《齐鲁

32 | WCCDAILY | 家居　　华西都市报

经济危机余威犹存，面对市场低迷、消费紧缩的恶劣形势，各企业为过冬，八仙过海，各显神通，有人感受到了春意，但有人还在挨饿受冻。

姚良松与张瑞敏，中国家居业与家电业的尖兵人物，面对经济“寒冬”，一刻也未曾停止过对“破冬”的思考与探索，在他们的领导下，欧派“破冰”与海尔“冬泳”，成为了中国企业“过冬战役”中，两个最引人瞩目的亮点。

“泛家居”时代来临

欧派破冰与海尔冬泳

后危机时代，姚良松之谋与张瑞敏之略

姚良松“主动营销”与张瑞敏“向服务转型”

窗外，在建的写字楼工地，略显寂静，“寒冬”尽管严酷，却无法动摇身处广州的姚良松逆势勃发的决心。姚良松意识到，仅靠抓管理，不足以应对这场百年不遇的“寒冬”，“破冬”还需要主动进行营销、积极开拓市场。

在逆势下拓展市场，最需要的是信心。为此，今年初姚良松做出了一个大胆的决定，拿出2000万巨资，启动“火炬计划”，通过在宣传和营销上给予补助，帮助欧派全国的经销商“过冬”，推动主动营销战略的实施。“火炬计划”一启动，欧派全国经销商的反应热烈，纷纷结合各地实际情况，主动展开多种形式的品牌宣传、产品促销工作。而欧派总部则给予各经销商宣传费用上的支持，并大力推行样板市场，积极开展大规模促销优惠活动，吸引了各地消费者。

逆势扩张，表面看似一招险棋，其实，欧派是利用自身的综合实力和品牌影响力，向每一个欧派人注入信心，推动企业乃至行业顺利“过冬”。

与此同时，远在青岛的张瑞敏，也抛出了他沉思已久的“过冬之道”——向服务型企业转变。在张瑞敏看来，海尔的新方向是强化设计与营销，逐渐剥离生产制造环节，因为生产制造的利润空间，已越来越小，只有设计与营销，才能确保企业拥有足够的利润，而无论是“过冬”还是“常青”，利润都是企业追求的第一目标。

张瑞敏认为，本质上，消费者购买产品只是一种手段，用产品来满足不断提升的生活品质需求，才是目的，而要帮助消费者达到这一目的，仅仅靠生产是不够的，服务才是根本，这也是海尔战略调整的目的之一。

欧派“冠军联盟”与海尔“三大创新”

有了主动营销这一战略思路，欧派所需要的，便是将主动营销的力量进一步壮大。此时，姚良松想到了一个词：整合资源。欧派在行业和社会中的巨大品牌影响力是其实施资源整合、合力拓展市场的最佳载体，通过资源整合“抱团取暖”不失为“过冬”良策。

张瑞敏　　姚良松

4月23日，北京人民大会堂，由欧派领衔打造的“冠军联盟”正式启动，美的、红苹果、大自然、富士、东鹏六大领导品牌负责人携手宣誓，中国家居业六巨头“同甘苦、共进退”应对经济寒冬。在发布会现场，姚良松被各品牌一致推选为联盟首任轮值会长。这一次，姚良松站得更高，看得更远，通过凝聚六大企业的力量，以一系列的优惠政策和整合营销手段，刺激消费、拉动市场，并积极参与公益环保事业，共同推动行业的健康发展，提升消费者的环保意识，实现社会、消费者、企业的共赢。

欧派“破冰”，靠整合资源，海尔“冬泳”，则靠三大创新。

张瑞敏把海尔的创新归纳为三部分：产品创新、商业模式创新和管理创新。他认为，产品创新关键是把握市场需求。比如在美国市场，海尔设计了700升容积的大冰箱，有一个抽屉能放下一只完整的火鸡，方便美国用户过感恩节；在商业模式上，海尔颠覆了传统的“先生产，后销售”的模式，提出“零库存”的要求，根据市场需求，进行定制生产，防止库存多、现金少现象的出现；在管理上，海尔打破了组织内界限，从不同部门抽调不同人员组成“自主经营体”，鼓励员工根据客户需求，主动核算投入产出、主动创新，员工的工资收入和所创造的价值挂钩。据了解，在一系列有针对性的战术驱动下，去年海尔集团利润同比增长20.6%。

殊途同归，精准化生产+紧跟市场需求

无论是欧派姚良松，还是海尔张瑞敏，在明眼人看来，其过冬秘笈尽管看似颇有差异，其实殊途同归。

首先在生产上，欧派与海尔都在向精准化的方向靠拢。欧派凭借全新的世界级生产制造中心和进口的柔性生产线，大规模实施“定制生产”，将规模制造和个性化生产这一对矛盾“和谐”地加以解决，为其定制营销战略打下了坚实基础。

而海尔的“零库存”战略，则是另一种模式的精准化生产，通过这一生产模式，海尔的库存资金占用天数下降到了5天，是中国工业企业平均库存天数的1/10，为海尔平稳度过金融危机，保证资金链不断裂提供了保证。

在产品上，欧派考虑到消费紧缩的大环境，凭借大规模生产的低成本优势，主推高质价比产品，在产品设计上增加了壁挂式设计、缓冲设计、沥水槽、反弹门铰、防弯器等人性化设计，迎合了消费者“花小钱、办大事”的心理，受到市场青睐。海尔则充分利用家电下乡的良机，将研发人员派到农村，了解农民的家电使用情况，针对性地开发出防鼠、防雷、宽电压的一系列家电产品，成为农村市场的家电第一品牌。

无疑，姚良松与张瑞敏，都明白市场运作最本质的规律：用最低的成本提供消费者最需要的产品和服务。　记者 潘李 钟情

比中的设计力量

…的创意设计趋势，设…建筑与文化中，体验了…式生活。张灿说，在…100年历史的古老…团通过一个古旧的…的细石道路参观1913…酒庄，古老的木门、…酒窖、比人还高的酒…的吧台区，以及供客…等，都让人感受到建筑…时，张灿更表示“落…最深感触，在他看来…大利政府政策对历史…是现代文明对历史的…设计去迎合与传承古…的城市情调的“落…中、更有一股设计的…能够超越并连接时…

…城市中，设计师们…面貌，是凹凸不平的…街道，保存完好的…花园里的古老雕塑、…商业街和举世闻名…馆等等，就算是内部…设施的酒店和各种餐…人的生活状态也是…从这些“落后”里更看…上，看到人类的历史文…，从这种国外设计行…映射出国内设计界中…快速发展的城市中，…现代化之后的单薄和…如何在有效传承中글…合时代发展，以及更具…是值得每一个从业…

记者 钟情

□行业快讯

更耐腐蚀 皇明有望成功“下乡”

据悉，太阳能产品下乡招标会议近日在北京举行。在会上，皇明共新推出30款产品，其中一款专门针对农村特殊水质地区研发的耐腐蚀性的太阳能新品“水质宝”引起业界广泛关注，业内专家表示“水质宝”的耐腐蚀性开创了行业的新局面，有望成为本次太阳能下乡的大赢家。据了解，腐蚀性一直是行业专家致力攻克的难题，水质宝太阳热水机之所以不腐蚀，核心在于其内胆采用纳米PP高分子材料，无焊缝，最高能耐130℃高温不变形，导热系数远远低于不锈钢，保温性能好，即使在水质很差的地区也不会生锈。　徐林飞

立邦召开2009色彩趋势发布会

近日，一场主题为“为爱上色，爱的发现”2009年色彩趋势发布会在成都千高原艺术中心举行，立邦涂料（中国）有限公司成都分公司总经理孙荣隆表示，“我们一直致力于倡导用色彩传达出爱的生活理念，只有爱才能让我们感受到世界的多姿多彩，去年的大地震发生到现在已经一年了，是来自四面八方的爱让我们更坚强。”据了解，立邦与杜邦共同携手启动为爱上色，涂刷百所希望小学计划启动至今，已经得到了社会越来越多的关注与支持，立邦还成立了色彩公益基金，希望用色彩带动的力量去关爱更多的人。会上，著名的色彩设计师与大家分享了今年“为爱上色”的四大流行趋势，表达出了质朴自然之美和对生命的礼赞。　徐林飞

四川家具界烛光诗歌寄哀思

5月12日晚上8点，在四川省家具行业商会、四川省家具进出口商会、四川省作协共同组织下，肃穆庄严的“烛光诗歌祭奠5·12”在八益精品家具广场隆重举行。四川省家具行业商会会长王学茂先生创作《悼我同胞》表达哀思，同时号召全省家具行业为灾区重建奉献爱心。八益、全友、先驱、南方家私、双虎、好风景、掌上明珠等知名企业都以诗朗诵进行悼念。　刘晓蓉

晚报》、《都市时报》、《钱江晚报》、《东南快报》，华中地区的《三湘都市报》、《大河报》、《郑州晚报》，华北的《山西晚报》、《燕赵都市报》，西部的《华西都市报》、《三秦都市报》，东北的《辽沈晚报》等均为全国或当地的强势媒体。

在杂志媒体方面，《中外企业家》就欧派“破冰”对姚良松进行了一场专访，并在第322期上制作了一个《欧派“破冰”VS海尔“冬泳”后危机时代》的

专题。文章长达11,178字，配上图片6张。由于杂志不受时间限制，具有较长的传播效果，因此此篇专题对欧派“破冰”而言，能产生长远的传播效果。

在网络媒体方面，这篇报道也具备了较高人气，在百度搜索引擎上搜索“欧派破冰”达到12,400篇，搜索“欧派破冰 海尔冬泳”则有1110篇。

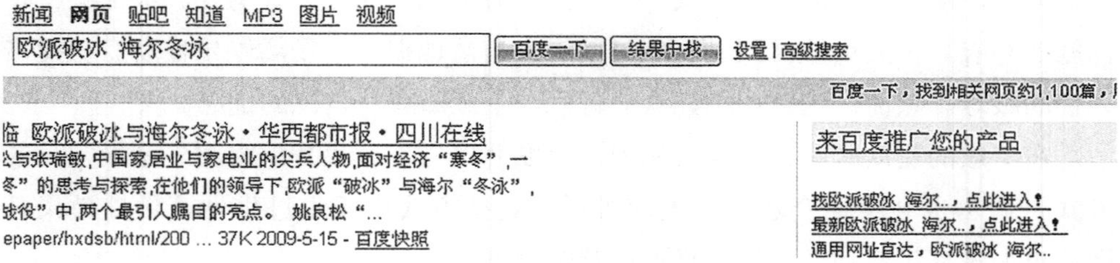

从2008年底发表《形势与对策》准备“过冬”，到2009年春实现“破冰”，欧派紧紧围绕“金融危机”这一焦点开展高调传播，在业界独树一帜。在大部分企业紧缩传播预算，转而投入销售、促销之时，欧派逆势扩张的传播策略却带来了更好的销售效果。欧派集团营销总经理姚吉庆说：“疲软市场的情况下家居行业品牌动作减少，这个时候欧派逆市出击，就相当于在大操场上大家声音都小了，把（自己的）声音稍微调大一点，就显得更大了，所以这时候得到的回报率会更好。”欧派不按常理出牌的魄力来自于多年品牌推广的自信与成功经验，而成功的新闻传播最终也助力欧派最早迎来春天，实现了“逆市飞扬”。

第二节　事件传播，从“CCTV欢乐中国行”到“冠军联盟”

有人用“山雨欲来风满楼”来形容2008年下半年中国的家居行业。2008年下半年，全球性经济危机初现端倪，而国家对房产的宏观调控、年初新劳动法的颁布、建材原材料及人工费用成本压力的剧增，也使中国的家居产业面临着前所未有的机遇和挑战，洗牌、行业整合等字眼不停地冲击着人们的眼球。

“CCTV欢乐中国行”的传播效应

危机背景下欧派将如何开展品牌推广？姚良松选择了“创新”的事件传播的方法。之所以强调“创新”的事件传播，是因为欧派在活动推广与新闻传播的策划上，有着不同一般的思路和方法。

2008年10月，欧派赞助了央视著名娱乐节目《欢乐中国行》，欧派集团营销总经理姚吉庆回忆说：“《欢乐中国行》做得很多，每个企业都在做，也有企业在做《同一首歌》，如何做得与众不同，是对我们整个团队的能力的一个考验和提升。”

事实上，以赞助《欢乐中国行》为代表的娱乐营销，是近年来兴起的一种新营销模式，从蒙牛赞助《超级女声》，到上海卫视《加油！好男儿》披上美特斯邦威的外衣，再到央视《同一首歌》踏上大自然地板，一场场娱乐盛宴竞相撞击人们的眼球。然而，这一场场狂欢的背后，企业却有着自己的忧虑。

在一般的赞助式晚会娱乐营销中，“贴片广告”、“片尾鸣谢”是最常见的方式，偶尔也会穿插企业负责人的讲话。这些方式由于太过生硬，传播效果甚微，也很难真正帮助企业创造真正的营销价值。

另外，随着娱乐经济大行其道，赞助费也水涨船高，但是，企业的短期回报效果却不突出，这也成为企业犹豫是否进行投资的一个重要原因。一些企业为娱乐而娱乐，未能将娱乐与营销结合起来，结果舍本求末，巨额投资付诸东流。

此外，在娱乐营销的新闻传播上，重活动轻传播也使企业的营销效果大打折扣。有人把娱乐营销视作品牌塑造的一个“药引”，把新闻传播比作“成药”。“药引”是疗效发挥的肇端，调动和发挥它的强大威力，还需要正确服用“成药”，也就是必须做好造势的新闻传播。有了新闻传播的支持，娱乐营销的药效才能充分发挥出来。从这个意义上说，新闻传播动作正是娱乐营销的“后期维护”。蒙牛的娱乐营销之所以成功，与他们在新闻传播上做足了功夫密不可分。

姚良松的团队显然看到了这些问题，经过数次反思和讨论，姚良松的团队组织出一套整合营销传播的创新娱乐传播策略。

首先是节目载体的选择。载体、企业、消费者的完美契合是娱乐传播成功的先决条件，而《欢乐中国行》弘扬社区文化、新市民文化的宗旨，与欧派“有家有爱”的理念可谓不谋而合。同时，《欢乐中国行》所邀请的明星在欧派的消费群中有着超高的人气，对消费者的吸引力巨大，具有极高的投资价值。

选择合适的载体目的是便于植入企业的产品和理念。2008年10月11日晚，“欢乐中国行·魅力欧派”大型歌舞晚会在广州奥林匹克体育中心盛大开幕。晚会现场，主持人董卿一次次提到欧派的串词，不时穿插厨房文化与欧派的企业文化；现场还请来歌手演唱欧派企业歌曲《有家有爱》；音乐才子林俊杰用手中的荧光棒在锅、盆、碗、杯等厨具上演奏起打击乐，“叮叮当当”有节奏的敲击声中让人品味到身处厨房生活的乐趣。另外，情歌王子郃正宵还别出心裁地邀请了欧派一位年轻设计师一起深情对唱《好人好梦》，而歌手甘萍演唱的欧派企业之歌《有家有爱》则将晚会现场的气氛推向高潮。在观众区，有人高举写有“有家有爱有欧派”的宣传横幅，并不时发出“欧派！欧派！”的呼喊声。

在新闻传播方面，欧派在晚会前夕通过国内各大主流媒体广而告之，进行大规模造势。晚会举行后，全国数百家平面媒体和网络媒体又进行了持续有力的后期宣传，令欧派的品牌得到持续立体的传播。此外，欧派还在现场播放了长达3分钟的欧派宣传片，并把晚会现场精彩部分做成光盘和画册，在全国专卖店进行播放或销售，这些都让欧派的品牌形象再次得到传递。

在晚会前，我和我的团队对这一事件的新闻传播进行了精心的策划，2008年8月，我们就为其策划了主题为“CCTV《欢乐中国行》首度结盟品牌企业，强强联袂 欧派营销‘蝶变’提速”的新闻内容，从《欢乐中国行》“首次与品牌企业合作”的角度挖掘新闻点，并结合品牌运作的方法比较单一，与大众的互动也较为缺乏的现象，凸显此次欧派与《欢乐中国行》在品牌推广方式的创新。

由于新闻点比较突出，此轮新闻发布效果超出了大家的预料。仅仅两个星期的时间，我们就完成了《广州日报》、《南方都市报》、《辽沈晚报》、《燕赵都市报》、《三湘都市报》、《武汉晨报》、《郑州晚报》、《海口晚报》、《新安晚报》、《钱江晚报》、《济南日报》、新华网、雅虎网、人民网、新浪网等近百家强势媒体的发布，范围覆盖东北、华北、华东、华南、华中、西部，实现了全方位的媒体推广。通过前期新闻传播，实现了对欧派品牌诉求点、事件核心点、公众关注点的结合，营造出巨大的影响力，助力了此次事件营销活动的成功。

如果说2008年8月的新闻传播是第一轮预热，同年9—10月的第二轮传播，则是为活动和促销进行全面造势。为此，我和我的团队为欧派设计了三个新闻推广主题：

产经新闻——

“中国制造”面临“大考”

联手CCTV《欢乐中国行》，欧派领衔家居业率先进行品牌突围

娱乐新闻——

CCTV“欢乐中国行·魅力欧派”金秋十月相约广州

——刘欢、宋祖英、韩红、刘若英等巨星“会师”羊城

企业新闻——

欧派邀全国万名幸运消费者“零团费”广州音乐之旅

——“欢乐中国行·魅力欧派”金秋十月与您相约广州

第一个主题围绕在当时的经济环境下，欧派联手《欢乐中国行》这一事件，对于家居业实现品牌突围的意义展开，由于当时经济危机出现端倪，楼市调控、原材料上涨等背景是热点问题，欧派此时的大动作顿时成为媒体和社会讨论的焦点。第二个主题突出明星效应和现场的火爆场面，吸引眼球。第三个主题结合欧派配套的促销活动，整合营销与传播，欧派此次推出“订购3万元欧派橱柜或欧派系列产品，就可以带上你的另一半一同享受晚会的精彩”，传播时我们将这一活动与欧派的品牌理念巧妙整合，塑造欧派为消费者打造快乐家庭生活的企业形象，同时为欧派的促销活动做了极好的宣传。

此轮新闻投放从9月18日拉开序幕，《三湘都市报》、《山西晚报》、《兰州晨报》、《深圳晚报》、《蚌埠日报》、《玉林晚报》、《太原晚报》、《生活新报》、《珠海特区报》、腾讯网、新浪网、网易均在这一天刊登了对这一事件的报道。

随后，《海峡都市报》、《燕赵都市报》、《钱江晚报》、《齐鲁晚报》、《贵州都市报》、《江南都市报》、《华西都市报》、《南方都市报》、《扬子晚报》、《都市时报》、《新安晚报》、《南国早报》等近百家媒体也争相报道。其中《海峡都市报》、《山西晚报》、《燕赵都市报》、《辽沈晚报》、《兰州晨报》、《钱江晚报》、《钱江晚报》、《齐鲁晚报》三篇稿件全部刊发，《扬子晚报》、《华商报》刊发两篇。多角度的报道得以全面传播，企业所要表达的促销、明星等信息与亮点得到全部展现。

此次“欢乐中国行·魅力欧派”的整合营销策划，促销组合也是一个亮点，晚会举行前两个月，欧派通过“买橱柜赠入场券”的形式，邀请了全国各地1万名欧派消费者亲临广州《欢乐中国行》现场，并组织夜游珠江，观赏广州美景。这一促销方案经过我和我的团队的新闻传播配合，达到了广泛的宣传效果，在更大范围内实现消费者的参与。传播与营销的整合不仅进一步加强了欧派与消费者的互动，也使欧派在此次营销中实现了丰厚的销售业绩。在促销措施的支持下，“欢乐中国行·魅力欧派”事件令欧派以3000万元的投入，获得了超过2亿元的销售回报，进一步扩大了欧派的市场占有率，解决了娱乐营销短期回报效果不突出的难题。

除了销售的显著增长，欧派“俘获”的还有品牌知名度和美誉度的进一步提升。此次参加《欢乐中国行》晚会的上万名消费者来自全国各地，他们是订购欧派橱柜满1万元才获赠的这个机会。即使是这样，还有许多后来者因为订购时间稍微晚了些，没能拿到入场券，嚷嚷着要商家留一份晚会的录像影碟来弥补无法到现场观看的遗憾，而在欧派橱柜珠海专卖店里，销售人员甚至把自己的员工票都送给签约业主了。活动引发的广泛支持和热情参与超出想象，而企业的品牌形象也在无形中得到进一步宣传与提升。

“欢乐中国行·魅力欧派”是欧派创新事件传播的一个大胆尝试，而欧派在品牌推广方面的创新从来没有停止过。2009年4月，在金融海啸的大背景下，欧派联手东鹏陶瓷、大自然地板、红苹果家具、雷士照明和美的中央空调，组建家居业“冠军联盟”，在金融危机下辟开了一条品牌推广突围之路。

借势“冠军联盟”

冠军联盟对于欧派来说，是一个崭新的联合推广平台。冠军联盟是由家居业领军品牌强强联手组成的异业联盟，各品牌有相当大的知名度和影响力，组合成的“冠军联盟”也吸引了广泛的关注和讨论。随着共同推广、联合促销的进行，冠军联盟也已经渐渐成为中国家居业一个品牌，在制造新闻热点、吸引消费者参与等方面的品牌号召力不容小觑。

借助冠军联盟的光环，欧派得以在冠军联盟的每一轮新闻传播中传播自己的企业理念，并引起了广泛关注，在品牌提升和销售增长方面都收到不错效果。在2009年“五一”的联合促销中，欧派销售额同比增长了134%，为各品牌之首，效果大大超出了预期。

在冠军联盟的成立大会上，姚良松被推选为第一任轮值会长，这成为欧派借冠军联盟进行新闻传播的一大优势。在成立大会之后，我们即以此为新闻点，为姚良松量身定做了一个人物专访，主题为：

察势、顺势、造势，力促消费者、企业、政府三赢

中国家居业“冠军联盟”首任会长、欧派董事长姚良松专访

此次专访除了冠军联盟成立的背景外，经济危机是一个更具新闻性的热点。在经济危机的形势下，如何挖掘消费需求，顺应消费趋势，率先走出危机，是媒体和社会都关注的问题。而欧派发起成立冠军联盟，正是抓住了经济危机下消费者更慎重、理性，注重性价比同时也希望消费名牌，对大品牌、大型活动的关注度较高的特点，同时凝聚企业的力量开展推广和营销，推动家居行业和经济的回暖。

明确这一思路后，我和我的团队将稿件分为三部分：

顺应消费趋势，为消费者创造价值

推动绿色、合理消费，实现“三赢”

凝聚企业的力量，推动经济回暖

通过人物专访，可以树立冠军联盟的发起人姚良松高瞻远瞩的企业家形象和欧派积极创新推广、营销方式开展自救的形象，以及推动行业复苏、经济回暖的企业责任感。同时在稿件中，也巧妙地穿插进了企业信息。

冠军联盟首任会长的身份以及业界普遍关注的，经济危机形势下，冠军联盟将如何应对的探讨，为此篇稿件赋予了较高的新闻性，深得媒体的青睐。此次新闻推广遍及华南、华东、西部、华北、华中、东北，不仅集中在家居与房产版面，更有消费、产经、资讯等热门版面。

在华中地区的强势媒体中，《潇湘晨报》此次合作最为成功，不仅发了重要版面的头条，而且配图一张，大号的黑体标题也使这篇报道相当惹眼。

C08 | 房产·家居

2009.05.26

察势、顺势、造势，力促三赢

专访中国家居业冠军联盟首任会长姚良松

欧派董事长姚良松。

全球经济危机影响犹存，中国经济已初显回暖迹象，家居市场也不例外。为了全面激活国内家居市场，实现拉动内需的目标，欧派发起并携手中国家居业五大领导品牌——东鹏、大自然、雷士、红苹果和美的组建“冠军联盟”，作为联盟的发起人及首轮轮值会长，欧派董事长姚良松对于创建联盟的意义及发展有着自己的独到看法，本报记者就此对姚良松先生进行了专访。

本报记者郑辉 长沙报道

顺应趋势，为消费者创造价值

记者：在全球经济危机下，很多企业都采取比较保守的经营策略，为何欧派却大手笔地打造“冠军联盟”？

姚良松：其实，逆境中往往也蕴藏着机会。据欧派的调查，今年消费者在消费上更慎重、理性，偏好性价比高的产品，对大品牌特别是行业第一品牌对其吸引力较大。

抓住这一消费规律后，欧派开始有了联合大品牌共同出击家居市场的想法，这一想法得到了其他五大品牌一致认同，为“冠军联盟”的成立打下了坚实基础。另外，在其它企业声音和动作都很小的时候，六大企业一起发出声音，更容易引起注意，品牌宣传效果更好。

记者：“冠军联盟”成立时提出要为消费者创造价值和实惠，目前联盟在营销上有哪些举动？消费者能得到哪些实惠？

姚良松：“冠军联盟”成立以来，陆续在北京、上海、广州等全国15个主要城市展开联合促销，与单个品牌的促销不同，消费者购买六大品牌两种以上产品，可获得连环折扣优惠，比如消费者买欧派的橱柜享受9折优惠后，再去买另外五大品牌的产品，还能享受到9.5折优惠。另外，消费者还可参加一个联合抽奖活动，奖品为六大品牌的高价值产品。此外，我们还将举行大型路演活动，同时深入小区举行促销推广活动。这样的促销和优惠力度是以前没有的。

推动绿色、合理消费，实现三赢

记者：“冠军联盟”的建立，仅仅是概念炒作，还是确有其存在的价值？

姚良松：“冠军联盟”倡导一种绿色消费、合理消费的理念，也就是引导消费者在重视环保健康的基础上，选择在功能、价格、风格各方面都最适合自己的产品。在这过程中，我们会推出一系列的促销优惠活动，让消费者用最少的钱，享受到最好的品牌产品与服务。

对于企业来说，可以共享彼此的客户资源，获得更高的投入产出比，拉大与竞争对手的差距，提升市场占有率。

记者：绿色消费与合理消费是这次“冠军联盟”提出的两个概念，在这方面，“冠军联盟”有哪些具体动作？

姚良松：在4月22日，联盟六大品牌的负责人奔赴中国沙漠化严重的甘肃刘家峡地区，启动了“万绿母亲林”大型植树活动。接下来，联盟将携手国家权威机构撰写《绿色家装白皮书》，并向全国的消费者免费派发，进一步宣传绿色家居生活方式，并通过家装知识的普及，让消费者能够更清晰地规划自己的家居生活。

华南地区的媒体有《羊城晚报》、《深圳商报》、《海口晚报》、《南国都市报》、《南方日报》、《深圳晚报》、《信息时报》、《南宁晚报》、《新快报》等，基本全是头条。《羊城晚报》刊登的稿件题为“力促消费者、企业、政府三赢——中国家居业‘冠军联盟’首任会长、欧派董事长姚良松专访”，侧重

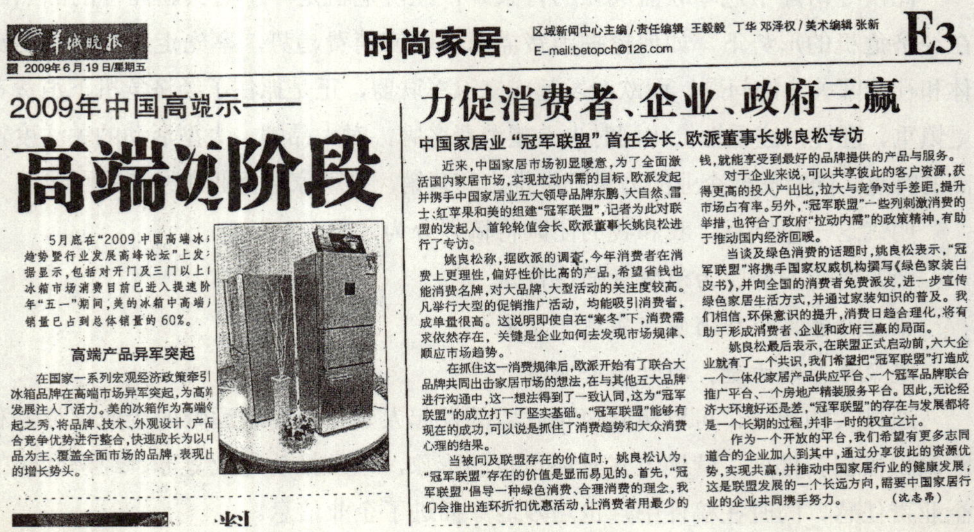

羊城晚报 2009年6月19日/星期五

时尚家居

区域新闻中心主编/责任编辑 王毅毅 丁华 邓泽权/美术编辑 张新

E-mail:betopch@126.com

E3

2009年中国高端示——

高端冰阶段

5月底在“2009中国高端冰……趋势暨行业发展高峰论坛”上发……据显示，包括对开门及三门以上……冰箱市场消费目前已进入提速阶……年“五一”期间，美的冰箱中高端……销量已占到总体销量的60%。

高端产品异军突起

在国家一系列宏观经济政策牵引……冰箱品牌在高端市场异军突起，为高端……发展注入了活力。美的冰箱作为高端……起之秀，将品牌、技术、外观设计、产品……合竞争优势进行整合，快速成长为以……品为主、覆盖全面市场的品牌，表现出……的增长势头。

力促消费者、企业、政府三赢

中国家居业“冠军联盟”首任会长、欧派董事长姚良松专访

近来，中国家居市场初显暖意，为了全面激活国内家居市场，实现拉动内需的目标，欧派发起并携手中国家居业五大领导品牌东鹏、大自然、雷士、红苹果和美的组建“冠军联盟”，记者为此对联盟的发起人、首轮轮值会长、欧派董事长姚良松进行了专访。

姚良松称，据欧派的调查，今年消费者在消费上更理性，偏好性价比高的产品，希望省钱也能消费名牌，对大品牌、大型活动的关注度较高。凡举行大型的促销推广活动，均能吸引消费者，成单量很高。这说明即使自在“寒冬”下，消费需求依然存在，关键是企业如何去发现市场规律、顺应市场趋势。

在抓住这一消费规律后，欧派开始有了联合大品牌共同出击家居市场的想法，在与其他五大品牌进行沟通中，这一想法得到了一致认同，这为“冠军联盟”的成立打下了坚实基础。“冠军联盟”能够有现在的成功，可以说是抓住了消费趋势和大众消费心理的结果。

当被问及联盟存在的价值时，姚良松认为，“冠军联盟”存在的价值是显而易见的。首先，“冠军联盟”倡导一种绿色消费、合理消费的理念，我们会推出连环折扣优惠活动，让消费者用最少的钱，就能享受到最好的品牌提供的产品与服务。

对于企业来说，可以共享彼此的客户资源，获得更高的投入产出比，拉大与竞争对手差距，提升市场占有率。另外，“冠军联盟”一些列刺激消费的举措，也符合了政府“拉动内需”的政策精神，有助于推动国内经济回暖。

当谈及绿色消费的话题时，姚良松表示，“冠军联盟”将携手国家权威机构撰写《绿色家装白皮书》，并向全国的消费者免费派发，进一步宣传绿色家居生活方式，并通过家装知识的普及。我们相信，环保意识的提升，消费日趋合理化，将有助于形成消费者、企业和政府三赢的局面。

姚良松最后表示，在联盟正式启动前，六大企业就有了一个共识，我们希望把“冠军联盟”打造成一个一体化家居产品供应平台、一个冠军品牌联合推广平台、一个房地产精装服务平台。因此，无论经济大环境好还是差，“冠军联盟”的存在与发展都将是一个长期的过程，并非一时的权宜之计。

作为一个开放的平台，我们希望有更多志同道合的企业加入到其中，通过分享彼此的资源优势，实现共赢，并推动中国家居行业的健康发展，这是联盟发展的一个长远方向，需要中国家居行业的企业共同携手努力。（沈志昂）

于从环保角度，宣传冠军联盟在推进绿色消费方面的努力，并且保留欧派的调查，展现欧派科学、严谨的企业形象。

欧派借助冠军联盟推广的第二个例子是利用2009年6月的“博鳌·21世纪房地产论坛”对姚良松的人物包装。此次论坛中，姚良松作为冠军联盟的唯一代表，参加了6月14日下午的“房地产六方会谈”，表达了对2009年房地产市场的看法和与房地产行业开展合作的意愿，借冠军联盟扩大了欧派的品牌影响力。

冠军联盟“博鳌·21世纪房地产论坛”的新闻传播在当时引起了强烈的反响，借助此轮造势热潮，我和我的团队为姚良松做了又一次人物专访。

2009年5月，经济危机的形势发生了微妙的变化，国内楼市已有回暖，而欧派的销售额也出现了意想不到的增长，于是在此次策划中，我和我的团队以姚良松“泛地产业迎来小阳春”的论断为新闻点，借“博鳌·21世纪房地产论坛”之势，传达出“房地产企业会更多地从价格上的营销转变为自身价值营销”以及“‘冠军联盟’打造房地产最有价值支持链”的主要内容，然后将欧派的企业信息巧妙地融入其中。

2009年上半年，很多行业受经济危机的困扰，形势越来越严峻，而此时姚良松抛出了“泛地产业迎来小阳春”的言论，马上成为媒体和公众关注的焦点。这一言论，也向媒体传达一个信号：家居行业正率先走出寒冬，在当时的经济大环境下极具借鉴意义和新闻价值。因而媒体在此轮新闻传播给了我们大力的支持。

此轮新闻传播，40%均为头条，35%的报纸配图一张，加深了读者对姚良松本人的印象，几乎所有的稿件均为1000字以上的大篇幅报道，其中《羊城晚报》1463字，《齐鲁晚报》1909字，《燕赵都市报》1569字，《信息时报》2187字，《海口晚报》2880字，《深圳商报》2974字，几乎占据整版。

从“欢乐中国行·魅力欧派”到“冠军联盟”，我们可以看到欧派在新闻传播的深厚功力。欧派集团营销总经理姚吉庆在接受记者采访时说：“同一件事情，你用不同的方法去做，就会不断地得到一些创新。通过这些创新，对自己也是一种提升，对业绩也是一种提升。”“欢乐中国行·魅力欧派”中欧派通过创新加强新闻传播造势、捆绑节目形式与品牌理念、整合促销与娱乐实现了业绩与品牌的双重回报。而冠军联盟组建以来开展的一系列整合新闻传播与促销的活动，也为欧派创造了不菲的销售业绩，为其早日走出经济危机的阴霾，打造整体家居集团助一臂之力。

第三节　热点及名人传播，从“橱柜业打假”到“姚良松握手克林顿”

热点传播是新闻传播惯用的方法，热点传播本质上是一种借势传播，“势”可以是名人（明星、权威人士）、社会、经济或行业热点，或者节假日和特殊事件。搭乘热点的顺风车，新闻传播可为自己冠以光鲜的由头，带来意想不到的眼球效应，远比重金砸广告的效果来得更响。借势热点为企业或品牌扬名，可以达到“四两拨千斤”的效果，如蒙牛搭乘“神五”进行传播，制造了营销增长的奇迹。

本节“橱柜业打假”和“姚良松握手克林顿”的案例，就是热点及名人传播的两个例子。“橱柜业打假”借助了“欧典”事件这一行业热点以及姚良松行业协会会长的身份，而“姚良松握手克林顿”则是借助克林顿的人气来吸引媒体和公众的关注。

橱柜业打假

“欧典事件”是2006年上半年建材家居业爆出的一个弥天大骗局，号称“行销全球80多个国家，源自德国”的“百年品牌”欧典地板，其德国总部根本不存在，只是一家注册于北京当地的本土厂家。更让人匪夷所思的是，早在2001年7月，欧典地板就获得了中国消费者协会授予的“3·15”标志认证，是建材行业中首获“3·15”标志认证的企业；2005年，欧典还获得北京市消协授予的“北京人最喜欢的品牌”称号。

欧典地板虚假宣传的消息一经曝光，就在社会上引起广泛关注和讨论，也引发了地板业乃至家居行业的信任危机。2006年3月25日，中国木地板行业诚信宣言新闻发布会在北京举行，来自全国各地的木地板企业集体向社会作出承诺：以诚信为本，规范经营，促进行业健康有序发展。2006年5月18日，焦点装修家居网举办了“由欧典事件引发的家居业危机公关讨论”，邀请营销专家、家居企业负责人就家居业迫在眉睫的危机公关意识和技巧提升等问题进行探讨。

对于欧派而言，欧典事件引发的危机是间接的，怎样对待甚至利用这一热点事件，将这一热点作为一个支点，实现化危为机，是对我和我的团队新闻传播智慧与经验的一次重大考验。由于该热点涉及到家居行业普遍存在的问题，如果仅仅从企业的角度自说自话，是没有很大公信力的，从理论上看也不符合新闻公关的本质，严格地说，公共关系是通过媒介等第三方力量，在公众中建立知名度和美誉度的行为过程，这里的第三方力量，不仅包括媒介，也包括政府、公众和行业协会。

考虑到姚良松具备全国工商联橱柜专业委员会执行会长和欧派集团董事长的双重身份，我和我的团队决定将此次传播定位为行业稿，从第三方的视角进行传播，增强说服力。借助姚良松行业会长的身份揭露橱柜行业同样存在的“假洋鬼子”内幕，赋予稿件新闻价值，同时也通过姚良松的形象将欧派的品牌公信力和企业理念自然地传达给消费者。

消费维权类稿件向来是媒体钟爱的，此次媒体发布从3月31日开始，4月21日结束，历时3周，发布媒体58家。发布过程中，我和我的团队得到了媒体的大力支持，在刊登版面、稿件面积、发布数量、媒体质量、配图数量等方面都很令人满意。其中《羊城晚报》于2006年3月31日刊登了一篇题为“‘欧典’犯了几宗罪？”的报道，字数超过1500字，并配图一张，实现不错的传播效果。

在此次报道中，记者将我们的稿件融入到其报道中，以欧典事件揭露家具行业“假洋鬼子”横行的内幕，借姚良松的双重身份传播欧派的品牌权威性和领导地位，然后从“为什么能瞒天过海六年？”、“为什么要冠上国外的帽子？”两个角度扩展稿件信息，将姚良松的形象与行业形势进行了有机结合。

山西的《太原晚报》也分别刊登了《欧派董事长姚良松谈欧典事件》，且刊登在《家居》版头条。此外，《广州日报》、《都市时报》、《深圳晚报》、《海口晚报》、《信息时报》也均在热点版面的头条位置刊登了相关报道。《深圳晚报》在4月6日的报道中，首先揭露了家居行业假扮“假洋鬼子”的几种方法，然后借姚良松的话指出“‘打假’任重道远”，引出欧派在环保、设计、品质都做到了与国际接轨的企业信息。

在网站方面，新浪网发布了3篇相关报道，分别为2006年3月17日《“消费与环境”直指橱柜业顽疾》和《姚良松：3年成就年产20亿的欧派“橱柜王国”》、2006年3月23日《欧派打造橱柜绿色消费》，从行业—企业的角度推进欧派品牌理念的传播。

另外，人民网、搜狐网、21CN网、网易、TOM网、南方网、搜房网、腾讯等知名门户网站也刊登这一报道，其中21CN网、搜狐网各刊登2篇。

sina 新闻中心　新浪首页 > 新闻中心 > 综合 > 正文

欧典事件引发橱柜业打假风暴

http://www.sina.com.cn 2006年04月08日09:14 南方日报

央视“3·15”晚会向全国消费者揭开了一个弥天大骗局，号称“行销全球80多个国家，源自德国”的“百年品牌”欧典地板，其德国总部根本不存在。“欧典事件”对中国家居建材业产生了很大的震动，不仅造成了中国木地板行业信任危机，也引发了橱柜业打击“假洋鬼子”品牌的浪潮。全国工商联橱柜专业委员会执行会长、广州欧派企业董事长姚良松昨日接受记者采访时表示，橱柜专业委员会将联合工商局等相关部门，对“假洋鬼子”橱柜的虚假宣传和销售进行打击。

消费者不要盲目崇洋媚外

据悉，目前在家居建材行业号称产品“某国进口”的现象很普遍，尤其称德国生产或意大利生产的建材类产品极多，披着“进口外衣”的品牌在地板、木门以及橱柜行业中较为集中。“欧典骗局给我们敲响了一个警钟，必须警惕那些借‘洋标签’来抬高身价坑害消费者的‘假洋鬼子’橱柜品牌。”姚良松说。

姚良松说，当前中国橱柜业中“假洋鬼子”品牌大行其道，其中很多都是名副其实的国内本土品牌，却偏偏要“包装”成洋品牌来宣传、销售。如许多所谓的国外知名橱柜品牌，其实只是花几千美元委托专业注册公司，在德国、意大利等国注册一个空壳公司，然后所有生产销售都在国内完成，而在宣传上则宣称是“国际知名品牌”，更有所谓的“国际知名品牌”，连经自己严格控制品质的生产厂都没有，而使用完全国产的橱柜产品来卖原装进口产品的售价，诸如此类，不一而足。

握手克林顿

在媒体发达的今天，名人往往拥有很高的曝光率和号召力，借助名人的影响来提升品牌和推广产品，已成为一种有效的传播手段，如请名人做产品“形象代言人”，实际上就是一种向名人“借势”的方法。

欧派很早就有过借势名人为品牌添光环的尝试。早在2005年，欧派就聘请影视明星蒋雯丽为其品牌代言，蒋雯丽倚靠在橱柜旁柔声说出的“有家有爱有欧派”的广告语，让人们看到家就想到欧派。

当然，借势不但要有敏锐的眼力，更取决于适当的时机。“少一点摩擦，多一点润滑”，这句经典的广告语就是统一石化在伊拉克战争期间快速应对，与产品巧妙结合的产物，而这一句经典广告语随央视对伊拉克战事报道一同播出后，统一润滑油短期内就吸引了大量受众的眼球，并且大大提升了统一石化的美誉度。在“姚良松握手克林顿”这一事件中，姚良松就敏锐抓住克林顿来华的时机进行新闻传播，使更多的人知晓欧派，关注欧派，提升了品牌的影响力。

2005年9月初，应中国外交协会的邀请，美国前总统克林顿携一批美国大企业到郑州作商务考察，其间将与中国企业家进行一次交流沟通。为了聚集足够的人气，郑州当地以及全国媒体都对这一事件进行了预告。

此时的姚良松远在上海，听说这一事件，他马上意识到这是一次了解美国市场的好机会。当时中国橱柜对美国的出口刚刚起步，出口量不大，但是势头很好，能与克林顿有一次面对面的交流，对获取美国的进口政策和美国市场的一手资料，无疑是一次难得的机会。

经过了解，克林顿此次演讲会A类豪华至尊票虽高达26万元人民币，但凡是购买豪华至尊票的人士，均可出席克林顿与各政要、各巨头参加的冷餐酒会，可与克林顿单独合影留念，还可以在克林顿演讲时在主席台上就座。

更为吸引眼球的，是购买豪华至尊票的人士，将可以亲临央视《对话》节目录制现场，有与克林顿进行现场交流与对话的机会，这将是借助展现企业家形象，宣传品牌的难得机遇。

因此，尽管费用不菲，姚良松还是觉得值，于是马上召集助手商量赴郑州的行程。虽然动作已经够快，但高达26万元人民币的A类豪华至尊票几天时间也已经所剩无几，经过多方协调，姚良松终于如愿以偿得到一张A类豪华至尊票。

9月8日中午时分，郑州中陆购物广场举行了克林顿与中国财富高端人物的冷餐酒会，50位财富精英和这位美国前总统进行了面对面的交流。在这50位企业家中，只有一位来自广东，他个子不高，却有一份广东企业家的质朴和睿智，这个人就是姚良松。

就在这场酒会上，姚良松得以和克林顿就中国橱柜的出口问题进行一番交谈。姚良松首先询问了克林顿对中国橱柜的印象。克林顿说：中国橱柜在美国质优价廉，和服装、家具一样深受美国消费者喜爱，具有很强的市场竞争力。

虽然当时中国橱柜出口到美国势头很好，但只是刚刚起步，出口量不大，姚良松很担心美国政府对中国的出口限制问题，这时克林顿笑着对他说：你尽管放心，最近几年橱柜不会被美国列入“反倾销”调查名单。

姚良松握手克林顿

借名人效应进行传播的新闻策划，需要将名人效应进行放大，然后在文中穿插进企业信息。因此在“握手克林顿”这一事件上，有关克林顿行程的篇幅不能少，其中姚良松作为“唯一来自广东的民企代表”可以作为一个新闻点出现在稿件中，然后顺便提及欧派的企业信息。

后期的新闻策划我们将“握手克林

顿”这一事件作为引子，设计了一篇有关姚良松创业经历的人物专访，借克林顿事件公众对姚良松的关注，加深对姚良松的印象。

由于姚良松是广东唯一的民企代表，姚良松的特殊身份引起了当地媒体的关注。《郑州晚报》在当天的报道中将姚良松专程赴郑视为一个亮点：广州企业家来郑见老克。

《羊城晚报》也以“广州民营企业家代表与克林顿握手”为题报道了姚良松赴郑州聆听克林顿的演讲、参与对话交流的事件，并在该报头版刊登了图片新闻。《南方日报》在一篇题为“外地人姚良松：与克林顿唠嗑的‘橱柜大王’”的文章中，对这一事件进行了报道。该报道继而以此事为由头，详细介绍了姚良松的创业史：“11年创业成中国‘橱柜大王’”，并指出姚良松“做大事业是为了提高生活质量”。《厦门日报》以超大篇幅刊登了姚良松的专访，题为“欧派厨柜董事长姚良松：与克林顿唠叨橱柜的人”。文中对欧派的渠道、生产、出口、推广、以及“欧洲品质中国价”的自来水哲学做了全面阐述。

从欧派“橱柜业打假”到“姚良松握手克林顿”，我们可以看出热点与名人传播“四两拨千斤”的效果。“橱柜业打假”借当时沸沸扬扬的地板业“欧典”事件之势，以姚良松的第三方身份为“支点”，通过媒介放大传播达到传播企业形象的目的。而“握手克林顿”借助克林顿的名人效应，抓住恰当的时机传播品牌。美国公关界有句话：“全世界的人都知道美国总统，让他给我们做广告”，姚良松则通过和克林顿握手，让克林顿为欧派做了一回广告。

第四节　概念传播，从“少年欧派说”到“中国式突围”

配合企业促销、活动的新闻传播，自有其新闻由头；在没有太多新闻由头时，则要通过各种方法创造新闻点，制造概念就是一种常见方法。

概念传播是根据宏观事件及市场发展趋势和消费者的心理需求，将企业或产品的某些特性概括成一个概念，并通过媒体广为传播的一种传播策略。概念传播的目的是使消费者形成对产品及企业的深刻印象，以先声夺人的气势为产品和品牌打响知名度和美誉度。

“少年欧派说”，概念为传播插上翅膀

作为欧派长期合作伙伴，我们有专门的项目组负责与欧派的日常沟通，及时了解欧派最新动向及传播诉求。2009年10月正值欧派成立15周年，欧派也意欲此时做一次品牌新闻传播。根据此时的发展需要，欧派需要传达其15年来从整体橱柜，到整体厨房，再到整体家居领导品牌三个阶段的跨越式发展，在新的15年战略中，确立的100亿元的年度销售目标，以及向“国内整体家居领军品牌”及“国际现代家居集团”迈进的战略转型。

企业新闻传播需要兼顾企业诉求和新闻性，新闻性就是要和社会的热点结合起来，寻找有关联的焦点事件，巧妙植入企业信息。考虑到“十一”是促销旺季，同时2009年的“十一”刚好是新中国成立60周年，公众关注度高，因此，此次新闻策划可将欧派15周年与国庆60周年结合起来。

同时，2009年的10月，欧派虽已逐渐走出金融危机的阴霾，但中国家居业还有很多企业仍在苦苦奋战，欧派橱柜在2009年上半年销售增长35%，已彻底冲破寒冬，无疑为整个家居行业的复苏提供了榜样。

“引领行业”，固然可贵，但似乎不足以吸引眼球，很多企业在传播中也有这个提法，怎样能够提升高度同时又与众不同，是这次新闻策划的关键。欧派是中国民营企业的成功典范，而民营企业目前在中国经济GDP的比重已经占据重要地位，中国民营经济的强大，也与中国经济发展密切关联。

这不禁让我想到了梁启超的名篇《少年中国说》，梁启超认为，近代中国的强大，责任在于“我辈之少年”，“少年强则国强”，而在当下之中国，民营企业无疑肩负着振兴中国经济的重任。

有了这样的思路，我们可以顺理成章地提炼出“企业强则国强”的概念：将欧派15周年的发展（15周年，欧派正值少年），上升为60年来特别是改革开放30多年来，中国民营企业的发展样本，并将企业发展与民族复兴结合起来，类比梁启超《少年中国说》中“少年强则国强”的表述，引申出“少年欧派说”和“企业强则国强”的概念。

最终策划题目确定为：

欧派15年跨越式发展印证“企业强则国强”

橱柜巨子姚良松：“少年欧派说”

提案很快得到欧派的赞许，并在国庆前两个星期开始传播。在发布过程中，稿件的新闻性与深度得到了媒体同行的认可，发布过程非常顺利，成功完成发布目标。

此次传播，我们将欧派的企业理念和促销信息传达到33个省份上千个城市，由于欧派定位在中高端市场，因此一、二线城市的投放量较多，主要集中在华东、华南、环渤海一带。在媒体的选择上，我们选取了各地发行量最广的报纸，如《羊城晚报》、《齐鲁晚报》、《新安晚报》，实现了大面积、精准度的传播。

在版面上，我和我的团队也打了一个漂亮仗，80%均为头条，且版面靠前。

此次主动传播并未涉及网络媒体，但是在不久的跟踪回访中，我们发现已经有很多网站、论坛、博客自发转载该文。搜房网、搜狐焦点装修家居、慧聪网、搜狐家居、新浪地产网、天天厨卫网、九正建材网、中国团购在线、房价网等网站均全文转载该报道。

新闻传播的目的是品牌与销售的提升，这种与促销结合的新闻宣传，起到的是传达促销信息、营造热烈气氛的作用，可以直接促进关注人群的增加和销售额的提升。经过欧派有关部门的事后统计，2009年“十一”欧派橱柜的订单量是2008年同期的3倍，带来黄金周的又一次“井喷”。

“中国式突围”，用概念制造新闻点

2009年的秋交会是金融危机背景下，中国经济企稳回升以来的第一次广交会，跟春交会相比，此次秋交会呈现出令人欣慰的暖意，出口贸易形势已渐趋转好，这一形势被媒体广泛关注。欧派也参加了此次广交会，但从欧派此次的动作看，新闻性不突出。因此如何另辟蹊径，找准新闻点进行传播，成为这次策划的重点。

经过一次次的头脑风暴，我和我的团队仔细分析了欧派此次广交会的亮点，最终总结出两个概念：“中国式突围”和“杠杆原理”。此次广交会的焦点是金

羊城晚报 2009年10月23日/星期

时尚家居 区域新闻中心主编/责任编辑 李小

E-mail:betopch@126.com

消费理念：迎合和引导间的

欧派15年自我超越 印证“企业强则国强”

本报讯 在建国60周年庆典的前后，中国第一橱柜品牌欧派也迎来了15岁生日。据悉，作为国内橱柜行业的领头羊，欧派今年上半年在金融危机余波影响下，逆势增长超过40%，且连续十多年实现超过50%的增长。

欧派集团董事长姚良松在接受采访时表示，“今日中国强盛之责任，不在他人，全在我辈民族企业，欧派将沿着整体家居的发展方向，打造属于中国自己的世界家居名牌。”

剑指世界级家居集团

据悉，国庆前后，欧派在全国启动了家居界规模最大的促销活动，对此，姚良松表示，欧派的成就，离不开消费者的支持和国家的政策扶持，也得益于稳定、良好的经济环境，此次促销，正是对社会和消费者的回馈与感恩。

据了解，在过去15年里，欧派是国内橱柜业唯一年销售额过10亿元的企业，并确立了未来15年集团产销额突破100亿元的目标，其发展速度在业内无人能及。

对此，姚良松形象地比喻道，“欧派已经成长为一片树林，只要保持从容的心态、执着的信念和大无畏的精神，欧派必将长成浓荫蔽日的森林，为中国人的生活带来更多的‘绿色’。”

超越自我，提升生活品质

从中国整体橱柜的先行者到国内知名现代家居集团，欧派依靠的是在品牌、生产设计和渠道上的差异化优势。

在品牌建设上，欧派通过携手央视举办“欢乐中国行·魅力欧派”活动、牵头发起家居业冠军联盟等重大举措，树立了品牌知名度和影响力。

在生产和设计上，欧派坚持引进最高品质原材料，兴建新生产基地，启用“柔性生产线”满足定制需要，同时每年与顶尖设计师联手推出时尚新品。

而在渠道管理上，欧派采用扁平化的专营连锁模式，同时采取“树大根深、放水养鱼”的策略，推出“火炬计划”等多项举措，为经销商提供全方位的培训指导

姚良松表示，欧派将不断向更高的目标迈进，以永不停歇、自我超越的精神，带动中国家居业向国际水准靠拢、提升中国人的生活品质。

“少年欧派说”，企业强则国强

作为中国民营企业家的代表，姚良松很清楚自己和欧派所肩负的责任，他借用梁启超的《少年中国说》对记者表示：企业富则国富，企业强则国强，15岁的欧派，风华正茂，有责任为中华民族的复兴大业尽自己的一份力量。

泛家居产业观察员周忠认为，欧派今年在金融危机的压力下，领头发起中国家居业第一个冠军联盟，逆势推动行业发展，促进市场和经济回暖，充分体现出了民营企业对中国经济发展所肩负的历史责任

《羊城晚报》的报道

融危机下的经济回暖，而欧派在2009年初开始就已经呈现出回暖迹象，并率先实现突围，因此“中国式突围”是欧派在经济危机背景下取得的成绩。“杠杆原理”则是欧派采用的方法，“火炬计划”、“冠军联盟”、“新生产基地”分别是欧派整合渠道、行业、国际先进技术资源，撬动市场的措施，新闻策划的亮点渐渐凸显出来：广交会事件和“中国式突围”、“杠杆原理”分别是由头和新闻点，易吸引读者注意，而欧派的成绩和之前的努力则也可以顺理成章地传达出来。

思路得到了欧派的认可，主题和文章也将以上信息全部展现：

广交会“回暖”惠及家居业

巧用“杠杆原理”，欧派上演“中国式突围”

此轮传播是事件传播，而非配合促销活动的传播，因而无法在销售层面进行效果评估。对于此轮效果的衡量，我们主要着重这几个方面：发布数量、发布位置、网络转载率。

此次发布共有30多家，遍及全国20多个省市。其中《都市时报》、《山西晚报》、《齐鲁晚报》、《南国都市报》、《现代快报》、《太原晚报》、《山东商报》等知名媒体均在头条刊登。

在口碑传播方面，新浪网、搜狐网、中安在线等多家知名网站自发转载了该报道，更有“美丽天使”等博友在博客中转载此文，从阅读人数看，也达到了较高的关注度。

第五节　翻开橱柜巨子姚良松的“传播辞海”

翻开欧派的新闻传播史，姚良松一直保持着较高的出镜率。之所以频频曝光于媒体，一方面是新闻传播的需要，另一方面得益于姚良松对媒体关系的娴熟把捏。而这些正源自于其出色的文字天赋和对传播的深厚体悟，在很大程度上，也得益于于其从小对文学的热爱。文字不仅表达情感，更以春风细雨、潜移默化的方

广东欧派家居集团董事长、橱柜巨子姚良松

式，引导消费，创造需求，传播品牌理念与形象。姚良松对文字的认识与驾轻就熟，使他意识到了文字的力量，在欧派的传播史上，对新闻公关的实践也坚定了他对新闻传播力量的肯定。

橱柜巨子的文学情结

姚良松大学时求学北航，工作后转行从商。一个是严谨理性的工科专业，一个是务实重利的买卖活儿，似乎都跟文学感性的精神特质扯不上关系。然而，姚良松年少时却是一个不折不扣的文学爱好者，在青涩的少年时代，姚良松经常在破旧的烟盒纸上写下自己的小诗。大学时代的姚良松是北航俱乐部的宣传部长，由于太喜欢文学，还曾一度萌发休学回家，另考大学，学习文学专业的念头。虽因种种原因，未能如愿，但其对语言文字的钟爱却延续至今。

一有空闲，姚良松就会拿起手中的笔，谈古论今，记录心事。毕业后的姚良松被分配到江西昌河飞机制造厂的中专技校做教员。在那段迷茫的日子里，姚良松曾以一篇《秋雨潇潇》的散文轰动全校，并创办校报《绿草地》（后来姚良松创办欧派后，其企业刊物就取名为《绿草》，针砭时弊，讴歌时代）。小小的《绿草地》在校内厂内好评如潮，这让姚良松更加意气风发，这一时期他诗兴如潮，作品不断。

文学来源于现实，姚良松的作品也是对其经历的写照，有苦难，更有不屈。1989年，姚良松因种种原因离开昌河，投奔晋江的朋友，然而又因种种原因被迫离开。面对茫茫前路，姚良松心情惆怅却又满怀希望，一个狂风暴雨的夜晚，姚良松作诗一首《大风起兮》，写尽了对未来的满腔豪情与希望。

北风起
寒风来
一声紧似一声狂
路茫茫
浪何方
明日上路心惆怅
劳筋骨
历苍凉
认定艰难艰难上
雄心志
不可磨
越磨利刃越锋芒
大风为我鼓号

大路总在前方
自古英雄历苦难
坎坷更显豪爽风

在特殊时期，文字的力量在于鼓舞与激励。2008年底开始的经济危机让家居行业猝不及防，一些企业因为资金断裂濒于破产的边缘，欧派的销售业绩相比上年同期也有下滑的趋势。如何对下一步进行科学部署，提升内部特别是经销商的信心？姚良松在2009年初发布了一封《形势与对策——给欧派全体经销商的一封公开信》，对当时宏观及形势进行了深刻分析，并提出欧派下一步的对策，且文采飞扬：

几个月以前，我去看了武夷山的一片竹林。去年百年一遇的冰雪灾害确实使很多竹子死掉了，但我发现生存下来者今年反倒长得特别旺盛，以前根连根挤在一起生长的竹林，由于死去很多，幸存者生存空间更大了！当然，我们首先要确保自己成为生存者，才有机会享受到新一轮生存空间的舒展。

经过一番积极而有效的战略调整，欧派在2009年初很快恢复并超过上年同期水平，并在同年上半年率先突围寒冬，迎来早春，为业界所称道。

失意坦然，得意淡然。经历了风霜洗礼的姚良松对得失也更加淡泊，字里行间更多了一份平静与处变不惊。2009年底，欧派内刊《绿草》更名为《欧派》，姚良松有感于欧派15年的发展历程，为新内刊写了一篇开篇词——《欧派初成林》。

有人说做企业应像养孩子，姚良松则把他的欧派比作一片森林，每一棵小树都是花费了无数的心血和汗水浇灌而成的。在这篇开篇词里，我们可以看到一位成功的企业家在经历了多年商海历练后，对事业和生活的深刻领悟：

欧派初成林

十二年前，企业初创不久，我们尚没有属于我们自己的基地，但我们梦想拥有一片绿意盎然、空气清新的土地，以培植我们更多的梦想；于是我们给创刊的企业内刊起名为《绿草》。八年前的6月，我们终于搬进了属于我们自己的一块土地。欣慰之余，我在《绿草》上写了一篇《我们孜孜以求……》的短文。文中写道：我们终于有了可以培植我们青青绿草的一块土地了。土地虽小，却可由我们随意点缀、装扮，却可由我们快意挥洒、泼墨！从此，我们的希望有了寄存地，我们的绿草有了生根蔓延的基土，我们的飞翔有了蹬腿展翅的着力点！……时光荏苒，整整八年后的又一个6月——既有春之生机又有夏之热烈的6月，我们又要迁入我们新的总部了。此时，我们的“绿草地”比之八年前，已经蔓延了将近十倍！

十二年来，《绿草》将我们梦中的理想像春之细雨一样不断浸润于欧派之土，使之愈加肥沃，空气清新，生意盎然。我们用心血和汗水，年复一年地耕耘，终于把欧派之土耕耘成一块腴腴沃土，长出片片绿荫，长成繁花似锦，并终于结出了虽不硕大却也动人的青果！

时光的流逝，总能让善感之士慨叹岁月的无情，人生之无奈。因为地球的公转，带来春夏秋冬的变换。人会留下沧桑的痕迹，树则形成岁月之年轮。人比之于树木，倘使岁月留痕犹如年轮般清晰而丰富——则意味着年年见长而历经雨雪风霜，那么，我们也可用“岁月如歌”来感悟我们的人生了。

当年在绿草地上种下的那些欧派小树苗，现多已长成秀木，独挡着一方风雨；远远看去，竟也初成林。当初树苗上的几片小叶，如今已日渐成荫；小枝也已成长为坚强的树干。想那树干的年轮也应是清晰而丰富的，因此我们也就无怨无悔！然而我们也该明白，我们毕竟是幼木初成林，“树高风乃大”，真正的风霜雨雪我们还未曾见识与经历。当然我们也不必心存恐惧，我们怎么长起来，还是怎样长下去——只要我们的内心依然能够宁静而从容，我们的信念依然能够坚毅而执着，我们的行动依然能够果敢而无畏！如此，我们怎么长起来，还将一样长下去——直至长成挺拔参天的大树，长成浓荫蔽日的森林！

绿草地上，欧派已经初长成林。为应大家的建议，为寄“欧派森林”的梦想，遂把《绿草》改为《欧派》。

姚良松的“传播辞海”

姚良松的新闻传播实践从欧派成立之时就开始了，而正是凭借这次有着些许偶然的新闻传播，姚良松成功带领欧派跨越了第一次低谷。

欧派刚一成立，就做了5天展销，前来参观的人摩肩接踵，而且还接了近50万元的订单，表面上看是出师大捷，后来才发现只是虚假的繁荣。20世纪90年代初，橱柜还算是新生事物，展销会的繁荣是人们出于一时好奇，热度过去之后大部分人并不关注了，因为在那个时候的人看来，橱柜只是可有可无的东西。

很长一段时间，欧派在广州五羊新城的店面门口罗雀，姚良松也陷入了深深的思索。在苦闷之中，一篇《改变命运从改变观念开始》的文章激活了姚良松的神经：消费者不买账正是因为没有培养起对橱柜的消费观念，甚至对什么是橱柜还没有一个清晰的概念。

姚良松猛然意识到，要普及一种观念，单靠做广告肯定是不行的，得靠有影响的媒体加以引导。报纸广告由于形式日渐乏味、单调，已经越来越引起消费者的反感，需要有一种更好的沟通方式。于是姚良松经过精心策划，轮番在各大媒体的生活版块里以新闻形式推广厨房革命的理念，讲解怎么选橱柜，怎么订购橱柜。因为只要消费者动了心思，欧派肯定会成为他们唯一的选择。不动声色的新闻传播，为姚良松打赢了第一仗，多年来，欧派一直借助新闻传播的方式进行品牌传播。

在姚良松的传播辞海中，有两个方面不得不提：媒体关系、姚氏语录。

姚良松出色的新闻传播功底，来源于姚良松对媒体的深入了解和良好掌控。姚良松爱写作，在这一点上易和记者产生共鸣，同时与媒体接触的时间长，更了解媒体的行事特点。在建立欧派之前，20世纪90年代初从事医疗器械代理之时，姚良松就开始了同媒体的接触，当时做广告的并不多，姚良松却先人一步地学会了整合媒介及广告。他在《广州日报》、《羊城晚报》、《粤港信息日报》上刊登小广告，并且这些广告都是姚良松逐字推敲出来的。姚良松与媒体的接触由此开始。

中国的企业对待媒体的态度较为极端化。有些企业因为惧怕媒体的力量往往采取完全不接触、不合作的方式，在危机来临之时也常常采取回避态度，不仅无法解决问题，反而加重了事态的恶化。

而对姚良松来说，多年与媒体的接触，使其深谙媒体的处事风格与习惯，也建立了良好、广泛的媒体关系。同时，姚良松采取“积极的媒体策略”，在20世纪90年代，很多企业还不知公关为何物时，姚良松就在企业内部设立了公关部门，设有专人负责媒体工作，同时与专业的新闻传播机构开展合作。专业的人才与机构完善了欧派的新闻传播体系，扩展了媒体关系。与媒体频繁、良好的互动既保证了欧派品牌宣传活动的正常进行，在危机来临之时也能迅速借助媒体澄清事实，作出回应，将危机的影响最小化。

对文字，姚良松有一种不自觉的亲近感，在我们日常的新闻传播中，姚良松也经常抽时间亲自参与策划，探讨选题的可行性与新闻性，并经常提出一些开拓性的观点，不仅涉及品牌传播，更有对营销、渠道、管理、生产的精辟观点。在这里，我们将姚良松一些有代表性的观点辑录下来，与读者共享。

用造飞机的精神造橱柜。

经销商是企业发展的“根”，企业是树干，只有“树根”扎得越深，盘根错节的，企业才能吸收更多营养，一年一个轮地茁壮成长成百年大树。为此，我们要像爱护自己的生命一样爱护“树根”。

欧派是“橱柜业的丰田”。我个人最推崇的是“自来水哲学”，要把橱柜做成像丰田一样，既质量好，又能让老百姓承受得起的，“高质价比”的橱柜产品。

品牌是诚信的记忆器。

如今中国的橱柜品质已经不比德国逊色，今后“中国制造”的橱柜产品将可能取代“德国制造”。

真正的想做品牌的企业，他爱护品牌就像爱护他自己的眼睛和生命一样。

结语　合势传播，橱柜业王者欧派的“传播艺术”

纵观欧派的新闻传播案例，我们可以看到对“合势传播”的巧妙运用，合势传播是综合了借势、造势、蓄势、谋势的传播方式，既是一种艺术，也是一门科学。

合势传播是“艺术”，意味着传播要审时度势，及时且准确选择传播手法，借势要灵活巧妙，造势要一鸣惊人，谋势要别出心裁。

在欧派的新闻传播案例中，既有借势宏观形势，又有借势名人和行业热点，既有娱乐营销的主动造势，又有推陈出新的概念传播，每种传播方式的选择都是在当时的情形下对内外资源的灵活运用，展现出传播艺术的精妙。

在合势传播中，借势是最常用的一种方法，本章“中国橱柜业怎样过冬”的专访就是借势金融危机的形势下，经济及家居行业普遍存在的恐惧与迷茫情绪，以姚良松全国工商联橱柜专业委员会会长的身份，为大家辨清形势，指出对策。同时，欧派作为橱柜行业第一品牌，准备如何过冬的信息，也无疑满足了众多企业急需了解领军品牌的应对之策，以期为自己过冬提供借鉴与参考的心理。

2009年6月初的“破冰”稿同样借势了经济危机的大环境，不同的是，这时的中国橱柜市场已经略呈暖意，而欧派凭借“过冬”的一系列举措，已经率先迎来早春，实现了上半年35%的增长。“破冰”稿即在此时对欧派的总结。在此次新闻策划中，我和我的团队还运用了“横向比较式”的新闻策划策略，通过对欧派和海尔“过冬”战略的对比进行稿件策划，受到客户和媒体的双重肯定，传播效果也大大超过预期。

本章运用借势手法的案例，还有欧派“橱柜业打假”和“姚良松握手克林顿”的传播。“橱柜业打假”借势的是当时震惊全国的地板业“欧典”事件，“姚良松握手克林顿”则是借助克林顿的人气来吸引媒体和公众的关注，都达到了不错的传播效果。

在欧派的传播案例中，2008年11月的“欢乐中国行·魅力欧派”是一个与众不同的亮点。这场传播是欧派娱乐营销的主动造势，不仅活动本身引发强烈反响，活动前、中、后的新闻传播更是起到了预告活动内容、传达现场信息、提升欧派品牌、发布促销信息的作用，欧派此番造势可谓名利双收。

我和我的团队还为欧派采用了“概念传播”的方法，概念传播是“蓄势”和“谋势”，是考验策划者对宏观政治经济、行业和企业的了解，以及对信息的整体理解、把握能力的传播方式。概念传播既要脍炙人口，又要充分融入企业信息。本章的“少年欧派说”和“中国式突围”就是两个典型例子。“少年欧派说”系由梁启超的名篇《少年中国说》引发灵感策划而来，新中国成立60周年之际，欧派恰逢15周年，以欧派为代表的中国优秀民营企业，正如少年一样，对中国的发展起到重要作用。而“中国式突围”则是在金融危机渐行渐远的形势下，盘点欧派的表现，总结出其“中国式突围”的应对模式，传播效果都很令人满意。

合势传播是“科学”，是指企业要在提高研发、渠道、服务等“硬实力”的基础上开展传播，“硬实力”成熟与稳定了，品牌、企业文化等“软实力”才能水涨船高，新闻传播才有坚实基础与依托；同时，企业硬实力，也让新闻传播有血有肉，更有张力，更能打动媒体与消费者，实现良好推广效果，更好提升品牌。

比如，在2009年，借助金融危机苦练内功，欧派在生产、渠道、品牌方面都实现巨大飞跃。建成亚洲最大生产基地，引进豪迈设备生产线，提高了产能；发布“火炬计划”，帮助经销商“过冬”；牵手成立“冠军联盟”，开展一系列品牌与销售推广。2009年，欧派不仅成功实现突围寒冬，还实现了全年50%的销售增长。这些都为2009年的新闻传播提供了实实在在的信息依托。同时，正是因为有了这些进步与飞跃，我们的新闻策划才左右逢源，实现了良好的宣传效果。

文字作为一种工具，只是传递信息的载体，对于企业新闻传播来说，文字承载着更多的内涵，它绝非一篇单纯的铅字文，更考验着对企业的经营和品牌推广哲学的认识，以及策划者的智慧，这种智慧不仅是对企业、行业、宏观经济的理解和把握，更是对思维习惯和人生阅历的考验。欧派的“合势传播”案例，就是企业的经营哲学与策划者传播智慧成功结合的浓缩与体现。

第五章

公益传播，厨卫霸主华帝的“推广教程”

引言　公益传播的理论与实践

公益营销兴起于20世纪80年代，是指以关心人的生存发展、社会进步为出发点，借助公益活动，与消费者进行沟通，在产生公益效果的同时，使消费者对企业的产品或服务产生偏好，并由此提高品牌知名度和美誉度，在做购买决策时优先选择该企业产品的一种营销行为。而公益传播，则是公益营销运作的重要手段，凡善用公益营销者，往往也是公益传播的高手。

星巴克便是善用公益营销的典型代表。它经常通过创造各种值得消费者回忆的公益活动，来增加消费者的忠诚度，从而进行品牌扩张与忠诚营销。

而在国内，凭借公益营销收获巨大效益和口碑的成功企业不多，蒙牛当属其中一个佼佼者。且看蒙牛近几年的一组公益营销“成绩表”：

2001年，赞助中国“申奥”成功——掷地有声；

2003年，与国家共同抗击“非典”——要做最好；

搭乘“神五”一起腾飞——垄断资源；

2004年，蒙牛为奥运健儿“加奶”——竞争升华；

2006年，响应总理号召全国捐奶——持续升级；

在公益营销不断的同时，蒙牛的公益传播也一波接一波。

中国奥运军团的秘密武器：蒙牛配奶套餐

蒙牛乳业总裁宣扬“牛奶的国家运动”

少年富则国富，蒙牛亿元再掀捐奶助学热潮

…………

一系列经过精心策划、夺人眼球的新闻，纷纷刊发在全国各大媒体上，“每天一斤奶，强壮中国人”的口号没过多久，便让人耳熟能详。而这期间，蒙牛的业绩也直线上升，2007年实现营业收入213.181亿元，同比增长为31.2%；利润同比增长为28.66%，几项指标总量均为中国乳业第一。

从“赞助申奥”到“全国赠奶”，用蒙牛的话来说，“蒙牛一直在为中国民族的强壮事业努力着”，正是这些举措才使得蒙牛一次次成为消费者和媒体关注的焦点，一次次赢得市场的信赖和消费者的美誉，让蒙牛从“一无工厂，二无品牌，三无市场”的企业发展到今天的行业冠军。

在中国家电行业，华帝无疑也是公益营销的高手，数度与奥运联姻，持续助学，便将华帝的营销实践，展现得淋漓尽致，堪称中国家电行业中的经典。

第一节　中国家电业公益传播No.1罗斌其人其事

华帝总裁公关助理罗斌

公益传播作为树立良好品牌形象的重要途径，正受到众多品牌策划者的青睐。作为品牌策划界的一位年轻的佼佼者，我的朋友罗斌，便深知其中玄妙。

罗斌何许人也？中国家电十大新明星策划人之一，中国首届国际营销节营销案例金奖获得者，中国第一届《IAI中国广告作品年鉴》评委国际职业经理人协会品牌管理师。历任华帝股份品牌总监、《华帝世界》杂志主编、总裁公关助理、奥运项目推广总监等职位。

在我看来，对罗斌而言，其服务的华帝，是其吞江揽月、尽显策划天赋和风采的绝佳舞台，可以说，是如鱼得水的华帝品牌生涯，成就了他的辉煌；而对华帝来说，罗斌是其品牌推广突飞猛进的重要推手之一，罗斌一个个惊世骇俗的公益策划，为华帝品牌传播摇旗助威、锦上添花。

用“1+2”助学工程温暖贫困孩子的心

从鄂西山区走出来的罗斌，对贫困有着切身的体会。据调查统计，中国目前仍有300万左右因贫困而失学的儿童，而实际上可能远不止这个数字。

“这是个触目惊心的数字，除了专业的援助机构，很少有一个企业关注到这些不被人关注的弱势群体，儿童的失学、退学和留守儿童的问题。”罗斌说，“那华帝人能做什么呢？我们可以做一个简单的算术题，1+2等于几。对华帝来说，我们推出的‘1+2’助学工程，就意味着全国有500家专卖店，每个专卖店资助两名失学儿童，就有1000名儿童可以回到学堂完成他们的学业。”

有人会问，华帝为什么要做这一件事情呢？

罗斌认为，做一个企业，要有很强烈的道德责任感，要扶持社会的弱势群体，体现企业的道德良心。社会真正的弱势群体是想上学而没有足够的经济条件上学的小学生。因此，华帝有责任和义务为此做点什么。

经过一整套系统的推进流程、策划流程和周密部署，2005年4月，在罗斌的策划下，华帝股份与中国青少年发展基金会在四川成都宣布正式设立“华帝全国1+2红领巾助学基金”，并首先启动助学工程对四川甘孜藏族自治州的资助仪式，标志着华帝长期性、系统性的助学工程正式启动。以后，该助学工程陆续在广西、湖北、四川、甘肃、内蒙古以及广东等省区扎根，而每一次活动从规划到执行，都由罗斌亲自策划参与。

2006年4月，华帝全国“1+2红领巾助学工程”首次走进湖北恩施，这对罗斌来说，又具有不同寻常的意义，其中体现的不仅是华帝对社会的责任，更包含了罗斌对生己养己的家乡的报答和贡献。

“1+2”助学工程成为华帝非常重要的一个公益品牌，使华帝品牌形象得到大幅提升。作为一个系统的公益品牌，“1+2”工程有专门的标志、专用VI指导手册，有配套的服装、书包、胸牌、纪念章等，还有一系列可持续性的相关促销、公关活动。

2005年4月，华帝与中国青少年发展基金会在成都举行了一次大型新闻发布会，随后又在广西大兴县、湖北恩施州，在非常残旧非常贫困的山区学校现场召开新闻发布会，同时号召经销商、员工捐款，再把捐款送到学校，送到学生手中。

在谈到“1+2”工程的策划时，罗斌说：“开展公益品牌传播，实现差异化竞争，这是最核心的，其实很多企业品牌的竞争是一种非常表面的，不是非常深入的竞争。深度的竞争一定是差异化的，这种差异化竞争不一定是品牌正面接触，可能是另外一个战场的竞争，我跟另外一个对手竞争的时候，我不说我的质量多么好、价格多么低廉，我可以说我在为这个社会做什么，当很多消费者得到这个信息时，对这个品牌的认知又是怎样的，这是我们需要思考的问题。”

让“华帝造”火炬独步世界体育舞台

体育赞助是许多企业公益传播的主要方式，而华帝的体育传播同样走了差异化之路，在其他品牌千篇一律地采用资金赞助、产品赞助的时候，华帝创造了另一个与众不同的赞助方式——火炬赞助。

来源于古希腊神话的“圣火”传说使点燃圣火、传递火炬成为奥运会不可或缺的重要内容，奥运火炬也成为一种神圣的象征。每一届奥运会落幕，奥运火炬作为“历史的记忆”，都会被珍藏于瑞士洛桑的奥林匹克博物馆，而其他大型体育盛会也效法奥运，将火炬传递作为一项重要内容，全运会、亚运会以及由国际奥委会主席罗格创办的青奥会皆是如此。由于火炬在这些体育盛会中占有举足轻重的地位、重大的影响和深远的意义，而华帝在燃具行业颇具知名度，而且拥有强大的技术实力，因此，罗斌又参与策划了火炬赞助。

2001年，新世纪第一次全运会——第九届全运会在广州举行，这一体育盛事当时在中国有着与“申奥”、“入世”同等的关注度和影响力，对华帝而言，九运会是其再鸣惊人不可多得的良机，因此，如何找到切入点参与九运会就成了华帝领导层苦苦思索的问题。在燃具行业，华帝当时已颇具知名度，华帝号称“全球灶具生产基地”，结合实际，发挥优势。经过一番精心准备，与九运会组委会进行磋商后，正式敲定了双方合作方案，新世纪圣火就这样被点燃。

华帝与九运会的合作非常成功，其成功的关键在于找到了最佳契合点和切入点，并将自身优势展现得淋漓尽致，这是其他品牌没有发现也无法实现的。而让人们乃至华帝与罗斌都没有料想到的是，九运会火炬只是华帝的第一把“体育圣火”。由此开始，“华帝造”火炬与重大体育盛会结下了不解之缘，后来的十运、十一运、2010年广州亚运会，以及2008年北京奥运会的火炬都出自华帝人的妙手。2008年北京奥运会火炬“祥云”以零熄灭率创造了奥运火炬的历史纪录。2010年3月12日，在新加坡举行的首届世界青奥会火炬揭幕仪式上，华帝精心设计的火炬再次惊艳亮相。2010年4月28日，华帝与第十六届广州亚运会组委会正式签约，成为本届亚运会燃气具和火炬供应商，而这已是华帝第八次担任国内外大型体育赛事的火炬供应商。

火炬赞助这张公益体育牌，华帝打得极为漂亮，从全运会到奥运会，到青奥会，再到亚运会，“华帝造”火炬早已成为独步世界体育舞台的“圣火”，完全可以想象，下一届奥运会、青奥会、亚运会、全运会，必定再度闪现华帝火炬的身影。

以“华帝·CCTV奥运家庭进行时”联结“1+2”助学工程

在罗斌策划的众多公益活动中，尤其值得一提的是“华帝·CCTV奥运家庭进行时”。

在2008年北京奥运会来临之际，大多数奥运赞助商包括那些曾多次赞助奥运会的大品牌、大企业，都迫不及待地为自己贴上“奥运牌”，擂起战鼓，展开铺天盖地的宣传攻势。从历届奥运赞助所取得的效果来看，这种宣传攻势并没有收到很好的效果。与其他奥运赞助商注重外部宣传完全不同的是，华帝另辟蹊径，走了一条“曲径通幽”的策划路线。

作为华帝整个奥运项目的一个重要环节，由华帝与国家体育总局、全国妇联、中央电视台体育节目中心联手推出的“华帝·CCTV奥运家庭进行时”于2007年2月9日正式启动。该活动在全国11个中心城市进行了44场海选和15场决赛，数万家庭参与其中。

该项目最具特色之处是，活动还从“1+2红领巾助学工程”1000名贫困地区失学儿童中选拔了22名品学兼优的学生，让他们融入参赛家庭一起比赛，这将华帝助学与体育两条公益线有机融合起来，进一步提升了活动的美誉度。

“奥运家庭进行时”是华帝史上最大的一次品牌营销活动，罗斌曾作过这样的分析和评价：“这一营销项目对华帝最具价值的关键，就是其以家庭为参赛单位，首创了‘奥运家庭’的概念……营造了和谐的家庭氛围，而带给它们这一切的华帝，主打的也正是燃气灶具、热水器、抽油烟机这些同样定位家庭的产品。这次活动，不仅实施了精确打击，还使高高在上的奥运战略顺利落地。”而该活动的另一特色，即推选“1+2”受助学生作为“华帝奥运家庭小成员” 编入优胜家庭，比赛胜出后与这些家庭一起观看奥运比赛或开、闭幕式，也具有不同寻常的意义。因为在帮助这些做梦都想不到会看到奥运会的贫困孩子实现梦想的过程中，触动了人们的心弦，产生了感人至深的效果，有力地塑造了华帝品牌的公益形象和人文内涵。

第二节　二次牵手奥运，华帝借青奥会代言“中国智造”

进入2010年，善用体育营销的华帝并没有随着北京奥运会的远去而停止不前。首届世界青奥会的临近，不仅让华帝再次与奥运大家庭牵手，也为华帝的品牌造势提供了又一个绝佳平台。

中标青奥会火炬

3月12日，从首届青奥会举办地新加坡传来消息，曾为北京奥运会火炬制造商的华帝所设计的青奥会火炬，被青奥会组委会采纳并正式全球亮相，青奥会主席以及新加坡国务资政吴作栋等人对华帝的设计与制造给予了高度评价。不仅如此，华帝在火炬的设计制造中，还前瞻性地融合了低碳理念，在保证火炬在不同环境下持续燃烧的前提下，最大限度减少了废气排放，在世界面前再次展示了中国智造的智慧与实力。

“联姻”青奥会，对华帝来说，等于再一次在全世界面前“露脸”，但如何借机在国内提升华帝的品牌美誉度，却并不容易，最大的困难来自于国人对青奥会的关注度不高。尽管是国际奥委会主席罗格一手创办的世界级赛事，国内民众对青奥会的了解也寥寥无几，国内媒体对青奥会的报道更多的是关于南京赢得2014年青奥会主办权的消息。因此我和我的团队认为，借青奥会为华帝造势，首先需要提高青奥会的关注度，一旦青奥会引起大众的注意，华帝为中国智造“代言”的讯息自然也就能向大众传递出去。

为中标青奥会火炬造势

为了达到这一目的，我们对华帝的新闻策划分了两条线进行，一条是体育新闻线，以“首届青奥会8月在新加坡举行　‘华帝造’火炬传递7月全球启动”为主题，配以较大篇幅的青奥会信息，引起大众注意；另一条则是企业新闻线，以“首届‘青奥会’8月在新加坡举行　厚积薄发，‘华帝造’火炬再度炫动国际舞台”为主题，对华帝获得青奥会火炬设计制造资格的前后进行详细介绍，在内容上突出以华帝为代表的中国制造技术与设计理念赢得世界认可的前前后后，打造华帝“中国智造代言人”的形象。

在新闻传播时间上，我和我的团队也颇费了一番心思。事实上，早在3月12日青奥会组委会举行火炬揭幕仪式之前一周，华帝方面就已得到火炬方案被采纳的信息，但考虑到青奥会的知名度和影响力在国内较小，我们决定将新闻发布的时间延后，待揭幕仪式举行完、新华社对该事件的新闻报道见诸于媒体之后，我们再顺势进行全国性的大规模发布，这样一来有新华社对消息权威性、真实性的支持，二来可借力起势。

3月12日晚7点15分，新华网以“新加坡揭晓首届青奥会火炬”为主题的新闻报道，并配以多幅图片展示了华帝设计制造的火炬。随后，我和我的团队第一时间开始了在全国各大报纸和网站上的新闻发布，并把北京、上海、广州、深圳、重庆、成都、南京、武汉、长沙等大城市作为新闻传播的重点。

南京的《江苏商报》大篇幅图文并茂地介绍华帝设计青奥会火炬的消息。

在全国颇有影响力的广州《南方都市报》则着重对华帝的低碳设计进行了全面报道介绍。

2010年3月17日 星期三 15 3C家电 商報

本版主编:朱泉 程虎

本报记者朱泉报道 阳春3月，生机勃勃。而对于电子阅读器市场来说，这个3月有着更多不平凡的意义。3月3日，汉王在深交所中小板正式挂牌上市，为电子阅读器产业的未来发展注入充沛动力。同一天，大洋彼岸再次传来喜讯。在刚刚开幕的2010CeBIT上，汉王面向欧洲市场正式推出了集成WcDMA技术的电子阅读器。作为全球领先的手写识别、OCR识别及生物特征识别技术供应商，汉王经过多年潜心研发，已经成

逼至整个
下载自己
l，从而彻
专输数据

的需求，
争力的产
滞的发展
E 2009年
判断出欧
场存在的
缺陷。目
1 10家的
立了合作
们的电纸
对此，汉王

董事长刘迎建表示，凭借产品的创新设计以及广阔的电子阅读市场，汉王有信心在欧洲取得与在国内市场同样的成功。据介绍，2008年，汉王推出首款电纸书阅读器。如今，汉王已经占领了中国电纸书阅读器市场95%的份额。

创新不懈，精彩不断。从第一款电纸书N510，到最新的3G版电纸书N800，汉王在电纸书研发的道路上从未有过停顿。前不久，汉王还透露已与E-ink电子墨水屏生产厂商元太科技展开合作，由元太科技提供彩色电子墨水技术。汉王也将因此成为全球首家彩色电纸书供应商。据悉，元太将于今年小批生产彩色E-ink电子墨水屏供应汉王，而汉王彩色电纸书也将于年底投产。

深厚的技术积累、出色的科研能力和业已取得的品牌知名度，奠定了汉王的成功基础。未来几年国内电子阅读器市场处于规模增长期，先发优势将使汉王科技保持快速增长。汉王电纸书将欧美流行的E-Ink技术与自主开发的手写识别、笔迹输入系统结合起来，搭配以正在建设中的“汉王书城”内容平台，其核心竞争力难以轻易复制。随着“汉王书城”的扩大，以及与中移动合作推出G3阅读器，公司的行业龙头地位得以巩固。

作为国内最大的电子阅读器提供商，汉王一直颇受关注。而此次成功上市将有利于汉王突破资金瓶颈，向规模化、多元化发展，也利于加快汉王在数字阅读领域拓展速度。

美的白电

本报记者朱泉报道 2010年旺季的空调争夺战已经打响。但与往年的价格战不同的是，空调企业借助“3·15”契机，大做“服务”文章。纵观各大的促销手段，国内空调龙头美的在全国60多个城市从3月1日起强势启动“十年无条件包修月暨春季保养大行动”活动，对美的空调、冰箱和洗衣机用户，实行免费上门保养服务。这是把白电售后服务从“三年”期限延伸到“十年”期限的一次重大尝试。

作为国内白电巨头，每次颠覆性的市场举措总会像地震一样震撼整个行业。记者日前采访了美的制冷家电集团中国营销总部相关负责人，他表示，美的敢于创新，提出“十年包修”举措，既是企业自身的实力使然，也是行业革新服务的尝试，感谢那些提出质疑的声音，才能让美的的创新举措更加完善，把家电业的服务体系和服务水平提高到更高的新阶段。

底气源自品质体系和服务体系

美的为何敢率先提出“十年包修”？该负责人告诉记者，这是美的经过多年耕耘积累起来的自信和行业赋予美的树立革新服

长陈钢认为，凡是以消费者利益为中心的服务创新精神和举措，我们都要加以支持和鼓励，哪怕开始不完善，我们都要以包容的态度去对待，不能让具有创新举措的企业作为行业的“先烈”，而应该成为行业“先驱”。作为国内具有高度责任感的白电企业美的一直以来致力于推动家电产业升级，此次“十年无条件包修”就是我国家电业的一项服务创新，是提高白电服务水平的一种创新和尝试，是一种以消费者利益为中心的真诚服务。

以用户为纲

美的制冷家电集团中国营销总部相关负责人告诉记者，以用户为纲是美的发展战略核心，一切以消费者利益为中心，全面升级了空调、冰箱、洗衣机售后“全满意服务”工程，强化对服务人员的专业培训和严格考核，使消费者享受全方位的服务保障，更舒心更放心，此次“十年无条件包修”就是基于这样的战略思考。

该负责人表示，从企业发展策略来看，存在着“挖掘老客户需求”和“拓展新客户体验”的两种不同阶段策略，美的一贯坚持“以用户为纲”，对待消

首届“青奥会”8月在新加坡举行

“华帝造”火炬再度炫动国际舞台

本报记者吴锋报道 3月12日，青奥会组委会在新加坡举行青奥会火炬揭幕仪式，由中国企业华帝股份设计制造的火炬首次亮相，这也标志着青奥会火炬传递进入倒计时。据了解，这是华帝股份继北京奥运会、东亚运动会、亚青会后，再次成为国际重大体育赛事的火炬制造商，“华帝造”再度闪耀国际舞台。

青奥会火炬7月传递，“华帝造”卓越绝伦

据悉，首届青年奥林匹克运动会将于2010年8月14日至26日在新加坡举行，届时约有3500名14~18岁的青年运动员参加26个项目的角逐，而青奥会火炬传递将于2010年7月全球启动。

在揭幕仪式上，记者看到，华帝所设计的青奥会火炬，运用了“水”与“火”两种元素，整个设计以水波纹的造型贯穿火炬形态，火焰从水中升腾而起，具有生机、朝气、进取等寓意。整个火炬从手柄到顶部由紫色渐变为银色，高60厘米，宽5至8厘米，重约1公斤。

据华帝总裁黄启均透露：青奥会火炬采用了低氮氧技术等低碳设计，既保证火焰在恶劣的条件下可持续燃烧，又实现了氮氧化物的排放大大降低，且其外壳和内部部件所用的铝、铜、不锈钢，均进行了环保处理，利于回收利用或保存收藏。

从“奥运”到“青奥”，华帝缘何笑傲群雄？

据了解，此次中标青奥会，是华帝继北京奥运会后与奥运大家族的“二度牵手”。

业内人士表示，“华帝造”火炬先后中标奥运会、青奥会，源于其长期以来坚持不懈的自主创新和对于低碳技术的[illegible]。

雄厚的技术积累，让华帝将独创的燃烧技术和低碳技术应用到了国内外重大体育赛事的火炬设计上，根据大型赛事火炬传递时间长、气候多变、环境恶劣等特点，将电脉冲点火、空气二次补充等技术融入火炬设计中，受到首届青奥会的青睐与认可。

华帝造，推动“中国制造”走向“中国创造”

华帝总裁黄启均告诉记者：华帝积极参与世界级体育赛事的火炬设计制造，旨在向全世界展示中国制造在燃气具领域的技术设计优势和领导地位，同时以自身的成功经验带动国内燃气具行业进行自主创新，以推动行业的升级式发展。

南方都市报 C05
2010年3月19日 星期五 编辑 吴

波音787为何成为庞然大物？

外包复合材料部件导致延期，“在外包方面走得太远了”

超270万个紧固件！外包有副作用

CFP供图

注定会成为一个灾难。”

去年，这些问题和延期行为使波音公司受到多方指控，赔偿金额高达35亿美元。波音公司很晚才意识到其在外包方面已走得太远，宾夕法尼亚大学沃顿商学院制造和物流专业的教授莫里斯·科恩说：“在高科技行业，全球都出现了越来越多的外包生产，我认为，很多公司在从战略角度上管理供应链方面没有引起足够的重视。”

如果787客机在外包的间接性和复合材料的创新风险方面是一个惨重的教训，那么它的大胆设计也使波音公司在商业飞机下一步创新的道路上处于领先地位。

整理：本报记者 王海艳

(本文由《麻省理工科技创业》杂志独家授权刊登，详见www.mittrchinese.com)

视点

空客中型A350客机，也会使用50%的复合材料

第一批少量的787梦想客机的重量将有可能超过原定的108吨。尽管如此，第一批787客机已定于今年移交客户，只要这架飞机最终的表现不比广告宣传差，那么这一系列的延期行为就可能不会损害波音的长期声誉。

竞争对手空客公司已策划出产787客机的竞争机型，中型A350客机，也会使用50%的复合材料。其订购量已达500架，2013年完成制造并移交用户。

“傻瓜相机”表之争

市场也比国外大？

华帝总裁黄启均：
低碳技术，从火炬应用开始

本报讯 （本报记者汪小星 实习生李兮宫）日前，青奥会组委会在新加坡举行青奥会火炬揭幕仪式，华帝设计制造的火炬首次亮相。华帝总裁黄启均对记者称，华帝将独创的燃烧技术和低碳技术，应用到了国内外重大体育赛事的火炬设计上。根据大型赛事火炬传递时间长、气候多变、环境恶劣等特点，将电脉冲点火、空气二次补充等技术融入火炬设计中。

“火炬能承受最大为11m/s的风速及50/h的雨量。”华帝负责人介绍，因火炬传递需要经过不同城市，火炬可在-6℃－45℃不同的温度环境及4500m海拔条件下正常燃烧。在无风情况下，可燃烧30到35分钟。

火炬采用了低氮氧技术等低碳设计，既保证火焰在恶劣的条件下可持续燃烧，又实现了氮氧化物的排放大大降低，且其外壳和内部部件所用的铝、铜、不锈钢，均进行了环保处理，利于回收利用或保存收藏。

华帝总裁黄启均表示，参与世界级体育赛事的火炬设计制造，体现了中国制造在燃气具领域的技术设计优势和领导地位，同时华帝的成功经验，可带动国内燃气具行业进行自主创新，以推动行业的升级式发展。

这是华帝继北京奥运会、东亚运动会、亚青会后，再次成为国际重大体育赛事的火炬制造商。

记者透露，“华帝造”青奥会火炬从手柄到顶部由紫色渐变为银色，长60厘米，宽5至8厘米，重约1公斤。火炬用铝制成，手柄处裹有防滑材料。火炬设计灵感取自于“水”与“火”两种元素，整个设计以水波纹的造型贯穿火炬形态，火焰从水中升腾而起，躯身的水波设计代表东道主新加坡起源于一个海港，顶端的火焰则意青年人的生机、朝气、进取。

青奥会将在全世界范围内进行火炬传递。自2010年7月开始，青奥会火炬将在奥林匹克的故乡——希腊雅典被点燃，之后将在五大洲各选一个城市进行传递，这些城市包括：柏林、达喀尔、墨西哥城、奥克兰和首尔，最后达到新加坡。

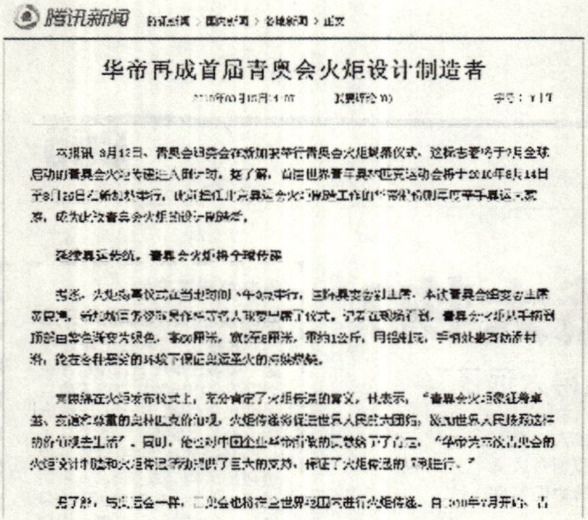

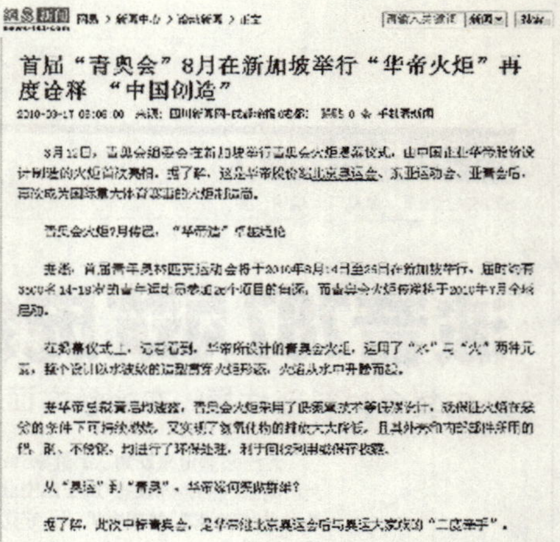

在各大报纸纷纷报道时，国内知名门户网站如新浪网、腾讯、搜狐网、网易、凤凰网等也进行了转载报道。

在报纸和网站进行报道的同时，广东卫视珠江频道也进行了新闻报道：

在开始发布的两周时间内，全国共有近80家报纸、网站和电视台对华帝中标青奥会火炬事件进行了报道，新闻报道字数超过10万字，特别是对于不少网民和

习惯关注体育讯息的年轻人，华帝的知名度大大提高，华帝代言“中国智造”的优异表现让更多人对华帝倡导的低碳生活给予了认可，对华帝产品的信心大幅提升。

第三节　抢占“低碳时代”制高点，华帝公益传播新路径

2009年，国内外大事件不断，善于借势的华帝需要寻找新的焦点，为品牌造势。

2009年底，环境问题逐渐进入了媒体和大众的视野。

华帝推出全球首款低碳聚能灶

11月，中美两国最高首脑会晤，减少温室气体排放、改善地球环境成为重要议题，会晤后，中国政府向世界承诺，到2015年中国温室气体排放量将减少45%。

12月，全球气候峰会在哥本哈根开幕，全球约200位国家首脑参与环境、气候话题的讨论。

与以往环境话题的火热不一样，在全球领导人高谈温室效应的同时，普通的大众正承受着一系列能源涨价带来的压力。天然气闹“气荒”，瓶装液化气半年内从每瓶80元飙升至110元，水费在不少地方纷纷提价，电费即将涨价的消息也不时传来，节能已成为大众每天讨论的话题。

节能，减排，成为了2009年末全社会关注的关键词。减排45%如何实现？气价上涨如何应对？温室效应还将给人类带来怎样的负面影响？一系列问题成为政府、企业、媒体、大众关注的焦点。

在此大背景下，华帝借势推出凝聚了十多年环保技术成果的全球首款低碳聚能灶，其节能37%、废气排放趋近零的特性，使其成为当时最具市场潜力的燃气灶新品。

为低碳聚能灶鼓与呼

我和我的团队也开始思考：如何将这样一款价格不低的新品在普通大众中进行推广，如何让华帝所提出的“绿厨房”概念深入人心，并且成为一种新的生活方式？

在经过与华帝的沟通后，我和我的团队决定：华帝低碳聚能灶的推广，应当继续采用公益传播的思路，紧扣“低碳生活”、节能、健康等环保概念，既强调

聚能灶节能省钱的特点，又体现使用聚能灶对社会可持续发展和减缓全球温室效应的重要意义，这其中的核心，是突出聚能灶“将消费者的短期利益与社会发展的长期利益完美地结合起来”这一特点，用低碳的概念占领行业的制高点，抢占行业话语权和市场先机。

为了让大众从不同角度理解华帝低碳聚能灶的优点和意义，我们从产品线、行业线、消费线、时尚线四个角度进行了新闻主题策划：

产品线：

天然气“荒”，液化气“破百”，新“减排”目标确定

谋定启动，华帝强势推出全球首款“低碳灶”

行业线：

家电业向“温室效应”宣战

全球首款低碳聚能灶引领“低碳”革命

消费线：

节能37%化解气价上涨压力

华帝“低碳灶”冬季热销

时尚线：

今天你低碳了吗？

华帝“低碳灶”受都市“低碳族”热捧

除了统一突出低碳聚能灶在节能减排方面的性能特点和技术优势外，在主打的产品线稿件和消费线稿件中，我们还特意加入了使用聚能灶前后生活成本变化的对比，以一位使用瓶装液化气的消费者的每月使用情况和费用支出情况为例，帮消费者算明细账，力求贴近生活，让大众一看就明白，增强说服力。同时，这样的一段说明，也更能吸引正承受气价上涨压力的普通大众的注意，提高新闻的聚焦性。

经过精心的策划准备和高效的媒体运作，《北京商报》、《深圳商报》、《深圳晚报》、《竞报》、《新闻晚报》、《重庆商报》、《重庆晚报》、《赢周刊》、《南方日报》、《亚太经济时报》等各大城市几十家主流平面媒体均刊发了关于华帝低碳聚能灶的新闻报道。

全国最有影响力的报纸之一《南方都市报》在3C版第一时间发布了华帝推出低碳聚能灶的消息：

《深圳特区报》、《北京商报》、《重庆晚报》也在新闻版的显要位置刊发了此则新闻：

除平面媒体外，新浪网、搜狐网、网易、人民网、家电在线等上百家各大主流门户网站、行业网站也转发了相关报道。

sina新闻中心 | 新闻中心 > 正文

谋定后动 华帝强势推出全球首款"低碳灶"

http://www.sina.com.cn 2009年12月12日13:01 新闻晚报

日前，燃气具领导品牌华帝再现石破天惊之举，推出全球首款"低碳灶"，在近期天然气"荒"、液化气价"破百"以及各国向世界宣布减排新目标的背景下，其革命性的节能与减排功效，引起了业界和社会的广泛关注。

据悉，华帝推出的这款"低碳灶"，凭借节能37%、废气排放量仅0.04%的特性，可实现大幅节能和减排的目标，被誉为全球第一款真正的"绿灶"。

三大领先技术精雕细琢

华帝低碳聚能灶凭借预混式内燃技术、合金蜂窝体和聚能圈三大核心技术，具备了热效率高、节能且废气排放极少等特性，完全符合时下兴起的"低碳经济"发展的要求。

据了解，华帝低碳净燃聚能灶的氮氧化物、一氧化碳和二氧化碳一年的排放量，仅相当于传统燃气灶一天的排放量，其热效率高达68.5%，有效节省烹饪时间11.2%。据数据显示：华帝低碳净燃聚能灶的热效率比国家标准高15%，而烟气排放量却不足国家标准排放量的五分之一。

华帝谋定后动

早在数年前，华帝就组织专业技术团队，在业界率先进行了聚能灶技术的研发，推动自己的产品与技术向低碳环保方向发展。华帝自创立以来，一直保持着燃气具技术研发的领导优势，全运会和北京奥运会的火炬，均采用了华帝的点火技术，目前，这款低碳净燃聚能灶

排行 视频

热点专题

图片

人民网>>社会>>人民本色>>第九十期

天然气"荒"，液化气"破百"，新"减排"目标确定

谋定后动，华帝强势推出全球首款"低碳灶"

全球首款"低碳灶"横空出世

2009年12月14日05:00 来源：千龙网

【字号 大 中 小】打印 留言 论坛 网摘 手机点评 纠错 E-mail推荐： 提交

日前，燃气具领导品牌华帝再现石破天惊之举，推出全球首款"低碳灶"，在近期天然气"荒"、液化气价"破百"以及各国向世界宣布减排新目标的背景下，其革命性的节能与减排功效，引起了业界和社会的广泛关注。

据悉，华帝推出的这款"低碳灶"，凭借节能37%、废气排放量仅0.04‰的特性，可实现大幅节能和减排的目标，被誉为全球第一款真正的"绿灶"。

新闻检索：

热图推荐

另外，广州、重庆、珠海等地的电视台也在黄金时段的新闻栏目中，报道了华帝低碳聚能灶全球上市的消息。

凭借50多家报纸、近100家网站和10多家电视台长达一个月的立体式传播，大众很快就对低碳聚能灶的节能性有了了解和认可，从北京、广州、重庆、珠海、上海、深圳等重点城市的市场反应来看，聚能灶的销售速度远远超出了华帝之前的预期，对传统燃气灶产品的冲击力巨大，这一方面得益于气价上涨的现实因素，另一方面也归功于事先周密细致的新闻策划和媒体运作。

这也成为了2009年华帝公益传播的又一经典成功案例。

第四节　“奥运+公益”，华帝“1+2”走进甘蒙的台前幕后

2009年底华帝“低碳公益营销”的成功并非偶然，在此之前的2008年，华帝便借北京奥运会的东风，实施过一次被家电业视为经典的“奥运公益”营销，而这一创意和实施的基础条件，则来自于华帝雄厚的综合实力和成熟的公益营销策划执行能力。

早在2006年4月28日，华帝凭借为九运会、十运会制造火炬的丰富经验和过硬技术，正式成为北京奥运会燃气具独家供应商，开始进入了属于华帝自己的奥运时间。

华帝的奥运公益战略

随后，华帝为北京奥运会生产了2万多支奥运火炬、16盏火种灯和40个圣火台等火炬传递设备，并以实现火炬零熄灭率的成绩成为历届奥运会之最，华帝因此而被写进百年奥运纪录！

不过，这对于华帝来说，仅仅是其借力奥运、实施品牌营销战略的开始，它意味的并不仅仅是人们表面所看到的辉煌，还要有严谨的战略和规划落地实施。不少人认为，赞助奥运能够为企业带来巨大的收益，但事实上并不尽然，很多时候这种潜在的可能性最终因无法变成现实效益而损失惨重，这也是历史上不少奥运赞助商中途放弃的原因。对于华帝而言，他们同样面临严峻的考验——如何才能最大限度地释放奥运赞助所带来的能量。

与一般的企业不同，华帝在拿到奥运会赞助商资格以后，并没有急于按照传统模式出招，而是先期成立“奥运品牌推广委员会”，研究往届奥运会的各个赞

助企业的做法，汲取有用经验，并于同年底围绕“华帝品牌的弱点、优势，为什么别人不接受或接受华帝，奥运在人们心目中究竟是怎样的”几个问题，在北京、上海、广州、青岛、沈阳五大城市展开大规模的民意问卷调查。

经过一番精心准备和慎重考量，华帝最终确定了走感性、亲民的“群众路线”：与消费者进行有效沟通、直接互动，最大限度地提高企业的知名度、美誉度和忠诚度，将华帝、奥运、消费者三方紧密相扣，进行精确对焦。

借势2008年北京奥运，做大华帝新涉足的太阳能、沼气等环保能源产业，做透已经非常成熟的厨卫领域，同时面向国际市场发展，这是华帝签约奥运更深层次的战略意图，也是华帝品牌发展更加广阔的未来。

对此，我和我的团队多次与华帝进行详细沟通商榷，分析各种推广策略和渠道的利弊。当时，各大奥运赞助品牌都在紧抓奥运热潮大打“明星牌”，烧钱无数。整个奥运营销平台众声喧哗，营销手段却循规蹈矩，无非就是“贴LOGO”、“明星代言”、“有奖竞猜”等一些惯用方式。这样的营销手段在赚取足够吆喝声之余，并不见得能为企业带来多少真正的效益或品牌人气。不少企业往往是付出了许多财力人力，却没有为自身的品牌知名度、美誉度带来实质性的提升，或者仅仅收效微弱。

“上兵伐谋，其次伐交，再下攻城。”考虑到华帝一直以来有着良好的口碑，通过赞助世界第三大冰川考察、无偿捐赠九运火炬和十运火炬、长期资助“春蕾班”学生及启动“华帝全国‘1+2’红领巾助学工程”等公益举措，树立了“优秀企业公民”的形象，在运用公益事件塑造品牌形象方面轻车熟路，因此，我和我的团队在与华帝公关部沟通后认为，华帝应该走一条“社会公益与奥运品牌”相结合的“公益＋奥运”的差异化营销传播道路。

我们坚信这一想法绝非空穴来风，而是有着雄厚的现实基础。早在2006年，在华帝总裁黄启均的亲自策划下，华帝“‘1+2’红领巾助学工程”便高调启动，迄今为止，已经赞助了2000多名贫困儿童继续完成学业，成为华帝独有、社会共享的国内最具特色的企业公益品牌。同年度，“华帝希望医院”落户大别山深处的河南省新县卡房乡，将公益事业引向了更深入一步。

2007年伊始，中国第一个奥运社区家庭体育展示活动——“华帝·奥运家庭进行时”，一档以家庭为参赛单位，传播奥运精神、弘扬奥运文化的大型体育娱乐项目拉开序幕。华帝从“‘1+2’红领巾助学工程”的1500名受助贫困儿童中，选拔出22名品学兼优、家庭困难的学生参与比赛活动。他们中的优胜者还被资助免费现场观看了奥运会开幕式。

“1（店）+2（贫困学生）”模式大型捐资助学公益活动，说明华帝已经将企业的短期效益、企业的长远利益和社会的整体利益结合起来，实质上乃一种“营销新法”。有了这样的社会基础，加上北京奥运会的影响力与号召力，华帝的品牌知名度和美誉度将有机会获得大幅提升。

华帝“1+2”走进甘蒙

基于这些优势，我和我的团队全力配合华帝借势奥运，以公益为舞台，进行品牌推广，策划了以“分享奥运快乐、关注贫困地区失学儿童”为新闻传播的核心内容，策划了多角度的新闻主题，针对不同的受众群体进行宣传。

有侧重公益活动的视角：

1. 资助贫困儿童，公益活动再续新篇

   内蒙播爱心　华帝“1+2”感动中国

2. 资助甘肃贫困儿童250名

   华帝“1+2”感动中国

有侧重奥运主题的视角：

1. “奥运福娃”伴贫困儿童重返校园

   华帝“1+2”后奥运时代再次起航

“奥运营销”如火如荼

剑走偏锋 华帝“奥运+公益”走差异化之路

2. 甘肃贫困边区掀奥运热潮

“奥运家庭”进甘肃 10学生获“华帝奥运荣誉小学生”

有侧重解析华帝营销模式的视角：

3. “奥运营销”如火如荼

剑走偏锋 华帝“奥运+公益”走差异化之路

也有人物专访的形式：

vatti 華帝

消费日报

媒体名称：消费日报

甘、蒙播爱心，资助贫困儿童500名

华帝“1+2”红领巾助学工程再掀义举

1. 公益捐助更重在精神激励

华帝总裁黄启均谈“‘1+2’工程甘肃行”

这六个新闻选题紧扣华帝“‘1＋2’红领巾助学活动”主题，分别从活动现场写照、“公益＋奥运”差异化思路、公益行为的精神精髓等角度入手，引导和加深受众对“华帝全国‘1＋2’红领巾助学工程”公益品牌的认知，深入传播华帝关爱社会的公益形象，旨在赢得消费者信赖、好感和媒体关注。

这样的新闻传播思路赢得了华帝的认可，他们也从中选取了“‘奥运营销’如火如荼，剑走偏锋　华帝‘奥运＋公益’走差异化之路”、“甘、蒙播爱心　华帝‘1+2’感动中国”作为重点的新闻传播主题。

好的策划思路和方案只是成功的一半。接下来的主要任务，就是选好媒体、成功发布。根据华帝燃具品牌的特点，在媒体的选择上，我们本次发布主要集中在经济相对较发达的华东、华南和华北地区，并辐射东北、华中、西南等地区的主流媒体，力求在限定的媒体中达到影响力的最优化，强势树立华帝关爱社会、心系贫困失学儿童的形象。

华南主流媒体《信息时报》、《羊城晚报》紧抓关键词“奥运＋公益”，对华帝的差异化“奥运营销”给予充分关注。

华北地区的《消费日报》迅速应时刊登了这次“华帝‘1＋2’甘、蒙行”的特别报道。

主流的网站对华帝的此次活动也给予了关注：

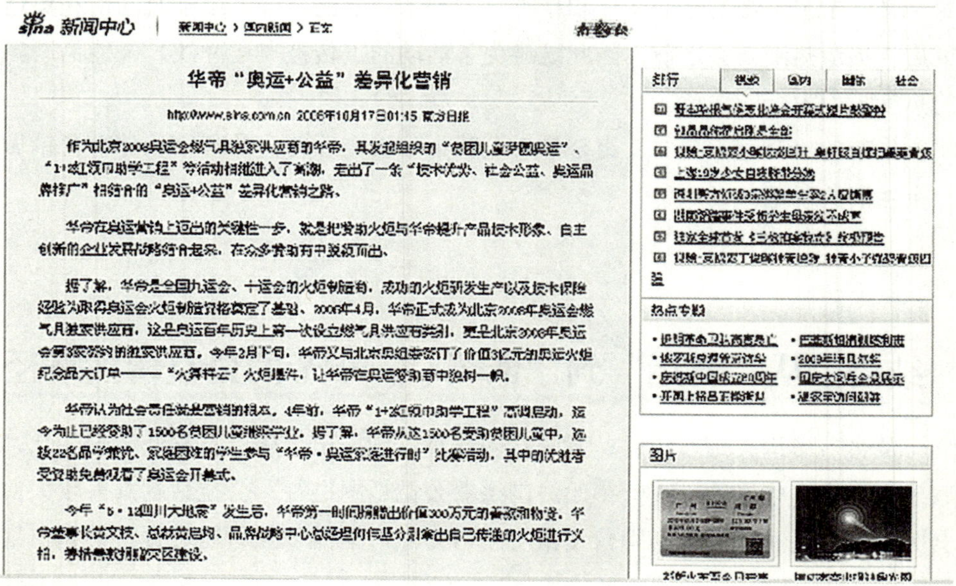

sina 新闻中心 | 新闻中心 > 国内新闻 > 正文

华帝“奥运+公益”差异化营销

http://www.sina.com.cn 2008年10月17日01:45 南方日报

作为北京2008奥运会燃气具独家供应商的华帝，其发起组织的“贫困儿童梦圆奥运”、“1+2红领巾助学工程”等活动相继进入了高潮，走出了一条“技术优势、社会公益、奥运品牌推广”相结合的“奥运+公益”差异化营销之路。

华帝在奥运营销上迈出的关键性一步，就是把赞助火炬与华帝提升产品技术形象、自主创新的企业发展战略结合起来，在众多赞助商中脱颖而出。

据了解，华帝是全国九运会、十运会的火炬制造商，成功的火炬研发生产以及技术保障经验为取得奥运会火炬制造资格奠定了基础。2006年4月，华帝正式成为北京2008年奥运会燃气具独家供应商，这是奥运百年历史上第一次设立燃气具供应商类别，更是北京2008年奥运会第3家签约的独家供应商。今年2月下旬，华帝又与北京奥组委签订了价值3亿元的奥运火炬纪念品大订单——“火焰祥云”火炬摆件，让华帝在奥运赞助商中独树一帜。

华帝认为社会责任就是营销的根本。4年前，华帝“1+2红领巾助学工程”正式启动，迄今为止已经资助了1500名贫困儿童完成学业。据了解，华帝从这1500名受助贫困儿童中，选拔22名品学兼优、家庭困难的学生参与“华帝·奥运家庭进行时”北京活动，其中的优胜者受资助免费观看了奥运会开幕式。

今年“5·12四川大地震”发生后，华帝第一时间捐赠出价值300万元的善款和物资。华帝董事长黄文枝、总裁黄启均、品牌战略中心总经理何伟坚分别拿出自己传递的火炬进行义拍，募捐款支持灾区建设。

排行

热点专题

图片

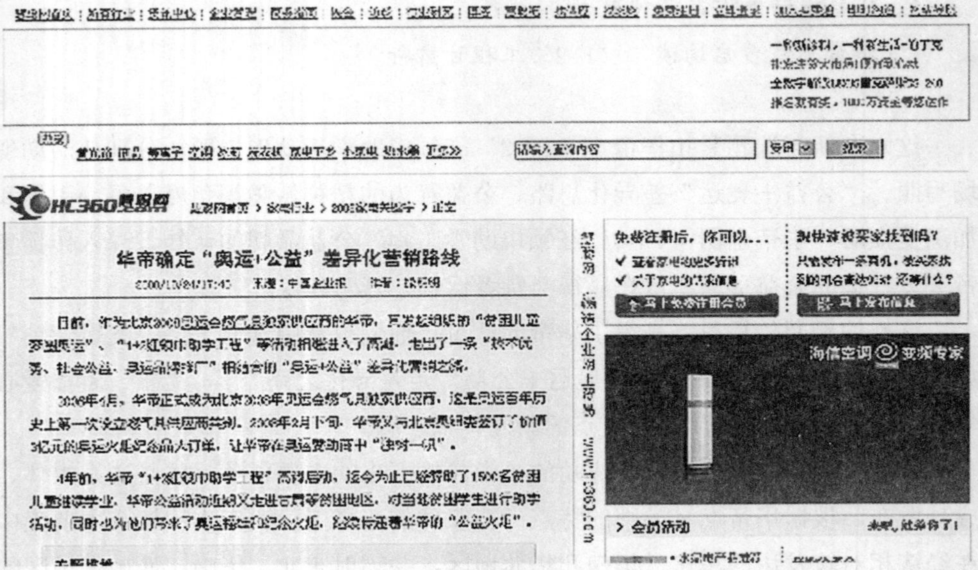

华帝确定“奥运+公益”差异化营销路线

日前，作为北京2008年奥运会燃气具独家供应商的华帝，其发起组织的“贫困儿童梦圆奥运”、“1+X红领巾助学工程”等活动相继进入了高潮，走出了一条“技术优秀、社会公益、奥运品牌推广”相结合的“奥运+公益”差异化营销之路。

2006年4月，华帝正式成为北京2008年奥运会燃气具独家供应商，这是奥运百年历史上第一次设立燃气具供应商类别。2008年2月下旬，华帝又与北京奥组委签订了价值3亿元的奥运火炬纪念品大订单，让华帝在奥运赞助商中“独树一帜”。

4年前，华帝“1+X红领巾助学工程”正式启动，迄今为止已经资助了1500名贫困儿童继续学业。华帝公益活动近期又走进甘肃等贫困地区，对当地贫困学生进行助学活动，同时也为他们带来了奥运福娃和纪念火炬，继续传递着华帝的“公益火炬”。

在华帝的奥运战略中，以北京2008年奥运会“绿色、人文、科技”理念及“构建和谐社会”为出发点，仅仅围绕“人文”这一主题做文章，通过选择贫困学龄儿童这一对象，采用公益活动的方式，诠释人文奥运精神。将奥运与公益活动相结合，进行企业形象打造，可谓华帝奥运年品牌营销的点睛之笔。

我和我的团队，通过对全国近90家报纸媒体和上百家网站的公关，将华帝的公益形象传播到全国各地，新闻报道字数超过30万字。

而对于华帝来说，这一举动，既体现了华帝作为企业公民服务于社会的责任感，又展示了华帝的企业文化和精神，取得了良好的口碑。由于时间恰在奥运结束后，奥运热潮褪去之前，因此既避免了活动的宣传被奥运冲淡，又能借助奥运的热度吸引大众的注意。

华帝的“奥运＋公益”组合拳，无疑为中国企业的公益营销和体育营销做了一个生活的示范。

结语　从“奥运”到“低碳”，华帝的公益传播路径

从带着奥运火炬看望甘、蒙的贫困儿童，到推出市场上首款低碳聚能灶，到联手青奥会，华帝的品牌营销始终围绕着公益话题进行。公益话题具有较大的社会关注度，是企业进行品牌营销常用的借力点，但借公益话题进行营销和传播，

其实是一把“双刃剑”，做得好可以极大地提升企业的品牌知名度和美誉度，但若做得不好，很可能导致企业的声誉和形象下降，甚至招来媒体和大众的口诛笔伐，这样的例子不在少数。2008年汶川大地震时，不少企业借捐款进行品牌宣传便受到众多人的质疑，企业进行公益活动的动机受到怀疑，品牌美誉度也受到影响，可谓适得其反。因此，围绕公益话题进行品牌传播，需要熟练的技巧，更要善于把握分寸，既要到位，又不能过。在这方面，华帝有着一套成熟的公益传播模式。

在华帝看来，实施公益传播可分三步：选点，切入，造势。

选点，是指选择能够吸引公众注意力的焦点，以便为最终的新闻传播提供借力点。什么是焦点？华帝的理解与一般企业不同。

焦点，一般人理解，必然是能吸引大众和媒体关注的高聚焦度事件或话题，并且有一定的持续性，但这还不够，在华帝看来，焦点与华帝品牌营销的结合还必须具有独占性和不可复制性，这一点至关重要。在实施“1+2”奥运公益活动和推出全球首款“低碳聚能灶”两项举动上，就不难看出华帝的这一理念。

启动“1+2”公益活动，华帝看重的是奥运热潮在民间的持续，和汶川大地震之后全社会对公益活动的高关注度，同时，华帝具有一个无法复制的优势——奥运火炬制造商的身份，这一独占性的优势让华帝在奥运与公益之间有了大做文章的空间，于是将奥运火炬带到贫困儿童身边，让其感受奥运会的热潮与荣耀，同时帮助其完成学业，成为顺理成章的想法，这也非常能引起大众的关注。

在“低碳聚能灶”的宣传上，华帝选择的焦点换成了“低碳”、“环保”。与以往媒体和社会关注环保话题的“自上而下”的特点不同，这次环保话题成为热点是“自上而下”和“自下而上”两股力量一齐推动的产物。一方面，中美首脑会晤、哥本哈根气候峰会以及中国政府的减排宣言均离不开“低碳”这一关键词；另一方面，气荒和气价上涨大大提升了大众的生活成本，令推广节能意识、打造低碳生活成为迫切需要，在这样的背景下，跟“低碳、节能、环保”等概念相关联的产品和行为都将成为大众和媒体关注的对象，这也正是华帝所需要的。

在选点之后的第二步，是切入。这是指选择最佳的方式与公益活动或话题相结合，做到既能够真正地推动公益事业，又能够让大众了解到企业为公益事业所做的切实努力，同时还要尽可能避免作秀之嫌，为下一步的新闻传播打好基础。

在实施“1+2”走进甘、蒙的活动前，华帝就为了如何切入动了一番脑筋。作为国内生产燃气灶、热水器的领导品牌，华帝可以打着北京奥运会燃气具独家供应商的旗号，带着自己的产品浩浩荡荡地开进甘、蒙，为产品大大地宣传一把，但这样一来便会遇到一个问题：活动的商业味太浓，不仅可能引不起大众的关注，还可能被媒体和大众视作一次作秀，这样一来，企业对公益活动的支持与努力面临被忽视的可能。为此，华帝放弃了单纯地捐助产品的想法，转而采取“开店助学”和展示奥运火炬的做法来实施此次公益活动，事后，华帝让贫困儿童近距离感受奥运火炬魅力、分享奥运喜悦的做法受到了广泛好评。而在“低碳灶”的项目中，华帝则是将全新的聚能灶作为“低碳”生活时代的主推产品，为下一步的新闻造势做好了准备。

在完成切入之后，最后便需要造势。造势必须通过精巧的新闻策划和大面积的媒体发布实现，因此在新闻策划和媒体策略方面需要有良好的技巧。

华帝在对“1+2”活动进行造势时，分别从公益活动、奥运新闻、营销分析、人物专访等角度对活动进行了多层次宣传，并运用了“资助甘肃贫困儿童250名”、“奥运福娃伴贫困儿童重返校园”、“10学生获‘华帝奥运荣誉小学生’”等较有聚焦性的主题进行报道，将奥运精神、奥运火炬、贫困儿童、完成学业等一个个人或物，通过奥运和公益两大高关注度事件巧妙地联系起来，成功吸引了大众的目光。

而在媒体的选择上，华帝也十分讲究，通过对线上线下的区分、不同地域重要程度的区分、不同读者群的区分，采用以“焦点”为核心的点线面结合的立体传播策略。

对于主要市场地区，华帝采用了广撒网的重点传播，如华东、华北、华南，报道媒体均超过20家，而各地发行量、影响力最大的报纸，如《南方都市报》、《广州日报》、《扬子晚报》、《新民晚报》等均在其中，另外配合一些地方性媒体，如《汕头日报》、《佛山日报》等。对于相对次要的市场所在区域，华帝则主攻重点媒体，如覆盖四川的《华西都市报》、在新疆影响力较大的《乌鲁木齐晚报》等。另外，华帝还采用了多层面覆盖的策略，既有针对大众特别是年轻人的网络媒体，又有针对政府层面的各类日报，还有针对商业人士的财经类报纸和针对普通大众的都市生活类报纸，实现了对目标人群的有效“聚焦”。

而在“低碳灶”的项目上，华帝就更动了一番脑筋。华帝认为，有了“低碳”这个焦点还不够，还必须对其进行进一步聚焦。由于“低碳”跟大众的生活成本紧紧地联系了起来，因此，华帝在传播上对“低碳聚能灶”给消费者带来的经济上的好处，浓墨重彩地进行了介绍，成为最为吸引普通大众眼球的部分。于是，华帝在新闻传播中这样为消费者算了一笔账：

以前，一罐85元的液化气可用一个半月，每月气费只有57元。最近气价猛涨，这个月已涨到了110元，因为冬天用气多，只能用35天左右，一个月的气费要94元，增加了65%。如果换成新的聚能灶，烹饪时间缩短11%，每月节能

37%，一个月能省近40元的气费，完全化解了气价上涨带来的负担。

这样的“再聚焦”真真切切地回应了消费者心中最为关心的问题，不做作，不浮夸，一针见血。

除了在“低碳”这一主题上做文章外，华帝在传播中还大量采用了一些与“低碳”相关、颇为吸引眼球的概念，实现在焦点不被分散的条件下，焦点话题的有效扩散。如华帝抛出的“温室效应”、“节能37%”、“低碳族”、“低碳革命”等概念，将“低碳”这一主题丰富化、生活化，并插入许多活生生的“低碳生活”故事，让大众理解“低碳生活”以及“低碳聚能灶”是与日常生活息息相关的事物，摆脱以往借助“环保”话题宣传给人的脱离实际、高高在上的印象，从而推动大众对华帝聚能灶的认可和接受。

从选点到切入，再围绕焦点造势，进行立体传播，这一独特的公益传播路径对华帝来说可谓轻车熟路，模仿华帝这一方式的人很多，但总有“形似神不似”之感，这也难怪华帝能在中国燃气灶行业领头羊的位置上坐得异常稳固。

第六章

人文及设计传播，卫浴第一品牌箭牌的“注意力公式”

引言　箭牌的品牌“阳谋”

中国已经成为世界上最大的卫浴设备生产国和消费国：中国卫浴洁具占世界总量的30%，卫浴配件也几乎占了世界总量的35%左右。我国的卫浴产业终于登上世界大舞台，并为国际卫浴同行所刮目相看。

在中国的卫浴版图上，佛山卫浴是核心的一极。佛山的卫浴行业整体繁盛期是在21世纪初，佛山政府在佛山陶瓷卫浴发展规划的整体大环境和具体目标中，对佛山卫浴行业的发展给予了大力扶持。据一项调查显示，现在佛山市卫浴企业大概有6000多家，其中具有一定知名度的卫浴品牌就有十多家。1994年，本土卫浴冠军品牌——箭牌卫浴，就诞生在这片土地上。

与跨国公司比较，当前国内卫浴行业的发展存在着一个最大的“软肋”，就是缺少品牌。在现代社会，品牌已经成为企业参与市场竞争的重要武器和砝码。国内卫浴企业要想在愈演愈烈的国际化市场竞争中分享一杯美羹，首先要做好品牌建设。如何塑造品牌，已经成为摆在国内卫浴行业面前的一大难题。

在品牌建设上，箭牌的“注意力公式”，或许可以给国内卫浴同行一些启示：本土卫浴冠军品牌——箭牌，非常擅长人文及设计活动的传播。这些新闻传播活动，对箭牌品牌的塑造功不可没。谢岳荣领导的箭牌卫浴，在国内首先将人文关怀融入到卫浴设计中，开“人文卫浴”先河。现在，箭牌的发展已经从洁具卫浴产品配套迈向空间配套的较高级阶段。

打造“上品空间”，传播“上品生活”，成为箭牌新的追求……

第一节　大爱无疆，公益活动彰显人文追求

2008雪灾

2008年春节前后，我国南方大部分地区出现50年一遇的低温雨雪冰冻灾害，这次雪灾造成南方数省部分地区房屋倒塌、停水停电、道路交通中断，雪灾波及全国13个省市，其中湖南、贵州、江西等几个省成了重灾区。

于是，人们在电视上看到这样一幕幕场景：

几百万回家过年的外来务工人员滞留在广州火车站，武警战士们站成整齐的一排，时刻迎接下一批进入广场的旅客。

温总理踏上赶赴一线的征程，一次次走进火车站看望滞留旅客，给不幸殉职的电力职工家属鞠躬，从北京到湖南，从湖南到广东……

湖南郴州，全城断电停水。

…………

雪灾，牵动着党和国家领导人的心，一时成了13亿中国人关注的话题，这场自然灾害不仅给人们的生活带来种种不便，也给国家带来巨大经济损失，据统计，这次因灾直接经济损失1516.5亿元。

大雪无情，人有情。冰雪消融，灾区重建，成为当务之急。一场抗灾救灾活动开始了，在灾难面前，中华民族再一次表现出民族凝聚力。

患难见真情，在这个多灾多难的国家，每一次面临自然灾害或外敌入侵都表现出无比的团结。各大企业和个人纷纷伸出援助之手，捐款捐物。一批批救灾款项、救灾物资在第一时间发往灾区。

冰雪过后，重“箭”家园

作为卫浴行业的领导品牌，箭牌，义不容辞地承担起企业应负的责任。一场由箭牌组织的“冰雪过后，重‘箭’家园”驰援灾区捐赠活动，在这样的背景下举行。

3月14日上午，一场以“冰雪过后，重‘箭’家园”为主题的驰援灾区捐赠仪式在箭牌公司总部佛山顺德正式启动。箭牌公司事业部总经理方春、广东省韶关市慈善协会副会长蒙万明、韶关箭牌经销商阮伟清，以及广东数十家主流媒体共同参与了这场公益活动，韶关市慈善协会副会长蒙万明作为受邀代表接受捐

赠。搜狐焦点装修家居网陶瓷频道全程直播此次活动。

此次捐赠活动中，箭牌总共捐赠500余件卫浴产品，主要运往广东韶关和江西等几个重灾区，以支援当地的灾后重建工作。

公益传播是企业常用的推广手法，但是操作不当往往有作秀的嫌疑。究其原因，笔者认为，是没有在传播过程中找准合理的企业道德定位。换言之，在这场公益传播中，没有找准企业与公益事件的关联，或太过牵强，“说故事的能力”成为企业公益传播的薄弱环节。

而高效的公益传播，从内容设计、策略制定以及媒介选择等方面都围绕企业在这场公益活动中的道德定位展开，形成一整套传播体系，带来可持续的企业影响力收益，甚至品牌资产的能力，其重要性也显而易见了。

对于箭牌此次公益传播来说，雨雪冰冻灾害为其提供了一个合适的时机和由头，而挖掘箭牌在此次公益活动中合适的道德定位更是此轮传播的关键。

经过一次次的头脑风暴，我和我的团队将箭牌的道德定位确立在：此次大雪造成众多家庭受灾，箭牌作为一个知名家居企业，倡导“人文关怀”的产品理念，以打造上品、舒适的生活为己任，此次捐赠，产品是重建家园必不可少的家居卫浴产品，主题是“重‘箭’家园”，箭牌与此次雪灾的关系清晰地勾勒出来。

公益传播的差异化，也是此轮传播的重点所在。此次雪灾，另有蒙牛、招商银行、沃尔玛等知名企业参与捐赠，而箭牌将家居企业“人文关怀”的产品理念和“雪后重建家园”的结合不仅使其捐赠行为自然而在情理之中，赋予了其合适的道德定位，同时找到了与其他品牌捐赠行为的不同，实现了差异化传播。

在传播基调方面，由于公益活动都是以社会公众的利益以及普世道德价值为基础的，因此，公正和中立的传播原则，就显得非常重要。在此次传播中，所有有关箭牌促销等商业行为，我们都未加入，而是用客观笔调，记录和传递了箭牌对社会责任的承担与对公益理念的坚持，因为任何销售推广化的传播内容，都偏离了公益活动的价值源泉——基于公众利益的社会与企业的共赢。

为使稿件更有新闻性，达到更广的传播效果，我和我的团队又结合当时“3·15”消费者权益日，对稿件进行新闻化润色。箭牌捐赠活动正值“3·15”前一天，2008年“3·15”的主题是“消费与责任”，这种责任不仅是提高产品质量，对消费者的责任，也表现在危难时刻企业对社会的责任，这一热点刚好与箭牌对灾区的捐赠行为结合起来。

经过认真讨论与反复推敲，我和我的团队最终确定以下两个主题：

1. 冰雪过后 重“箭”家园，箭牌卫浴奏响08“人文关怀”序曲

[3·15特刊] C2

富力地产公布年报
去年销售额达161亿元
销售业绩大幅上涨　商业地产全面亮相

欧派公布
新的三年发展战略规划

责任“3·15”冰雪“箭”真情
箭牌：倡导卫浴业的企业责任

箭牌：倡导卫浴业的企业责任

■谭　笑

“3·15”前夕，卫浴业龙头箭牌卫浴举行了主题为“冰雪过后，重‘箭’家园”的支援灾区捐赠仪式，为广东、江西等灾区捐赠500余件卫浴产品。箭牌公司事业部总经理方春、广东省韶关市慈善协会副……

朗青商圈
吹响招商“冲锋号”

2. 责任“3·15” 冰雪“箭”真情，箭牌方春：卫浴业的“消费与责任”

第一篇为事件新闻，第二篇则为人物新闻，两篇稿件多角度、全方位传播此次捐赠事件。在新闻发布会召开的当天，《南方都市报》第一时间报道了这一事件：

箭牌卫浴支持灾区重建

本报讯　3月14日，在佛山顺德的箭牌总部，一场主题为“冰雪过后，重‘箭’家园”的驰援灾区捐赠仪式在佛山箭牌卫浴总部举行。

据悉，箭牌此次总共捐赠500余件卫浴产品，将主要运往广东韶关和江西等几个重灾区，以支援当地的灾后重建工作。

《中国消费者报》报道标题：

箭牌，倡导卫浴业的企业责任

该报最后评论道：

在产品与服务等领域，箭牌一直在倡导与有效推行企业责任。作为行业率先获得“中国名牌”和“国家免检”认定的企业，箭牌随时为全国每一个用户提供服务，及时保障消费者享受到自己应有的权益，在行业里起到表率作用。

对于公益活动来说，后期的新闻传播是企业的公益理念及公益行为的效应放大器。通过我们与媒体的积极配合，本次新闻传播共有48家报纸从不同角度报道，多家门户网站进行了宣传，范围覆盖箭牌目标市场的所有地区，箭牌的品牌美誉度和影响力进一步扩大。

通过此次新闻传播，我和我的团队也丰富了公益传播的理论，公益传播的关键是要找准企业在公益活动中的道德定位，为企业公益行为正名，回避作秀与炒作的嫌疑；实现的方式是凸显企业公益活动的差异化特色，使其在浩如烟海的公益活动中吸引更多人的眼球；在传播的基调上，要坚持纯粹的原则，用客观的笔调，记录和传递企业的公益行为，拒绝一切销售推广化的传播内容，只有坚持社会公众的利益以及普世道德价值的传播基调，才能从心灵深处打动消费者，提升传播质量，箭牌的品牌形象才能真正树立起来。

第二节　笑傲上海滩，双“箭”合璧创上品生活

展会营销

2008年初，箭牌推出了一系列卫浴新品——卡布里系列、雅典风尚系列、皇家之尊、AB1208连体坐便器、APGM353G雕花实木浴室柜等，在新近涉足的瓷砖方面，也有以仿古砖作为主打的新品系列面世。

如何以最好的方式将这些新品推广出去，吸引更多国内经销商与国外采购商的兴趣并增强其信心？仅凭终端促销似乎影响力不够大，单纯的新品发布会似乎也很难引起媒体与消费者的兴趣，我和我的团队于是想到了5月26日，即将在上海举行的“中国厨卫展”。

“中国厨卫展”全称“中国国际厨房、卫浴设施展览会”，是代表着国内厨卫行业最高水平的顶级产品盛会，展会将有来自意大利、西班牙、日本、中国

等国家和地区的厂商同台竞技，ToTo、科勒、美标、汉斯格雅、杜拉维特、汉莎、伊奈、意大利cristina等顶级品牌也将纷纷亮相，是名副其实的“厨卫英雄会”。

“展会推广就要选影响力大的展会，”谢岳荣事后曾表示，“只有影响力大的展会，才能对产品和品牌起到最大的宣传作用。”

另一方面，展会的选择，也要兼顾产品的定位与展会的规格。箭牌定位为中高端卫浴，是中国卫浴行业当之无愧的龙头品牌，自然也要选择厨卫行业顶级规格的展会，于是，谢岳荣毫不犹豫地把宝押在了“中国厨卫展”上，借厨卫展的名气，向全国和全世界的经销商和采购商展示箭牌的新品。

2008年5月底的上海，夏季已悄悄地到来，同天气同样火热的，还有第十三届中国厨卫展的箭牌展位。精美的展位装饰、优雅的色调令人耳目一新，高贵的宫廷式设计更凸显了箭牌“上品”的品质。箭牌的展位，吸引了来自国内外的大量厨卫商前来观摩、品鉴，更有经销商对新品表现出极大兴趣，有很多人现场即签下订单。

对于企业来说，展会本身不仅是一个贸易平台，更是一个信息传播平台，是向国内外的经销商和采购商展示企业产品和品牌的媒介。

然而，展会本身只面对少数的人群，如何将展会效应放大，则要靠专业的新闻传播，在报纸、网络、电视等大众媒体予以推广，让更多的经销商和消费者了解箭牌，知晓其新品的面世。

笑傲上海滩

此次箭牌上海展会新品的新闻传播，由我和我的团队予以策划、执行，要传播的核心内容有两个方面：“箭牌参加上海展会”和“箭牌新品上市”，最终落脚点都要放在箭牌“人文卫浴”和“上品生活”的品牌诉求上。“箭牌参加上海展会”就是稿件的背景与新闻点，“箭牌新品上市”和品牌理念则是需要传达的企业信息，依托上海展会的影响力，箭牌的新品信息可以得到广泛的传播，策划的思路初步形成。

在语言的包装上，我和我的团队结合箭牌卫浴和瓷砖两大系列产品，提炼出“双‘箭’合璧”的概念，以增加读者注意力和新闻性：

携多款精品亮相上海国际厨卫展

箭牌双“箭”合璧共创上品生活空间

由于上海展会在业界的规格最高，媒体给予了充分的关注，加上我和我的团队在新闻策划中，巧妙地将新品信息融入到展会信息中，因此传播时，媒体对箭牌的品牌提及率也相当高。

此次传播，共有将近50家报纸媒体进行了报道，《新闻晚报》、《新闻晨报》、《广州日报》、《南方日报》、《南方都市报》等权威报纸在第一时间传

长江日报报业集团 数字报纸 售楼电话：027-82636188

今日日期： 2010年1月29日星期五 按期查阅： 上一期 版面导航

◀上一篇 下一篇▶ 2008年5月31日 星期六 放大⊕ 缩小⊖ 默认○

箭牌双“箭”合璧共创上品生活空间

5月26日，国内大型专业卫浴设施展——第13届中国国际厨房、卫浴设施展览会在上海举办，在卫浴领域独占鳌头又高调进军瓷砖业的箭牌，以双箭齐发之态出现在此次展会上，异彩纷呈的卫浴、瓷砖产品吸引了很多参观者驻足、品鉴。

箭牌工作人员介绍，这次展出的卫浴产品包括卡布里系列、雅典风尚系列、皇家之尊、AB1208连体座便器、APGM353G雕花实木浴室柜等系列精品,分别代表着箭牌卫浴最具代表性的产品方向。而箭牌旗下简约、自然、古典、新装饰等四大系列全线瓷砖产品也在本次展会全面亮相。

作为本土卫浴的领导者，箭牌卫浴一直是全球"人文卫浴"的倡导者和先锋品牌，从产品设计、外观、技术等方面体现出来"极致人文关怀"理念始终贯穿箭牌卫浴的发展始终，由此蝶变出瓷砖产品之后，箭牌更提出"以人文关怀共创上品生活"的倡导，进一步将其人文理念加以延伸。

《长江日报》传播箭牌上海厨卫展的消息

海峡生活报

携多款精品亮相上海国际厨卫展

箭牌双“箭”合璧共创上品生活空间

厦门网[海峡网] 日期：

5月26日，上海，国内大型专业卫浴设施展——第13届中国国际厨房、卫浴设施展览会上，卡布里、雅典风尚、皇家之尊，加之刚刚横空出世的瓷砖新品……在卫浴领域独占鳌头又刚刚高调进军瓷砖业的箭牌成为最大亮点之一。

精品卫浴亮相上海

据介绍，这次箭牌展出的卫浴系列精品，分别代表着箭牌卫浴最具代表性的产品方向。

卡布里系列创意灵感来源于意大利的一个岛屿上盛产的一种美丽的花，让用户在洗浴时能时刻享受心灵的释放与愉悦、倍感生活的精致与完美。而雅典风尚系列是箭牌卫浴自07年箭牌以奥运城市为主题推出的八大系列中最受热捧的产品之一。

“皇家之尊是箭牌卫浴领先科技的代表性产品，特有先进的电子式人体智能感应系统，便后更有智能暖风及时烘干，从而彻底避免在寒冷的冬天蹲‘冰窖’的尴尬。”该工作人员介绍。

另外倡导节能节水的——AB1208连体座便器和古香古色的APGM35 3 G雕花实木浴室柜也吸引了众多眼球。

《海峡生活报》全文刊发该报道

播了这一消息，紧接着，《南国都市报》、《扬子晚报》、《钱江晚报》、《成都商报》、《重庆日报》也将箭牌的新品传达到全国各地。

新浪网在展会第一天，就大篇幅报道了这一事件：

sina 新浪房产 | 房产 > 品牌库 > 正文

双箭合璧 共创上品生活空间

http://bj.house.sina.com.cn 2008年05月26日14:05 新浪家居

卫浴“五宗最”携同瓷砖“四大风格”杀青上海展会

5月26日，一年一度的上海家装展隆重开幕。据悉，此次家装展吸引了包括箭牌卫浴在内的多家知名家装企业参展。

据了解，在本次展会上，箭牌卫浴将除展示一直保持行业领先地位卫浴产品外，箭牌瓷砖也闪亮登场，这给建材陶瓷行业带来了一个新的信号，箭牌正高调进军瓷砖市场，向产业多元化发展。

箭牌卫浴“五宗最”倾情演绎

在上海家装展上，箭牌卫浴无疑将是本次展会的一大亮点，据箭牌卫浴相关工作人员介绍，这次展出的产品包括卡布里系列、雅典风尚系列、皇家之尊、AB1208连体座便器、APGM353G雕花实木浴室柜等系列精品，分别代表着箭牌卫浴五个最具代表性的产品方向。

搜房网、搜狐焦点家居等知名网站则自发对此事进行了报道。

搜房 SouFun | 首页> 资讯中心> 正文

箭牌双”箭”合璧共同创造上品生活空间

www.soufun.com 房地产门户-搜房网 2008年05月26日16:45 来源：广州搜房家居网

卡布里、雅典风尚、皇家之尊，加之刚刚横空出世的瓷砖新品......一年一度的上海国际厨卫展甫一开幕，双”箭”合璧的箭牌就成为一大亮点。

精品卫浴亮相上海

5月26日，国内大型专业卫浴设施展--第13届中国国际厨房、卫浴设施展览会在上海举办，在卫浴领域独占鳌头又刚刚高调进军瓷砖业的箭牌，就以双箭齐发之态出现在此次展会上，异彩纷呈的卫浴、瓷砖产品吸引了很多参观者驻足、品鉴。

箭牌工作人员介绍，这次展出的卫浴产品包括卡布里系列、雅典风尚系列、皇家之尊、AB1208连体座便器、APGM353G雕花实木浴室柜等五大系列，分别代表着箭牌卫浴五个最具代表性的产品方向。

此次新闻传播的价值，在于通过权威报纸的主动传播，吸引更多的媒体转载、报道。此次我和我的团队为箭牌选择的媒体，全部是各个省市最强势的媒体，权威性毋庸置疑，而由此引发的转载热，使传播效果呈几何倍递增，箭牌卫浴、瓷砖的新品信息得以传递，箭牌“上品生活”的品牌理念得以在全国进一步推广。

第三节　借力大师，设计为王争夺眼球

设计为王

在建材家居领域，设计师的作用越来越受到重视。对于家居建材这个相对专业的行业，大部分人一辈子才装修一次，等装修时才去学习相关知识，常常发现为时已晚，因而消费者在装修时会比较依赖设计师，为其家居设计、装修材料推荐方案和产品。特别如今的家居产品功能越来越多元化，消费者也越来越追求个性化，熟悉产品的设计师，会将产品和消费者的需求一一对号入座，确保消费者购买到适合自己风格和功能的产品。

重视设计师的不只是消费者，更有建材家居的商家，借力设计师进行植入营销的方法被越来越多的企业所采用。如中国家居业冠军联盟2009年在全国40多个城市开办的设计师论坛，家居业专业网站新居网融设计、销售为一体的植入式营销模式，都在于挖掘、整合设计师的力量，实现设计对营销的促进。

箭牌定位中高端，其目标人群大多有较高经济实力，装修时更有可能邀请设计师，同时购买精装修房的也正是这类人群，而精装修房领域不仅是房地产发展的大势所趋，也是业界目前争相开垦的处女地。

如何聚集设计师资源，挖掘设计师群体中的精英，进而达成以后的合作，为装修市场，特别是精装修房市场开辟新的营销渠道？2008年9月，箭牌联合中国建筑装饰协会、中国房地产业协会精心策划了一场声势浩大的设计师评选活动。

根据箭牌的市场定位，活动选在深圳、哈尔滨、杭州、武汉、重庆、厦门六个城市举行，最后在北京举行颁奖典礼。此次活动历时将近一年，从2008年9月启动，2009年5月收官。

为了吸引全国设计师的热情参与，箭牌确立了“三高”的策略——规格高、奖金高、获奖率高。此次活动箭牌联合中国建筑装饰协会、中国房地产业协会共同主办，在活动举办城市，更是邀请了当地的建筑相关协会领导出席；活动的评

委会主席是业界权威人士——中国建筑装饰协会总建筑师房箴，能得到大师的指点，对设计师来说无疑也是一大诱惑。在奖项的设置上，大赛评出“中国十大样板间设计师奖”10名，单项奖4名，获奖率在同类比赛中名列前茅；“十大样板间设计师”获得者，每位获得1万元的奖金，四位单项奖获得者，每位获得2万元的奖金；“十大样板间设计师”获奖者以及四位单项奖获奖设计师，每人还奖价值10万元的箭牌瓷砖、卫浴产品。

箭牌的“三高”策略取得了不错的效果，活动一经发布，就吸引了全国近千名设计师的热情参与，关注此次活动的设计师更是不计其数。活动所到之处，群贤毕至，在六个城市中，一度出现一票难求的情况，在其他城市，更多的设计师不得不通过网络观看活动直播，箭牌设计师大赛在全国设计界掀起一股热潮。

由于活动的覆盖范围广、参与人数多，吸引了近百家全国及地方媒体的关注，知名家居网站——颐家家居网给予全程报道。在北京颁奖仪式中，更有400多名华北地区室内设计师参加了活动，20余家媒体进行现场报道。

整合设计师资源传播

媒体的自发报道有时并不能完整、准确传达企业想要表达的信息，因此箭牌找到我和我的团队，请我们为活动进行专业的新闻策划与传播。

此次策划是基于活动的传播，因此肯定是要走“活动新闻”路线，包括活动现场的媒体在后来发稿时也采取此思路。然而我们认为，类似的设计师大赛很多，如果为报道活动而报道，很容易被淹没在信息的汪洋大海中，不容易引起消费者的注意，因此提升此次活动的新闻性非常重要。

由于在建陶卫浴行业，存在着大部分的国内企业不重视设计，崇尚“拿来主义”的现象，而设计的缺失严重制约了中国企业做强做大，乃至走出国门，因此我们以这一行业现象为突破口，将此次设计师大赛提升到“引领行业良性发展”的高度，新闻价值顿时上了一个台阶。

企业新闻的受众是消费者，普通消费者的利益也应该在稿件中凸显出来，从一定程度上来说，此次设计师大赛的本意也在于为消费者提供更为个性化的卫浴空间，实现高品质的生活。

确定了思路，我们很快定位了主题：

“2008年度箭牌杯中国十大样板间设计师评选”大赛开启

“卫浴+瓷砖”，箭牌“配套”设计引领行业消费新风尚

经过与箭牌的沟通，稿件顺利通过，并很快成型：

“2008年度箭牌杯中国十大样板间设计师评选”大赛开启

“卫浴+瓷砖”，箭牌“配套”设计引领行业消费新风尚

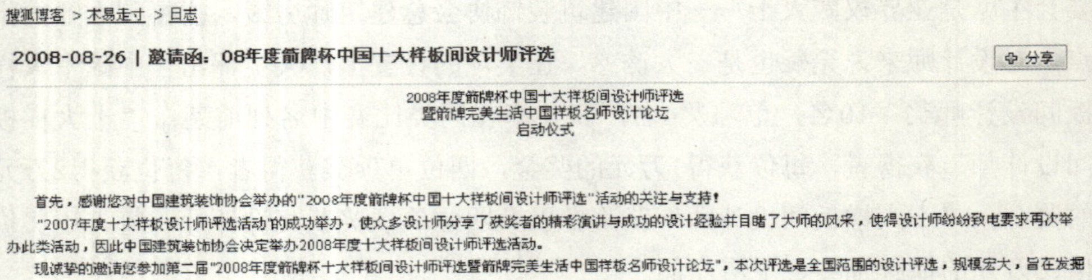
搜狐博客 > 木易走寸 > 日志

2008-08-26 | 邀请函：08年度箭牌杯中国十大样板间设计师评选 分享

2008年度箭牌杯中国十大样板间设计师评选
暨箭牌完美生活中国样板名师设计论坛
启动仪式

首先，感谢您对中国建筑装饰协会举办的"2008年度箭牌杯中国十大样板间设计师评选"活动的关注与支持！

"2007年度十大样板设计师评选活动"的成功举办，使众多设计师分享了获奖者的精彩演讲与成功的设计经验并目睹了大师的风采，使得设计师纷纷致电要求再次举办此类活动，因此中国建筑装饰协会决定举办2008年度十大样板间设计师评选活动。

现诚挚的邀请您参加第二届"2008年度箭牌杯十大样板间设计师评选暨箭牌完美生活中国样板名师设计论坛"，本次评选是全国范围的设计评选，规模宏大，旨在发掘

博友在博客中转载设计师论坛的消息

本次传播的媒体共有45家，加上媒体自发的报道，以及搜房网、搜狐焦点家居网、新浪网、网易等网站的转载，有近百家媒体关注此活动，实现了大面积传播大赛信息和箭牌品牌的目的。

从范围上看，由于此次大赛主要针对箭牌的目标市场，因此媒体的选择主要集中在一、二级城市，如《深圳商报》、《新京报》、《华商晨报》、《青岛晚报》、《齐鲁晚报》、《河北青年报》、《消费日报》、《杭州日报》、《华西都市报》、《华商晨报》、《辽沈晚报》、《湖南经济报》、《海峡导报》、《都市时报》、《西部商报》等。

从与记者的反馈看，由于新闻性较强，稿件并无太大改动，完整、准确地保留了大赛与箭牌的品牌信息，很好地实现了传播意图。

从转载的情况看，BBS、博客、视频中也有大量转载的情况，丰富了传播的范围与形式，实现了口碑传播。

第四节　人文、设计、创新，儒商谢岳荣的“传播三字经”

“人之初，性本善。性相近，习相远。苟不教，性乃迁。”这是脍炙人口的《三字经》。而中国卫浴知名品牌——箭牌掌舵人谢岳荣的“传播三字经”，则是“讲人文，重设计，善创新”。

乐华（集团）董事长谢岳荣

谢岳荣是佛山乐华陶瓷洁具有

限公司董事长，出生于20世纪60年代。1994年，谢岳荣和一班志同道合的朋友创办顺德乐华陶瓷洁具有限公司。从第一条窑炉建立到今天，乐华旗下已形成箭牌、法恩莎、安华等卫浴洁具品牌，其中箭牌已连续多年成为国内本土卫浴销售冠军。2007年底开始，箭牌进军瓷砖领域，公司发展开始从洁具卫浴产品配套迈向空间配套的较高级阶段。

在我的印象中，谢岳荣做人一向稳健低调，不爱张扬，一派儒商的风范。但谢岳荣做事，却极富开创精神，比如他倡导箭牌卫浴与清华大学合作的人体工程学项目，掀起一股关于“人文卫浴”的浪潮，开拓了一种全新的卫浴产品理念。他把卫浴产品研发引导进入人性化的全新发展方向，力求在卫浴产品设计中给消费者带来“视觉、听觉、触觉、嗅觉”等全方位的极致享受，满足人们物理、生理、文化、社会等各方面的需求。

作为一个成功的企业家及卫浴行业的领跑者，谢岳荣在品牌建设及传播方面也有着自己的独到见解。在我看来，谢岳荣的箭牌卫浴传播策略可用“传播三字经”来概括：“讲人文，重设计，善创新”。

人文卫浴，传播健康环保低碳的“上品”新生活

谢岳荣在中国首倡“人文卫浴”，在产品设计、生产和销售上，他的“人文卫浴”理念体现在其不懈推动健康环保低碳的“上品”生活方式上。

作为卫浴领导品牌，箭牌在产品设计生产中一直采用绿色科技、环保材料，与当前全球风行的低碳生活不谋而合。2010年5月，在第十五届中国国际厨房卫浴设施展上，箭牌展示了“水文化”系列电脑智能马桶，整个工业设计都是跟水滴的造型相似，具有超级节水的特性；箭牌展示的361度真石系列瓷砖，跟大理石的纹理一模一样，但是它比天然石材具有更强的硬度和耐磨，100%的无辐射（天然大理石是有辐射的），具有低碳健康环保的特性。

谢岳荣不仅在产品设计、生产上推动环保，更是不遗余力地推动构建一种环保健康低碳的“上品”生活方式。从掀起“人文卫浴”浪潮，到“箭牌十大上品空间设计大赛”，再到“箭牌上品生活馆”，无处不显示着箭牌在推动构建一种“上品”的健康环保低碳新生活方式的不懈努力。

人文关怀，以公益活动传播品牌理念

从“极致人文关怀”的发展思路，到“畅享舒适空间”的品牌理念，“人文关怀”已经贯穿箭牌发展始终。“人文关怀”的理念不仅体现在箭牌的产品设计、生产和销售的环保低碳上，持续不断的公益活动更是对其理念的最好诠释和传播。

2008年春节前后，我国南方大部分地区出现50年一遇的低温雨雪冰冻灾害。

雪灾造成南方数省部分地区房屋倒塌、停水停电、道路交通中断。冰雪消融，灾区重建，成为当务之急。在灾难面前，中华民族再次展现出了强大的凝聚力。在政府部门的领导下，企业纷纷捐款捐物，支援灾区重建。一批批救灾款项、救灾物资在第一时间发往灾区。在这样的背景下，谢岳荣发起了一场以"冰雪过后，重'箭'家园"为主题的驰援灾区捐赠仪式。在后期的传播中，他又将企业的"人文关怀"理念与灾后重建的主题结合，大力倡导企业的社会责任。这一系列活动，极大地提升了箭牌的品牌形象，收到了良好的传播效果（详见本章第一节）。

在冰雪灾害中，参与捐赠的企业很多，但真正将此视为一次公益传播的契机，并结合企业理念做好传播的企业不多，谢岳荣在整合公益活动塑造企业形象这一方面无疑走在了前列。

2009年，谢岳荣又联手SOHO中国为甘肃贫困地区捐建100所学校的卫浴间。在接受记者采访时谢岳荣强调，"箭牌是中国卫浴行业的领导品牌，有责任也有义务对贫困地区的孩子尽一份责任"。正是这样持续的公益活动，传播和丰富了箭牌"人文关怀"的品牌理念，极大地提升了箭牌的品牌形象。

设计为王，整合设计师资源增强传播效果

在传播过程中首先接触或者使用过该产品的人，或者在某一领域有着发言权的人士，往往被消费者视为"意见领袖"。意见领袖既能促成一个企业传播活动的扩张和延伸，也能阻碍传播活动的成功。因为意见领袖不仅传达信息，还会按自己的喜好解释这些信息，通常他们认为好的产品和广告，会极力向他人推荐；他们认为不好的，则会阻止别人购买。

箭牌产品定位中高端，其目标消费群体在进行家居装修时一般都会参考设计师的意见，可以说设计师是引导中高端消费者消费观念的最有效果的"意见领袖"。因此，谢岳荣非常看重设计师，每年谢岳荣都会赞助或者举办大型设计师大赛，挖掘设计对产品以及品牌的提升作用，以及设计师对箭牌产品传播的独特作用。谢岳荣强调，"箭牌一直致力于创造完美的空间，推动中国人居环境的变革和室内设计水平的进步"。从2006年至今，他已持续举办了多次设计大奖赛："2006CCTV家居设计大赛"、"2008箭牌杯中国十大样板间设计师评选"、"2010交换灵感上品空间——箭牌十大上品空间设计大赛"。这些设计大赛吸引了众多的设计师参与，同时新闻媒体也对设计大赛进行了大量的报道，极大地增加了箭牌的新闻曝光度，彰显了箭牌作为中国卫浴行业领导者的形象，效果显著。

谢岳荣认为："跟设计师交往不能太功利性，如果大家都是在做一种公益性的东西，本着一种奉献的精神，可能会更好。"2008年，谢岳荣就箭牌支持十大样板设计师评选活动，在接受搜房网记者采访时称："我觉得一个企业除了卖产品之外，应该有点社会责任，所以我们想赞助这个活动，应该是有一点公益性质的，让设计师按照他的设计理念去自由发挥，所以他们设计的产品最能够表达他们设计的意愿，所以这个是不受品牌限制的。他们在做设计活动的同时，他们也增加了对我们产品的了解，对我们品牌的传播是很好的。同时设计师在设计产品中也会有产品的风格和要求，这样也可以启发我们开发新产品，这个是有帮助的。"

2010年，"交换灵感上品空间——箭牌十大上品空间设计大赛"举办，在八大赛区举行了声势浩大的设计论坛，邀请设计名师分享经典案例，展示优秀作品，借此推动各地设计交流和设计水平的提高。同时，大赛还成立了"箭牌设计师俱乐部"。谢岳荣表示，箭牌设计师俱乐部的成立旨在促进设计师之间的交流和学习，以提高中国家居设计的水平，并促使整个中国优秀设计师群体的一种交流和合作。支持原创，保护设计师的知识产权，以平等自愿的原则举办各种活动，为设计师提供设计和宣传的平台以及充分的共享市场的空间，同时也为会员提供各种人性化的信息咨询以及全方位的服务，让箭牌设计师俱乐部的会员真正成为设计师俱乐部的主人，享受到参与业务、设计优化的快乐与价值。

正是因为谢岳荣对设计的重视，箭牌的产品在设计上一直领先于其他竞争品牌，不断有新品推出。同时，谢岳荣对设计师的尊重，也赢得了整个设计界对箭牌品牌理念的认可。

善于创新，网络成就传播新模式

过去十年是中国互联网爆炸式发展的十年。与此同时，十年间，中国家居行业不断蜕变，并得以迅速发展，已成为房地产下游的一大重要行业。而互联网和家居之间的纽带关系也变得日益紧密。

截至2009年，中国网民已经飙升至近3亿人，成为世界上最大的互联网用户国家，70后、80后网络成长起来的新一代也正成为社会的主要消费群体之一，互联网的影响已经无孔不入！在家居行业不断发展的过程中，互联网充当了不可或缺且日益重要的角色。

在认识和利用互联网进行传播方面，谢岳荣同样走在了家居同行的前列。他非常重视网络传播的作用，并表示："借助网络，企业新闻及产品信息可以实现快速传播，覆盖面广、受限制小、影响力大，在潜移默化中塑造企业正面良性发展的形象，同时还可以对社会舆论进行主动引导。互联网正在改变家居行业的渠道传播模式。"

"网络首先它是个桥梁，是平台，其次才是新闻，网络在传播中的丰富手段是任何传播方式不能比拟的，是现代品牌传播中注重和消费者的互动，注重消费者的声音的实行手段的最好载体，家居行业的沉浮变迁，在网络上都能得到记载。”

谢岳荣还多次接受中国时尚品牌网、焦点网、焦点家居网、佛山家居网等网络媒体的专访。在接受搜房网记者的专访时，他透露：“箭牌正在打造网络销售平台，建立箭牌特权会员俱乐部。”

结语　为卫浴第一品牌鼓与呼

今天，有越来越多的中国企业开始重视新闻传播在市场推广及品牌建设中的作用。企业新闻传播，是将企业信息融合在新闻当中，使读者通过阅读新闻，在潜移默化中接受、认可品牌，并达成购买的品牌传播方式。相对于广告传播，企业新闻传播有着自己的独特优势。在认识企业新闻传播的作用方面，箭牌再次在行业里走在了最前列。

作为长期为箭牌进行新闻策划与传播的合作伙伴，我和我的团队对箭牌“注意力公式”体会颇深，其核心传播内容有：1. 人文的理念，2. 持续的设计关注，3. 推动生活方式的升级。

箭牌的人文理念体现在两个方面：1.　产品设计、生产上符合“人文卫浴”的要求。箭牌卫浴与清华大学合作的人体工程学项目，力求在卫浴产品设计中给消费者带来“视觉、听觉、触觉、嗅觉”等全方位的极致享受。而在生产上，箭牌一直采用绿色科技、环保材料，与当前全球风行的低碳生活不谋而合。2. 以持续的公益传播丰富人文的理念。公益活动最能体现企业的社会责任，多数企业在公益活动后的传播着力点也是集中体现其社会责任。箭牌却能在弘扬其社会责任的同时，结合其人文的理念进行传播，开创了公益传播的新境界。

在谈到箭牌的公益传播时，就不得不谈到企业新闻传播的一大优势：完整阐释功能。广告本身所具有的属性，决定了它不可以采取说理或陈述的方式来表现；但是，新闻就不一样了，它可以用文字把一件事说得明明白白，因此，新闻报道可以把企业要传达的目标信息传播得更准确、详尽。具体到箭牌，其产品信息与“人文卫浴”的品牌理念，很难通过只字片语的广告完整地诠释，新闻传播在助其人文理念内涵的完整传播方面锦上添花。

在建材家居领域，设计师的作用越来越受到重视。大部分人一辈子才装修一次房子，等装修时才去学习相关知识，常常发现为时已晚，因而消费者在装修时会比较依赖设计师，为其家居设计、装修材料推荐方案和产品。谢岳荣对设计师的重视，体现在其不间断地组织设计大赛，推动设计界对箭牌产品及理念的认同，促进设计界的交流与提升。

在箭牌的设计大赛举办的过程中，新闻传播的另一优势也展现出来：新闻具有及时传播特性。一个企业发生了具有对外宣传价值的重大事件，就必须在第一时间把信息传播出去，否则就失去了新闻价值。此时，只有启动新闻传播才能实现这个目的。新闻传播为箭牌设计大赛参赛的方式、赛程进展的发布与传播、扩大大赛影响力宣传造势。

近年来，在箭牌的传播中，最常见的一个词便是“上品”。从“箭牌十大上品空间设计大赛”到“箭牌上品生活馆”，无不显示着箭牌在努力地推动着一种生活方式的升级。作为现代化生活的标志性用品，卫浴产品已经进入人们生活的方方面面。对于其功能，消费者不仅要求具有其卫生与清洁功能，还要求集保健功能、欣赏功能、科技以及娱乐功能于一体。

箭牌在推动生活方式的升级时，新闻传播的“二次传播”特性为其摇旗呐喊。所谓“二次传播”，就是一个媒体首先发布出来之后，别的媒体纷纷转载。这样的事情屡见不鲜。但是，我们绝对看不到这样的情况：一个广告因为做得好，被别的媒体转载了，没有媒体会干这样的傻事。

在打造中国卫浴领导品牌的进程中，通过利用企业新闻传播的独特优势，箭牌不断地将其人文的理念、对设计的重视、推动生活方式的努力传播给广大受众，迅速抢占了在受众心目中的卫浴领导品牌地位，为国内卫浴同行树立了成功的典范！

第七章

危机传播，瓷砖冠军品牌东鹏的“包装定律”

引言　化危为机的5S原则

危机公关是任何企业都会遇到的问题，如若处理不当，轻则影响销售，重则将对品牌带来致命影响。恰当的危机处理，不仅不会为企业品牌造成影响，还将以此为契机，进一步提升品牌知名度，促进销售，反而能化危为机。

对于危机公关，“态度是关键”，而现实中，一些企业往往抱着侥幸的心态去处理危机，结果为企业带来无可挽回的损失。

几年前，一家从事液态奶生产的乳品企业因为一次产品质量危机轰然垮下。事实上，起初在质监局公布的含有三聚氰胺的奶粉产品中，该企业曾侥幸免于被请上黑名单，针对这一潜在危机，公关公司曾给该乳品企业提出建议，排查所有产品，将有的问题产品下架。然而，当时的企业负责人却心存侥幸，并未采取处理措施，不久以后，国家有关部门就对液态奶进行检查，该企业出现在中央电视台曝光的含有三聚氰胺的产品名单上，企业知名度功亏一篑，最终落得破产的下场。

对一些已经有品牌知名度的企业而言，由于认为自身的品牌有一定的影响力，因而不重视消费者的感受。例如在SK-II发生品质信任危机时，认为自身产品质量过硬，不可能存在问题，所以最初的态度很强硬，退货门槛非常高，引起消费者不满与抵制。如果不是SK-II抱着大品牌的优越感，它完全可以化解危机，甚至在销售上不受太大影响。因为，企业出现危机时往往已经得到大量的关注，如果这个时候能够迅速拿出解决方案，可能会把原有的危机规避掉，反而能带来很好的效益。

根据危机公关5S原则，企业应勇于承担责任（SHOULDER THE MATTER），以最快的速度（SPEED），与公众真诚沟通（SINCERITY），并借助权威的第三方，为自己证明（STANDARD），系统地开展危机公关（SYSTEM）。

在本章“包装门”的新闻传播案例中，东鹏负责、真诚的态度，极快的处理速度，第三方的借力，不仅将“包装门”化解于无形，更为行业的危机处理提供了典范，值得细细品味。

第一节　借力第三方，危机传播为东鹏品牌保驾护航

2009年10月，东鹏得到这样一个消息，在第二季度瓷砖国家质量监督抽查中，山东东鹏陶瓷有限公司生产的超市砖吸水率检测不合格，需从市场下架。

东鹏纳闷，此类超市砖，国家标准为≤0.5%，东鹏早就按该标准进行生产，绝大部分产品的吸水率远优于国家标准，怎么还会出现检测不合格的结果呢？

东鹏当即派人彻查此事，一定要找出事件的原因所在。真相很快大白，东鹏超市砖开始是按吸水率0.5%≤E≤3%进行设计和生产，故产品包装箱上标示的执行标准为吸水率0.5%≤E≤3%，随着国家新标准的实施，东鹏也根据市场需求不断改进，超市砖吸水率已降低到0.06%，远低于国家标准≤0.5%的新指标，然而，山东东鹏陶瓷有限公司在产品更新后，未对包装纸箱标识进行及时修改，所以导致此次抽检不合格。

危机公关分为两种情况，一种是企业产品本身存在问题，如丰田“召回门”事件；另一种则是由于误解，使产品品质及品牌形象面临危机，如东鹏“包装门”事件，对于后者，最好的办法是迅速澄清误解，并使更多的消费者知道事实真相。

为了澄清误解，东鹏迅速将产品提交国家质量监督检验检疫总局，对产品的吸水率进行检测，显示结果为吸水率平均值0.06%，并非包装上吸水率0.5%≤E≤3%的数据，而且也远远超过国家规定的≤0.5%的标准。

拿到检测结果后，东鹏第一时间召开新闻发布会，并请来全国建筑卫生陶瓷标准化技术委员会副秘书长、咸阳陶瓷研究所设计院高级工程师等第三方部门人员，澄清“包装有误引起检测结果不合标准”这一事实，并指出：品质与服务是品牌的一张名片，更是企业的无形价值，东鹏陶瓷在打造强势品牌的道路上，在品质与服务上从不打折，全力为顾客创造价值。

为了让更多的消费者了解这一事实，东鹏委托我和我的团队，第一时间向全国

的媒体发布这一消息，让全国的消费者了解东鹏品质与服务不打折的品牌理念。

对于这类新闻稿件，我和我的团队认为，要抓住新闻性、逻辑性和专业性三个特点，将事实准确、真实地展示给消费者，同时，要多角度、多侧面地吸引读者注意，达到更好的传播效果。

因此，此次稿件的主题确定为：

1. 品质为先：树东鹏陶瓷的百年基业

2. 东鹏将在全国举办“陶瓷质量大讲堂” 东鹏陶瓷优于国标

3. 百年基业，品质为先——东鹏品质远高于国家标准

4. 创造之美：持之以恒——东鹏为行业价值坚持创新纪实

5. 东鹏为行业价值坚持创新纪实

坚持多重视角开展传播，做到了新闻传播的多样性。

在媒体选择方面，为了实现信息在第一时间达到消费者，我和我的团队决定通过网络传播为东鹏化解“包装门”事件，网络不仅覆盖受众最广，而且发布周期短，几天内就可达到数百家的发布效果。

达成共识后，网络发布马上展开，两天内，数百家网络媒体从不同角度对东鹏“包装门”事件进行了澄清，展现了我和我的团队强大的媒介操控能力。其中不乏新华网、人民网等权威网站，和讯网、财讯网等知名财经网站，以及搜房网、焦点装修家居网等家居类网站。

搜房 SouFun　北京租房网首页＞ 正文

百年基业品质为先 东鹏品质远高于国家标准

http://rent.soufun.com 搜房租房网 2009 年11 月2 日 搜房网家天下

【摘要】2009年，东鹏走过了三十七个春秋，在这三十七年里，一直不断成长和进步，铸就了无数个建陶行业的传奇。

2009年，东鹏走过了三十七个春秋，在这三十七年里，一直不断成长和进步，铸就了无数个建陶行业的传奇，东鹏陶瓷在创业之初就制定了“炉火纯青、精益求精”的质量观，一直将产品质量作为企业生存和发展的基础，“炉火纯青”象征着东鹏要求产品质量，工作质量，管理质量，服务质量都要达到成熟完美的境界，东鹏要追求最好的，最完美的境界，“精益求精”表明东鹏对产品，工作，服务等整个经营体系的质量严格管理的态度。

东鹏在创业之始就树立了“打造建陶行业第一品牌”的发展目标，以第一品牌的标准严格要求每一个东鹏人，产品质量、服务质量必须达到全国甚至全世界行业内第一的水平，所以，东鹏从创业之初就制定了远远高于全行业更高的各项指标，从而严格要求自己，做一个对行业发展和国家发展有贡献的企业。

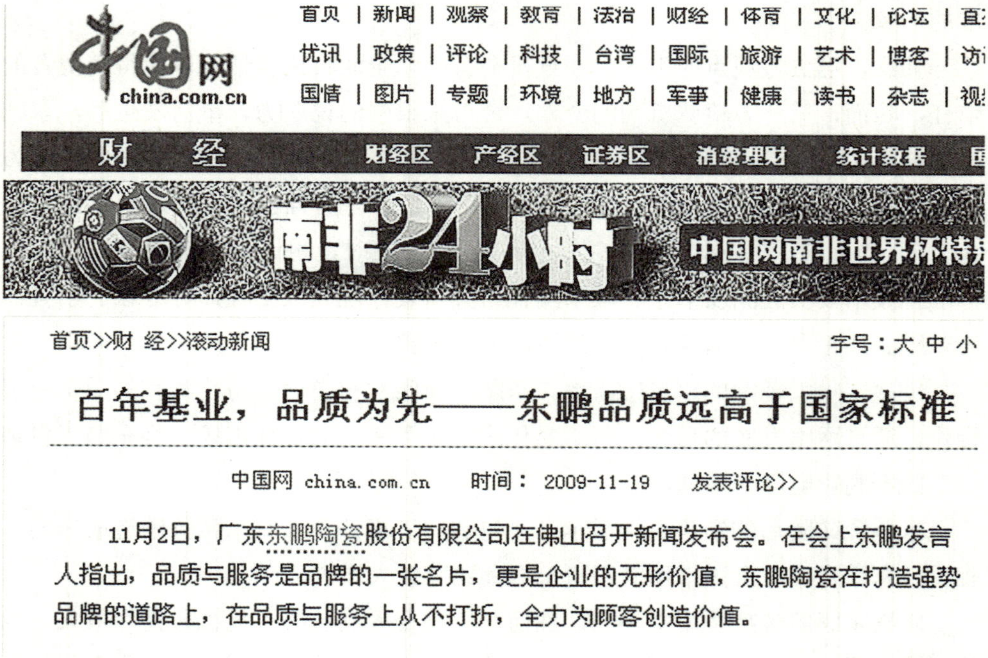

百年基业，品质为先——东鹏品质远高于国家标准

中国网 china.com.cn　时间：2009-11-19　发表评论>>

11月2日，广东东鹏陶瓷股份有限公司在佛山召开新闻发布会。在会上东鹏发言人指出，品质与服务是品牌的一张名片，更是企业的无形价值，东鹏陶瓷在打造强势品牌的道路上，在品质与服务上从不打折，全力为顾客创造价值。

从发布的媒体看，多为全国门户、地方门户、财经网站和家居网站，以华南、华东、华中、华北、东北这些东鹏的目标市场为主，实现多角度、广覆盖，不留任何死角。

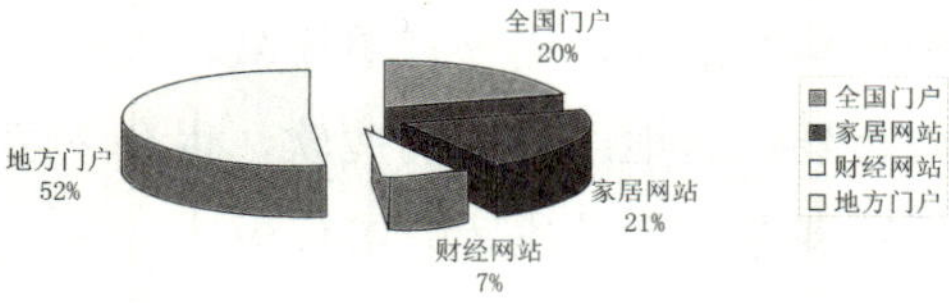

发布媒体类型

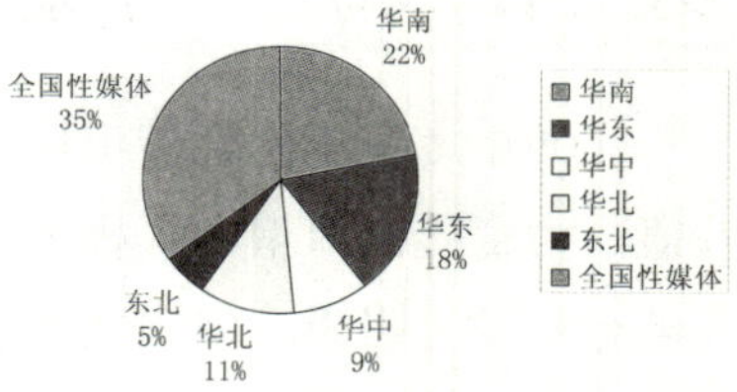

媒体发布区域

通过及时、有效地危机处理，我和我的团队联手东鹏，成功化解了东鹏“包装门”事件，东鹏的品牌不仅没有受到影响，反而有更多的人注意到东鹏，认识到这是一个品质远超国家标准的瓷砖品牌，东鹏的品牌知名度进一步提升。

回首东鹏“包装门”危机的化解，至少有三点值得其他品牌借鉴。首先，速度，在危机公关的语境中，速度是出奇制胜的法宝之一，此次东鹏在危机出现之后，以最短的时间调查清楚事实，并第一时间请来权威检测部门对产品品质进行检测，同时以最快的时间将事情原委向全国媒体发布，树立东鹏品质远超国家标准的形象。

其次，第三方观点的引入。在危机公关中，企业自说自话难以博得消费者的信任，然而，第三方检测机构的介入，会带来很强的说服力，事情发生后，东鹏迅速将产品提交国家质量监督检验检疫总局，得出东鹏超市砖吸水率平均值为0.06%，并非包装上吸水率0.5%≤E≤3%的数据，而且也远远超过国家规定的≤0.5%的标准。同时，东鹏在举办新闻发布会之时，也请来全国建筑卫生陶瓷标准化技术委员会副秘书长、咸阳陶瓷研究所设计院高级工程师等专家、学者，为东鹏品质正名，使消费者很自然地认可了东鹏的品质。

再次，最大范围的信息覆盖率。东鹏在新闻发布会后，与我和我的团队开展合作，通过网络发布的形势，将事实传达到东鹏所有的目标市场，将东鹏“包装门”的不利影响降到最低。

东鹏瓷砖随后的销售数据显示，“包装门”事件并未对东鹏营销造成影响，相反，东鹏瓷砖在全国市场的销售份额环比有较大增长。

此次东鹏的传播费用并不高，然而却取得令人满意的“危机传播”效果，也从侧面说明，危机来临并不可怕，也并非需要大手笔才能挽回，只要应对得体，“小投入”同样能换来“大效果”。

第二节　构建“东鹏模式”，为行业品牌价值冠军造势

2009年上半年的瓷砖市场尚未摆脱金融危机的阴霾，国外订单锐减，人民币升值，为瓷砖出口增加了极大压力，在国内市场，房地产市场的疲软，也令下游瓷砖行业蒙上阴影，中国瓷砖企业需要创新发展方式，寻找新的增长极。

就在整个行业彷徨踯躅的时候，东鹏瓷砖却以急速的增长势头和品牌价值，受到全球关注，2009年6月，东鹏再次获得“世界品牌实验室”发布的中国500最具价值品牌，以23.53亿元的品牌价值位居行业榜首，在金融危机的形势下，实现了近4亿元的品牌价值增值，增幅达20.11%，得到权威评估机构的肯定。

世界品牌实验室是1999年，由诺贝尔经济学奖得主罗伯特·蒙代尔教授担任主席，以最科学的评估手段，为全世界的企业开展品牌评测，其专家和顾问来自哈佛大学、耶鲁大学、麻省理工学院、牛津大学、剑桥大学等世界顶级学府，公认力受到全国追捧，而其对东鹏的肯定，则凸显了东鹏在品牌建设与发展的行业领先地位。

东鹏荣膺“世界品牌实验室”中国500最具价值品牌，无疑是一个传播东鹏品牌的好机会！

该事件的亮点首先在于世界品牌实验室的权威性，其对东鹏品牌的肯定具有相当高的说服力；其次，在金融危机的形势下，东鹏立足自主品牌，加速产业升级，从而实现金融危机下的逆势增长，无疑为瓷砖行业，乃至珠三角的制造业，提供了借鉴。

有数据显示，我国出口贸易中，一半以上为贴牌产品，有自主品牌的企业不到20%，缺乏自主品牌，不仅影响到产品在国际市场的竞争地位，还很容易遭受其他国家和地区的反倾销，导致贸易纠纷，遇到金融危机，更是不堪一击。东鹏不仅强调自主品牌，而且利用自己的东方特色，成为海外市场的知名中国品牌，除此之外，东鹏还联手家居业五大品牌结成冠军联盟，更进一步提升品牌影响力，这一切，为东鹏突围起了重要作用。

公关稿件需要以新闻价值吸引眼球，挖掘企业信息的社会新闻价值，把客户的诉求变为媒体的需求、受众的话题。这样的稿件才有可能被主流媒体所接受。东鹏“世界品牌实验室”中国500最具价值品牌的事件，为珠三角乃至全国的制造企业都提供了借鉴，通过打造品牌来实现产业升级，正是中国制造业发展的方向。

确立了主题诉求，我们的稿件很快成型，主题确定为：

品牌价值6年猛增15亿！

中国500最具价值品牌榜出炉：东鹏位居行业榜首

传播媒体的选择，需权威、有代表性，受众接受的效果和转载率才会提高，达到更广、更好的传播目的。遵循这个原则，我们精心细选了几十家媒体，为东鹏品牌价值位居行业榜首这一事件，进行传播。

在报纸媒体方面，首选发行量最高的媒体，我们在人口密集、经济发达的华北、华中、华东、华南地区的媒体中做了甄选，最后敲定《潇湘晨报》（华中地区，日发行量52万份）、《浙江日报》（华东地区，日发行量43万份）、《齐鲁晚报》（华北地区，日发行量135万份）、《南方日报》

Morning H

东鹏品牌价值
5年猛增15亿

本报北京讯　2009世界品牌大会暨中国500最具价值品牌发布会日前在京举行，东鹏陶瓷以23.53亿元的品牌价值位居行业榜首，其品牌价值在过去5年时间里猛增了15亿，成为行业的领导者。

中国500最具价值品牌榜由世界品牌实验室发布，1999年诺贝尔经济学奖得主罗伯特·蒙代尔教授担任该实验室的主席，自2004年起已经是第六次公布中国500最具价值品牌排行榜，在今年的品牌榜上，以东鹏为代表的十余家国内建陶企业榜上有名。东鹏陶瓷已连续6年跻身该品牌榜，品牌价值亦从2004年的8.55亿元增长到了2009年的23.53亿元，5年间猛增15亿，增幅近2倍，年平均增长速度达23%以上。

自金融危机爆发以来，国内建陶业受到不小冲击，国外订单锐减，国内房地产市场疲软，导致国内消费量降低，人民币升值导致出口成本上升等因素，令建陶企业举步维艰，东鹏能取得国内外市场和品牌价值三重增长，体现出了行业领导品牌的雄厚实力。　　记者郑辉

《潇湘晨报》的报道

消费
G DAILY
浙江日报

品牌价值6年猛增15亿

中国500最具价值品牌榜出炉：东鹏位居行业榜首

日前，2009世界品牌大会暨中国500最具价值品牌发布会在京举行，东鹏陶瓷以23.53亿元的品牌价值位居行业榜首。

据悉，中国500最具价值品牌榜由世界品牌实验室发布，1999年诺贝尔经济学奖得主罗伯特蒙代尔教授担任该实验室的主席，自2004年起已经是第六次公布中国500最具价值品牌排行榜，在今年的品牌榜上，以东鹏为代表的十余家国内建陶企业榜上有名。

据了解，东鹏陶瓷已经连续6年跻身该品牌榜，品牌价值亦从2004年的8.55亿元增长到了2009年的23.53亿元，6年间猛增15亿，增幅近3倍，年平均增长速度达23%以上，即便在2008年全球经济衰退形势下，东鹏在国内市场同样取得了两位数的增长，出口增幅也超过60%，与2008年相比，2009年东鹏品牌价值增长近4亿元，增幅达20.11%。

有业内人士表示，自金融危机爆发以来，国内建陶业受到不小冲击，国外订单锐减，国内房地产市场疲软，导致国内消费量降低，人民币升值导致出口成本上升等因素，令建陶企业举步维艰，从2008年6月份开始就有企业停窑限产，在此形势下，东鹏能取得国内外市场和品牌价值的三重增长，体现出了行业领导品牌的雄厚实力。

据悉，东鹏6年来的飞跃式发展，基于其背后的核心竞争力和独特的“东鹏模式”。

据东鹏相关负责人介绍，东鹏的核心竞争力在于坚持不懈的营销创新和产品创新。据了解，在营销上，东鹏提出价值营销的概念，在营销中不断加入浓厚的文化元素，以提升产品价值和品牌内涵。

该负责人表示，此次东鹏位居行业品牌价值榜首，是对东鹏一直以来坚持产品创新、营销创新的肯定，而坚持创新正是东鹏取得飞跃式发展的关键，现阶段，东鹏正在由“中国制造”向“中国创造”转型，引导中国建陶企业成为世界建陶业标杆，将是东鹏的长远发展目标。（赵军）

城市快报
METROEXPRESS
2009年7月17日
星期五
24

中国500最具价值品牌榜出炉：

东鹏位居行业榜首

最具价值品牌建筑陶瓷类榜单

[illegible]	[illegible]	[illegible]
1	东鹏陶瓷	23.53
2	[illegible]	23.19
3	[illegible]	[illegible]
4	[illegible]	[illegible]
5	[illegible]	20.42
6	[illegible]	[illegible]
7	[illegible]	14.07
8	[illegible]	13.55
9	[illegible]	11.76
10	[illegible]	11.52

日前，2009世界品牌大会暨中国500最具价值品牌发布会在京举行，东鹏陶瓷以23.53亿元的品牌价值位居行业榜首，其品牌价值在过去6年时间里猛增了15亿，超越众多一线知名品牌，成为行业的领导者。

据悉，中国500最具价值品牌榜由世界品牌实验室发布，1999年诺贝尔经济学奖得主罗伯特·蒙代尔教授担任该实验室的主席，自2004起已经是第六次公布中国500最具价值品牌排行榜，在今年的品牌榜上，以东鹏为代表的十余家国内建陶企业榜上有名。

据了解，东鹏陶瓷已经连续6年跻身该品牌榜，品牌价值亦从2004年的8.55亿元增长到了2009年的23.53亿元，6年间猛增15亿，增幅近3倍，年平均增长速度达23%以上，即便在2008年全球经济衰退形势下，东鹏在国内市场同样取得了两位数的增长，出口增幅也超过60%，与2008年相比，2009年东鹏品牌价值增长近4亿元，增幅达20.11%。

有业内人士表示，自金融危机爆发以来，国内建陶业受到不小冲击，国外订单锐减，国内房地产市场疲软，导致国内消费量降低，人民币升值导致出口成本上升等因素，令建陶企业举步维艰，从2008年6月份开始就有企业停窑限产，在此形势下，东鹏能取得国内外市场和品牌价值的三重增长，体现出了行业领导品牌的雄厚实力。据悉，东鹏6年来的飞跃式发展，基于其背后的核心竞争力和独特的“东鹏模式”。

据东鹏相关负责人介绍，东鹏的核心竞争力在于坚持不懈的营销创新和产品创新。据了解，在营销上，东鹏提出价值营销的概念，在营销中不断加入浓厚的文化元素，以提升产品价值和品牌内涵。此外，在产品上，东鹏坚持持续性的自主创新，先后获得国家专利技术219项，并率先推出代表国际顶尖技术的“卡拉拉”、“洞石”等自主专利产品，引起国际业界瞩目。

该负责人对记者表示，此次东鹏位居行业品牌价值榜首，是对东鹏一直以来坚持产品创新、营销创新的肯定，而坚持创新正是东鹏取得飞跃式发展的关键，现阶段，东鹏正在由“中国制造”向“中国创造”转型，引导中国建陶企业成为世界建陶业标杆，将是东鹏的长远发展目标。 文/华中

齐鲁晚报
2009年7月17日 星期五

中国500最具价值品牌榜出炉：东鹏位居行业榜首

日前，2009世界品牌大会暨中国500最具价值品牌发布会在京举行，东鹏陶瓷以23.53亿元的品牌价值位居行业榜首，其品牌价值在过去6年时间里猛增了15亿，超越众多一线知名品牌，成为行业的领导者。

据悉，中国500最具价值品牌榜由世界品牌实验室发布，1999年诺贝尔经济学奖得主罗伯特·蒙代尔教授担任该实验室的主席，自2004起已经是第六次公布中国500最具价值品牌排行榜，在今年的品牌榜上，以东鹏为代表的十余家国内建陶企业榜上有名。

据了解，东鹏陶瓷已经连续6年跻身该品牌榜，品牌价值亦从2004年的8.55亿元增长到了2009年的23.53亿元，6年间猛增15亿，增幅近3倍，年平均增长速度达23%以上，即便在2008年全球经济衰退形势下，东鹏在国内市场同样取得了两位数的增长，出口增幅也超过60%，与2008年相比，2009年东鹏品牌价值增长近4亿元，增幅达20.11%。

在营销上，东鹏提出价值营销的概念，在营销中不断加入浓厚的文化元素，以提升产品价值和品牌内涵。此外，在产品上，东鹏坚持持续性的自主创新，先后获得国家专利技术219项。

该企业负责人表示，此次东鹏位居行业品牌价值榜首，是对东鹏一直以来坚持产品创新、营销创新的肯定，而坚持创新正是东鹏取得飞跃式发展的关键，现阶段，东鹏正在由“中国制造”向“中国创造”转型，引导中国建陶企业成为世界建陶业标杆，将是东鹏的长远发展目标。

（华南地区，日发行量81万份）、《晶报》（华南地区，日发行量50万份）、《南方都市报》（华南地区，日发行量175万份）、《东南快报》（华南地区，日发行量40万份）等报纸媒体，其中华南片占很大比重，由于东鹏总部位于佛山，华南市场是重点。

网络媒体方面，我们为东鹏选择了点击率位居前茅的若干家门户网站开展传播，如网易、新华网、新浪网、腾讯等，均为门户网站。之所以未推荐行业网站，是因为门户网站的关注度更高，点击量更大。

传播平台搭建好之后，新闻发布如期上演。最先见诸报端的是《潇湘晨报》7月14日的报道，此次发布不仅位于头条，而且以“纯新闻”的形式发布，信度高，传播效果好，为我们此次的新闻传播开了个好头。

紧接着，《南方日报》、《东南快报》、《浙江日报》等也不甘人后，纷纷对此事进行重磅报道。其中《齐鲁晚报》、《晶报》、《浙江日报》、《城市快报》、《上海商报》、《齐鲁晚报》字数超过1000字，实现了大篇幅、显著位置的新闻传播，取得不错效果。

在网络媒体方面，网易、新浪网等国内最大门户网站，也都在第一时间刊登这一消息。

值得一提的是，消息发布后，搜狐网、凤凰网、和讯网对我们从不同角度策划的消息互相予以转载，实现了多角度的传播覆盖以及几何式传播的效果。通过GOOGLE引擎输入“东鹏位居行业榜首”这个词条，截至2009年9月15日，搜索结果高达20900条。可以说通过网络，东鹏荣膺世界品牌实验室“中国最具价值500品牌”这一事件，实现了“病毒式”传播，达到了“事半功倍”的传播效果。

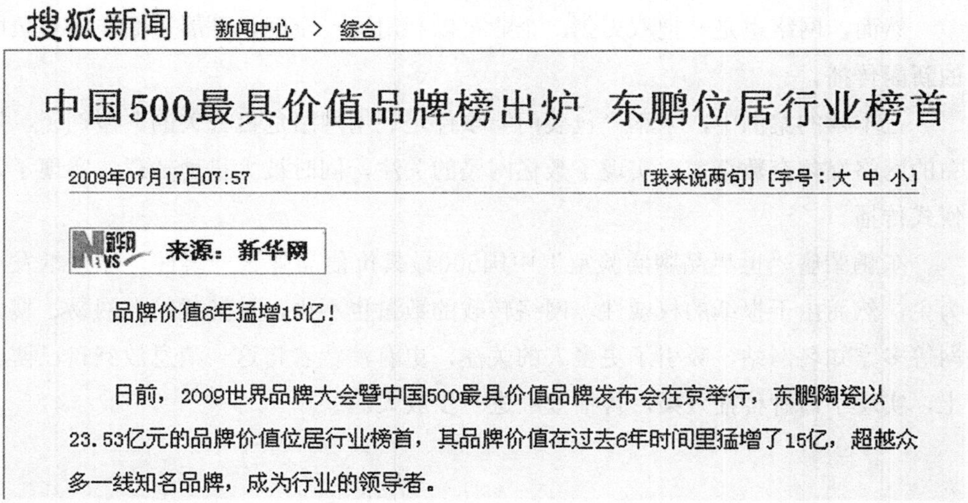
搜狐新闻 | 新闻中心 > 综合

中国500最具价值品牌榜出炉　东鹏位居行业榜首

2009年07月17日07:57　[我来说两句] [字号：大 中 小]

来源：新华网

品牌价值6年猛增15亿！

日前，2009世界品牌大会暨中国500最具价值品牌发布会在京举行，东鹏陶瓷以23.53亿元的品牌价值位居行业榜首，其品牌价值在过去6年时间里猛增了15亿，超越众多一线知名品牌，成为行业的领导者。

搜狐网转载新华网对这一事件的报道

凤凰网财经 > 财经滚动新闻 > 正文

中国500最具价值品牌榜出炉：东鹏位居行业榜首

2009年07月25日 09:29 晶报 【大 中 小】 【打印】 0位网友发表评论

日前，中国500最具价值品牌发布会在京举行，东鹏陶瓷以23.53亿元的品牌价值位居行业榜首，其品牌价值在过去5年时间里猛增了15亿。

据了解，东鹏陶瓷已经连续6年跻身该品牌榜，品牌价值亦从2004年的8.55亿元增长到了2009年的23.53亿元，增幅近3倍，年平均增长速度达23%以上。即便在2008年全球经济衰退形势下，东鹏在国内市场增长15%，出口增幅也超过60%，与2008年相比，2009年东鹏品牌价值增长近4亿元，增幅达20.11%。

凤凰网转载《晶报》对东鹏的报道

结语 网络传播是柄双刃剑

对于企业新闻传播，网络的作用越来越明显。传统的传播方式下，消费者不仅获得信息的渠道少，而且很少有机会表达自己对于某品牌的看法，当他们发现互联网之后，情况发生了变化，消费者会从网络社区了解到许多产品、品牌信息，以此决定是否购买，并与他人分享使用心得，网络成为影响企业品牌形象与产品的重要平台。

然而，网络也是一把双刃剑，企业可以利用这一空间，开展正面与应对负面的新闻传播。

在本章的案例中，东鹏“包装门”事件是利用网络危机公关的典型例子，发布的网络媒体有数百家，实现了数亿网民的关注，同时被大量地转载，实现了几何式传播。

东鹏荣膺“世界品牌实验室”中国500最具价值品牌这一事件，以报纸发布为主，然而由于报纸的权威性，网络转载的数量也不少，被转载的有网易、搜狐网等多家知名网站，吸引了更多人的关注，更有消费者将这一消息放到自己博客上，实现了口碑传播效果，传播效应进一步放大。

第八章

整合传播，快热式电热水器领导品牌奥特朗的“整合模式”

引言　整合传播的关键

一场成功的营销，志在“多赢的梦想”，行在“多头的博弈”。因此，“整合营销传播”即是成功的关键。

美国学者舒尔茨认为，所谓整合营销传播，是指以消费者为核心重组企业行为和市场行为，综合协调地使用各种形式的传播方式，以统一的目标和统一的传播形象，传递一致的产品信息，实现与消费者的双向沟通，迅速树立产品品牌在消费者心目中的地位，建立产品品牌与消费者长期密切的关系，更加有效地达到广告传播和产品行销的目的。

说到底，整合营销传播理论的本质就是建立一种关系，建立企业产品与消费者之间的一种稳固的关系。而这种关系是否稳固则取决于传播过程中传播信息的可信度和互动交流的程度。整合营销传播就是将公共关系和营销方法融合在一起，公共关系能够增加企业的品牌知名度和美誉度，协调公众的关系，维持其长期的稳定关系。

回顾国内近几年的成功案例，由湖南卫视与蒙牛乳业集团双方共同打造的“2005快乐中国蒙牛酸酸乳超级女声”赛事活动堪称经典范本。

蒙牛是如何密切契合“超级女声”，从而获得最佳品牌传播效果和销量的呢？

首先，蒙牛酸酸乳的品牌定位是年轻、有活力，受众目标正是那些跟“超级女声”一样青春活力的年轻人。“超级女声”的意义在于展示自我，享受比赛过程当中的酸与甜，这与蒙牛酸酸乳的品牌诉求不谋而合。有着相同的消费群体和观众，有着同样的品牌诉求，这是整合营销传播的关键。

其次，蒙牛酸酸乳找来2004年的“超级女声”张含韵代言，更加贴近“超级女声”的受众和“蒙牛酸酸乳”品牌形象，这是蒙牛作为事件营销高手做出的明智选择，也成为整个整合营销传播的重点。

最后，“蒙牛酸酸乳”对销售系统和媒介系统进行了一次完美的整合。产品的包装、销售点的宣传单、终端的路演推广和媒介宣传步调一致，把消费者的关注度集中到一点上，消费者购买“蒙牛酸酸乳”产品，自然而然就会想到湖南卫视“蒙牛酸酸乳超级女声”这一赛事活动。

总而言之，“蒙牛酸酸乳超级女声”营销传播事件是一次成功的“整合营销传播”，为国内其他企业实践“整合营销传播”模式提供了参考和借鉴。

在本章案例中，奥特朗采用“整合营销传播”模式，结合自身情况和消费者需求，整合资源，全盘布局，通过“双模文化节”，借助“文化营销”传播企业理念，产品概念，树立品牌形象；通过借势奥运体育热潮，赞助“沙滩排球”等体育活动，弘扬企业文化，赢得社会认同；通过“A”计划、“以旧换新”等终端促销活动，大手笔让利扩大市场占有率，加快品牌推广；通过对参与《快热式热水器国家标准》修订、“注册商标”维权等具有影响力事件的传播，引导社会“关注度”，提升品牌地位，最终实现品牌突围，成长为快速式热水器领导品牌。

第一节　“文化营销”，力推“双模”改变行业格局

“文化营销”，就是利用文化力进行营销，是指企业营销人员及相关人员在企业核心价值观念的影响下，所形成的营销理念以及所塑造出的营销形象，两者在具体的市场运作过程中所形成的一种营销模式。

通常，企业通过开展文化节等系列活动，传递企业或产品的文化理念，使消费者对企业或产品形成新的认知，带动消费理念的转变，引导消费需求。

创新的预即双模电热水器

热水器行业的发展日新月异，随着科技不断的发展、人们物质生活水平的提高，对沐浴条件的需求不断提高，促使热水器更新换代速度加快。而环保、低碳、节能等观念的盛行，也使热水器的发展进入一个新时期，电热水器颇有取代燃气热水器之势。

但传统的储水式电热水器，因加热时间长、体积笨重，且热损耗大的缺陷，使那些家里人口较多、生活节奏较快的人颇为不便，于是即热式电热水器应运而生，它不需预热，安装方便，节省空间，但由于部分地区的电线无法承载，让一些对即热式颇为向往的家庭只能望而兴叹。

需求就是产品研发的新方向，如何克服储水式和即热式电热水器的不足，随时满足消费者对热水的需求？作为快速热水器龙头企业，奥特朗已占据国内快热式电热水器市场40%以上的份额，并仍然保持不断上升的势头，始终走在行业前列，求新求变，不断突破，一直致力于推动热水器行业向前发展。

面对行业内新的需求和变化，奥特朗创新性地开发出预即双模电热水器系列，这在中国热水器发展历程上可谓是一个革命性的产品，它将储水式、即热式的优点合二为一，在春夏秋时用即热模式，即开即热；在进水温度较低、室内外温度偏低的季节用预热，只需要10分钟，就可以源源不断地提供大量热水，而且家家能用，户户能装，可谓是专为中国家庭开发的实用机型，现在已经获得国家专利。

“双模”电热水器作为传统储水式电热水器的升级产品，给整个行业带来了冲击和变革，并将改变行业格局。作为一款具有创新性和突破性的产品，如何让消费者认识到其功能和作用，并了解其优势所在，如何让消费者接受并购买产品？这是一个复杂的而又漫长的营销过程。只有通过奇招，博得消费者的注意和接受，通过互动，让产品的理念进入消费者的心智中，真正在消费者心中树立起“双模”的概念，并提升消费者对沐浴质量的认识，从而引发热水器的换代潮。

现代人生活水平不断提高，沐浴已不仅仅是出于卫生的需要，已经成为都市人生活重要的一部分，形成自己独有的文化背景和内涵。从沐浴“文化”这点出发，奥特朗撬动“文化营销”的杆杆，于2010年4月25日至6月25日，在广州启动“双模文化节”，活动一直持续到6月底，旗下数款双模机型最高让利达千元。同时，还将开展有奖征文活动，并对于参加者给予丰厚的奖品。这激发了消费者对电热水器新的需求，加强了双模电热水器的推广，促进消费者对双模的认识和了解。

新品的新闻传播路径

针对奥特朗推出的“预即双模”电热水器，以及开展的“双模文化节”，我和我的团队从两个方面入手进行传播。一方面，紧紧抓住“预即双模”电热水器的特点及其给行业带来的影响，建立起“双模”的概念；另一方面，加强对“双模文化节”的传播，通过与消费者的互动，让更多人了解和认识到“预即双模”电热水器的优势和特点，推动热水器“以旧换新”。

“双模文化节”一经推出就引起了大众的广泛关注，通过开展征文，对“在现阶段，什么电热水器才是最适合家庭使用的，既实用又安全、节能、环保，同时达到时尚、美观、快捷等优点”等问题的思考和回答，使消费者对热水器有了更深入的认识，对热水器“节能、环保、高效”等功能的要求也不断升级，为双模电热水器的推广培育了良好的温床，而随着“双模文化节”的深入，其大手笔让利也使热度不断高涨。

《广州日报》以“奥特朗掀起双模普及风暴”为题对“双模文化节”进行了报道：

近期，由奥特朗刮起的双模旋风正在席卷广州各大家电卖场，高达千元的让利让不少消费者怦然心动。

…………

奥特朗开发了双模电热水器，将储水式、即热式的优点合二为一，在春夏秋时用即热模式，即开即热；在冬季用预热，只需要8分钟，热水源源不断。

…………

据悉，奥特朗开展的“双模文化节”将一直持续到5月底，旗下数款双模机型最高让利幅度达千元。

博瑞管理在线也对奥特朗“双模文化节”进行了报道：

为了将双模系列更快地向市场推广，奥特朗在广州启动“双模文化节”，活动一直持续到6月底，旗下数款双模机型最高让利幅度达千元。同时，还将开展有奖征文活动，将会有丰厚的奖品等待着各位参加者。

…………

奥特朗预即双模电热水器机体精致小巧得多，浴室较小的小户型也非常方便安装。在冬天要预热一桶40—100L的热水，需要40—60分钟。而奥特朗预即双模电热水器，采用了预即接力加热技术，在热水供应期间，内胆水温由高变低的时候，自动启动即热功能，将不符合沐浴水温要求的温水进行二次加热，能获得4倍于本身容积的热水量，最大限度地满足了用户的用水要求，还提高了热水的利用率，减少热水浪费。

对于竞争异常激烈的热水器行业来说，一有风吹草动必然引起连锁反应，奥特朗推出的“预即双模”电热水器，受到了社会和整个行业的高度关注，“双模”的概念和技术，把整个电热水器行业推向了一个新的发展高度，行业整合和发展的速度加快。《北京青年报》报道：

随着消费者对沐浴质量的要求不断提高，传统的储水式电热水器已经无法满足需求。奥特朗推出的“预即双模”电热水器，把“预热”和“即热”模式融为一体，加快热水器升级，推动行业进入了“双模时代”。

…………

该经理告诉记者，奥特朗作为快速电热水器行业的龙头企业，推出兼具“预热”和“即热”两种独立加热功能的“预即双模”电热水器，春、夏、秋三季选用即热模式，即开即热，冬季选用预热模式，预热时间比储水式电热水器大大缩短，只需5—10分钟，并且6倍增容，30升的双模热水器能产生相当于储水式180升的热水，满足一年四季对充沛热水的需求，受到不少消费者的青睐。

…………

据了解，奥特朗以“预即双模”技术为基础，还推出了“双模”系列电热水器，随着奥特朗力推双模电热水器普及，行业将由此进入“双模时代”。

…………

有行业内人士对记者表示，奥特朗“预即双模”电热水器，对储水式电热水器进行了技术升级，使相当部分业内技术实力、产品品质以及资金实力低的中小企业难以在短期内模仿跟进，将引领行业向新的高度发展。

《中国质量报》以《电热水器进入“双模时代”》对奥特朗“预即双模”电热水器进行了报道：

电热水器行业竞争格局或将因为奥特朗强势推动的“预即双模”而改变。随着消费者对沐浴质量的要求不断提高，传统的储水式电热水器已经无法满足需求，奥特朗近期推出的“预即双模”电热水器，把“预热”和“即热”模式融为一体，加快热水器升级，推动行业进入了“双模时代”。

…………

记者了解到，目前市面上销售的电热水器主要有两种，储水式和即热式。储水式电热水器由于体积大、预热时间长，给用户日常生活带来不便。即热式热水器即开即用，随时满足消费者对热水供给的需求，但由于其对安装条件要求较高，一些旧楼盘无法安装。因此具有“预热”和“即热”两种模式的电热水器，正受到越来越多消费者欢迎。

…………

有家电行业专家表示，“预即双模”电热水器的强势进入，使电热水器行业格局已从“两国争霸”向“三足鼎立”发展，而“双模”电热水器在外观、功能、技术上的创先性，顺应了行业和消费发展的趋势，必将后来居上，代替传统储水式电热水器，引领行业向新的高度发展。

…………

“预即双模”电热水器对传统储水式电热水器来说是一个巨大挑战。据悉，目前许多企业纷纷加大技术研发力度，向“双模”发展，推动了电热水器技术升级，这股力量或将改变整个行业格局。

奥特朗“预即双模”电热水器的推出，是顺应市场的需求，符合市场发展规律，受到消费者的欢迎。

除报纸传媒的报道外，网络的跟踪报道、转载也是数不胜数，纷纷围绕“双模文化节”、奥特朗“预即双模”电热水器的具体产品功能介绍及其对行业的影响力做了相关报道。

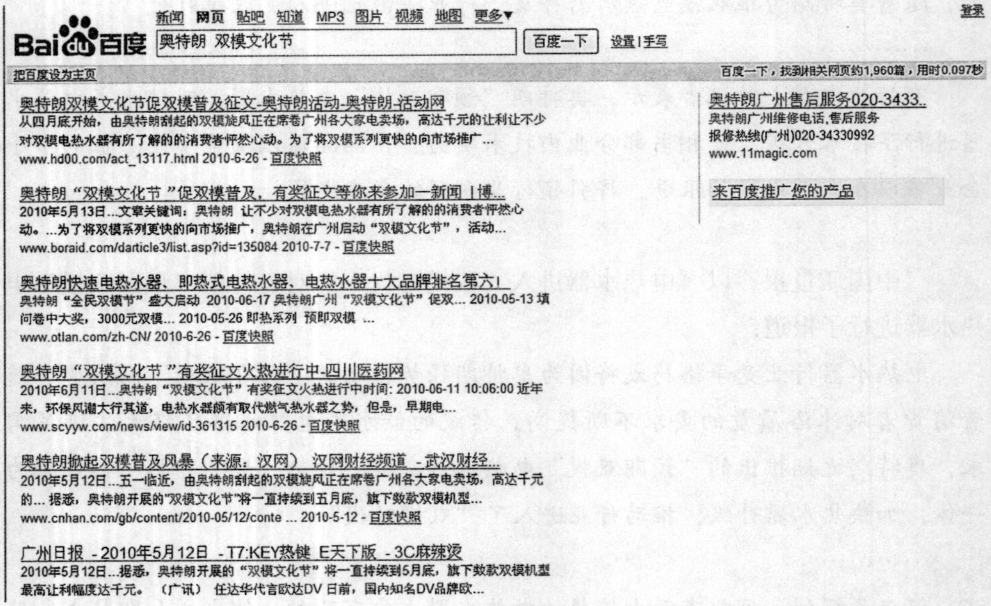
新闻 网页 贴吧 知道 MP3 图片 视频 地图 更多▼
登录
Bai du 百度 奥特朗 双模文化节 百度一下 设置 | 手写
把百度设为主页
百度一下，找到相关网页约1,960篇，用时0.097秒

奥特朗双模文化节促双模普及征文-奥特朗活动-奥特朗-活动网
从四月底开始，由奥特朗刮起的双模旋风正在席卷广州各大家电卖场，高达千元的让利让不少对双模电热水器有所了解的的消费者怦然心动。为了将双模系列更快的向市场推广...
www.hd00.com/act_13117.html 2010-6-26 - 百度快照

奥特朗“双模文化节”促双模普及，有奖征文等你来参加一新闻 | 博...
2010年5月13日...文章关键词：奥特朗 让不少对双模电热水器有所了解的的消费者怦然心动。...为了将双模系列更快的向市场推广，奥特朗在广州启动“双模文化节”，活动...
www.boraid.com/darticle3/list.asp?id=135084 2010-7-7 - 百度快照

奥特朗快速电热水器、即热式电热水器、电热水器十大品牌排名第六！
奥特朗“全民双模节”盛大启动 2010-06-17 奥特朗广州“双模文化节”促双... 2010-05-13 填问卷中大奖，3000元双模... 2010-05-26 即热系列 预即双模 ...
www.otlan.com/zh-CN/ 2010-6-26 - 百度快照

奥特朗“双模文化节”有奖征文火热进行中-四川医药网
2010年6月11日...奥特朗“双模文化节”有奖征文火热进行中时间: 2010-06-11 10:06:00 近年来，环保风潮大行其道，电热水器颇有取代燃气热水器之势，但是，早期电...
www.scyyw.com/news/view/id-361315 2010-6-26 - 百度快照

奥特朗掀起双模普及风暴（来源：汉网） 汉网财经频道 - 武汉财经...
2010年5月12日...五一临近，由奥特朗刮起的双模旋风正在席卷广州各大家电卖场，高达千元的... 据悉，奥特朗开展的"双模文化节"将一直持续到五月底，旗下数款双模机型...
www.cnhan.com/gb/content/2010-05/12/conte ... 2010-5-12 - 百度快照

广州日报 - 2010年5月12日 - T7:KEY热键 E天下版 - 3C麻辣烫
2010年5月12日...据悉，奥特朗开展的“双模文化节”将一直持续到5月底，旗下数款双模机型最高让利幅度达千元。（广讯） 任达华代言欧达DV 日前，国内知名DV品牌欧...

奥特朗广州售后服务020-3433..
奥特朗广州维修电话,售后服务
报修热线(广州)020-34330992
www.11magic.com

来百度推广您的产品

奥特朗“双模文化节”持续两个月之久，除对“预即双模”进行普及和传播以外，与之相关的优惠让利活动也一直没有停止过，在市场上引起了强烈反响，得到媒体、经销商和消费者的广泛关注。而对“双模”从产品到概念的挖掘和深化也上升到了行业的高度，关于“预即双模”对行业格局的影响的报道也不乏少数。

全国20多家报纸和50多家网站纷纷对此活动及“预即双模”产品进行了报道，报道字数超过10万字，而后续的跟进报道更是不胜枚举，在百度上进行搜索，相关的内容达1960条之多。

文化传播，不仅仅是负载文化的产品的传播，在消费者的认知中，对“双模”进行诠释，让消费者学习、认识到整个电热水器行业的发展，产品的更新换代等知识。而且，企业做好文化文播更是企业理念的浓缩。奥特朗作为快速热水器的领头羊，其在行业远见和对自身的规划上的一种企业文化沉淀，多年来，奥特朗通过技术创新，不断进行产业升级，发展自主品牌，而这次导入“双模”概念，再次引发整个行业发生变革，通过“双模文化节”与消费者互动传播，对消费者的消费需求进行引导，引发消费者对传统储水式电热水器“升级”的消费需求，扩大“预即双模”的市场份额，抢占行业中间地带。

第二节　“事件营销”，引导“关注度导向”提升品牌地位

事件营销，是指企业通过策划、组织和利用具有新闻价值、社会影响以及名人效应的人物或事件，吸引媒体、社会团体和消费者的兴趣与关注，以求提高企业或产品的知名度、美誉度，树立良好品牌形象，并最终促成产品或服务的销售的手段和方式。

这种营销方式具有受众面广、突发性强，在短时间内能使信息达到最大、最优传播的效果，为企业节约大量的宣传成本等特点，近年来越来越成为流行的一种公关传播与市场推广手段。

策动“维权风暴”

我国快速电热水器市场经过近十年的发展，虽然市场规模不是很大，但总体上仍处于激烈的竞争状态。有数据显示，在快速电热水器这一领域，全国生产厂家就达300个，而长期以来行业中良莠不齐，技术发展水平不统一，鱼龙混杂，在300家企业里真正具有一定的独立研发水平和知识产权专属且只专注于快速电热水器行业发展的企业却很少。

快速电热水器行业内普遍存在盗用技术、商标和概念的情况，这不但侵犯了拥有技术专利厂商的权益，导致行业内恶性竟价，也造成了行业混乱和无秩序，亟须进行整顿。

而国内快速热水器市场多年来缺乏统一规范的行业标准，致使市场无序竞争加剧，价格战不断，为了规范快速电热水器行业健康发展，国家行业标准的修订

与颁布，已成为当务之急。

在这个关键时刻，奥特朗作为规范的快速电热水器厂商，出于规范行业发展的目标，积极开展维权活动，在行业内掀起“维权”风暴，引起行业内的广泛关注和认可。与此同时，奥特朗还积极准备，参与《快热式热水器国家标准》的修订，打破了多年来国家标准的制订被少数大企业垄断的局面，并通过提供自己多年来市场研发、营销等方面的经验作为行业的参考和借鉴，力促标准的修订不断完善。

站在行业的高度传播

出于对快速热水器行业发展规律和现状的研究，我和我的团队根据“侵权”事件和标准修订事件的新闻性和及时性，抓住该事件对奥特朗的影响，以及对整个行业的影响迅速展开了传播。

据悉，因欧安妮侵权盗用奥特朗注册商标“迅腾”，奥特朗在全国范围内掀起了一场“维权风暴”，极力打击这种破坏行业规范的不法行为，引发媒体争相报道。

《北京青年报》从行业发展的角度对该事件进行了报道：

近日，快速电热水器领导品牌奥特朗将启动覆盖全国的岁末“维权风暴”。

…………

记者最新了解到，奥特朗已针对欧安妮盗用奥特朗注册商标“迅腾”的侵权行为提出了投诉并要求索赔，该案件经工商部门查办后，最终判定欧安妮构成侵权，欧安妮方面已接受处理并主动与奥特朗达成和解。

…………

有业内人士分析，通过低成本的对技术、商标和概念的盗用，可省下自主研发的成本与时间，同时还可大幅提高产品的溢价能力，令企业在短期内获利丰厚，因此类似的侵权行为在行业内屡禁不止。

…………

据记者了解，像奥特朗等这些规范的企业非常希望政府相关部门能针对快速电热水器行业虚假宣传、以次充好等现象进行专项整治，以维护厂商的合法权益，保护消费者的利益，推动市场良性竞争，促使行业有序、健康发展。

《青岛晚报》以“奥特朗岁末掀‘维权风暴’，欧安妮盗用奥特朗注册商标被查处”为题对事件进行了报道：

近日，笔者从广州获悉，快速电热水器领导品牌奥特朗将启动覆盖全国的岁末“维权风暴”，以维护厂商的合法权益，保护消费者的利益，推动市场良性竞争，促使行业有序、健康发展。打击侵权，迈出行业规范第一步。

…………

笔者最新了解到，奥特朗在启动“维权风暴”后，已针对欧安妮的侵权行为提出了投诉并要求索赔，该案件经工商部门查办后，最终判定欧安妮构成侵权，欧安妮方面已接受处理并主动与奥特朗达成和解。

…………

“奥特朗作为行业领导品牌，掀起‘维权风暴’，做了行业内的许多企业一直想做却做不了的事。”

…………

据了解，奥特朗的“维权”风暴在业界和大众中引起了巨大反响。一位经销商表示，长期以来的侵权、抄袭、虚假宣传等行为，让自己的生意很难做大，“一直希望有企业能够站出来，规范市场秩序，保护经销商的利益，让整个行业迅速发展壮大”。

…………

据笔者了解，像奥特朗等这些规范的企业非常希望政府相关部门能针对快速电热水器行业虚假宣传、以次充好等现象进行专项整治，以维护厂商的合法权益，保护消费者的利益，推动市场良性竞争，促使行业有序、健康发展，力求创造消费者、企业、行业和社会共赢的新局面。

奥特朗将继续在全国开展打假活动，中国企业新闻网报道对此进行了报道：

近日，笔者从广州获悉，快速电热水器领导品牌奥特朗将启动覆盖全国的岁末“维权风暴”，以维护厂商的合法权益，保护消费者的利益，推动市场良性竞争，促使行业有序、健康发展。

…………

据悉，奥特朗此次掀起针对商标侵权及专利侵权进行的岁末“维权风暴”将持续到明年。

…………

近段时间，不少品牌纷纷爆出负面信息。先是有欧安妮侵权盗用奥特朗注册商标“迅腾”。随后，某知名品牌的产品也在工商局的抽查中被查出部分产品不能正常工作。另外，个别品牌盗用他人肖像进行虚假宣传，并在产品核心部件上以次充好、误导消费者的情况也一直存在。

…………

一位消费者对笔者表示，由于对快速电热水器的了解不多，在选购时最害怕遇上“挂羊头卖狗肉”的厂商，打击侵权活动，可以让许多杂牌产品露出“真面目”，在购买时也放心很多。

快速热水器行业从国外引进后，在国内发展的历史并不久，传统的燃气式热水器和储水式电热水器仍然在热水器行业中占据着重要位置。随着快速热水器的不断发展，市场前景越来越广，许多老牌生产燃气和电热水器的大型企业也开始涉足这个细分市场，试图掌握话语权。这对一直以来就以生产快速电热水器起家的奥特朗带来巨大的压力，参与《快热式热水器国家标准》修订，成为以奥特朗为代表的中小企业抢夺话语权，展现实力的一次机会。

奥特朗非常重视此次《快热式热水器国家标准》的修订，为争取成为修定单位之一，早就组织了公司主要技术人员，组成了国家标准修订项目组，经过企业申报、专家初评和公开答辩等程序，最终以自己的实力获得了该项国家标准的修订单位资格之一。这个事件不但对奥特朗有着重大的意义，对整个行业的发展也起到了积极意义，不仅是对奥特朗本身技术水平和能力的肯定，也证明在快速电热水器这个细分市场上，中小企业起到越来越重要的作用。

目前，我国快速电热水器行业已由导入期进入到发展期，有实力的企业也由产品期进入到品牌期。由于行业发展初期众多企业蜂拥而至，市场竞争激烈，多年来行业标准的缺失，致使市场无序竞争加剧，价格战不断，快热式热水器市场秩序的规范，已成行业发展亟待解决的问题。国家行业标准的修订与颁布，将有力地解决这一问题。奥特朗参与制定国家热水器行业标准这一事件作为行业里的一件盛事，得到了媒体的广泛报道。

除了报纸和专业门户网站的报道，各类相关网站对奥特朗“维权风暴”和参

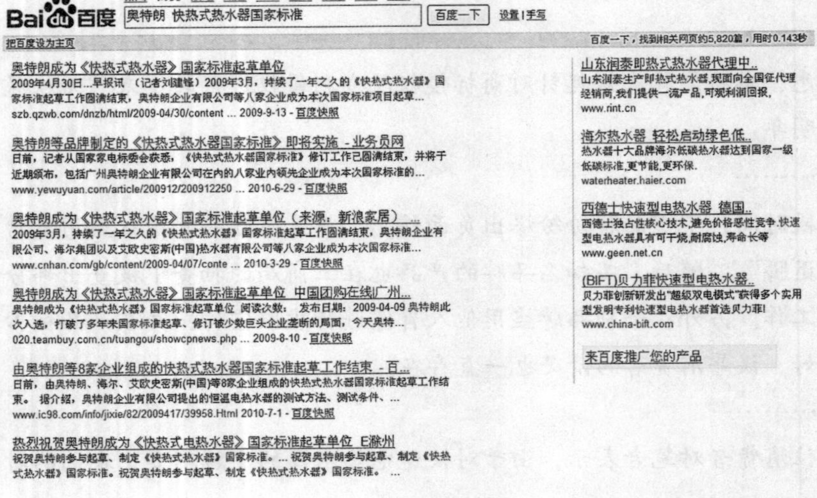

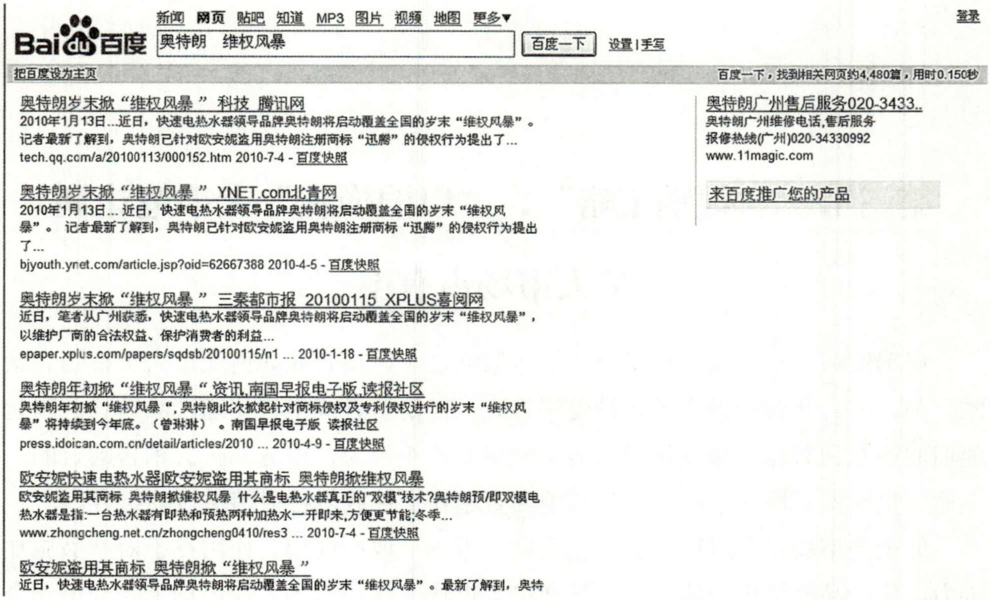

新闻 网页 贴吧 知道 MP3 图片 视频 地图 更多▼　登录

Baidu百度　奥特朗　维权风暴　百度一下　设置 | 手写

把百度设为主页　百度一下，找到相关网页约4,480篇，用时0.150秒

奥特朗岁末掀“维权风暴”科技 腾讯网
2010年1月13日...近日，快速电热水器领导品牌奥特朗将启动覆盖全国的岁末“维权风暴”。记者最新了解到，奥特朗已针对欧安妮盗用奥特朗注册商标“迅腾”的侵权行为提出了...
tech.qq.com/a/20100113/000152.htm 2010-7-4 - 百度快照

奥特朗岁末掀“维权风暴”YNET.com北青网
2010年1月13日... 近日，快速电热水器领导品牌奥特朗将启动覆盖全国的岁末“维权风暴”。记者最新了解到，奥特朗已针对欧安妮盗用奥特朗注册商标“迅腾”的侵权行为提出了...
bjyouth.ynet.com/article.jsp?oid=62667388 2010-4-5 - 百度快照

奥特朗岁末掀“维权风暴”三秦都市报 20100115 XPLUS喜阅网
近日，笔者从广州获悉，快速电热水器领导品牌奥特朗将启动覆盖全国的岁末“维权风暴”，以维护厂商的合法权益、保护消费者的利益...
epaper.xplus.com/papers/sqdsb/20100115/n1 ... 2010-1-18 - 百度快照

奥特朗年初掀“维权风暴“,资讯,南国早报电子版,读报社区
奥特朗年初掀“维权风暴“,奥特朗此次掀起针对商标侵权及专利侵权进行的岁末“维权风暴”将持续到今年底。（曾琳琳）。南国早报电子版 读报社区
press.idoican.com.cn/detail/articles/2010 ... 2010-4-9 - 百度快照

欧安妮快速电热水器|欧安妮盗用其商标 奥特朗掀维权风暴
欧安妮盗用其商标 奥特朗掀维权风暴 什么是电热水器真正的"双模"技术?奥特朗预/即双模电热水器是指:一台热水器有即热和预热两种加热水一开即来,方便更节能;冬季...
www.zhongcheng.net.cn/zhongcheng0410/res3 ... 2010-7-4 - 百度快照

欧安妮盗用其商标 奥特朗掀“维权风暴”
近日，快速电热水器领导品牌奥特朗将启动覆盖全国的岁末“维权风暴”。最新了解到，奥特

奥特朗广州售后服务020-3433..
奥特朗广州维修电话,售后服务
报修热线(广州)020-34330992
www.11magic.com

来百度推广您的产品

与标准制定事件的转载报道更是数量众多。

奥特朗的打假维权行为，宛如一场风暴横扫整个热水器市场，不仅对整个行业带来了巨大影响，从市场经济的角度，也对其他行业的发展提供了参考和借鉴，引发了各行业的关注。除了报纸的报道以外，各种类型的网站也进行了转载报道，在百度上进行搜索，相关的内容达到5820条之多。

奥特朗参与《快热式热水器国家标准》的制定，不仅展现了中小企业的风采，也标志着中小企业的发展在加速，并不断壮大，强势抢夺话语权，从而使此事件更具特殊意义，引起政府、企业和媒体的关注。全国30多家报纸和60多家网站对此事件进行了报道，报道字数超过15万字，而后续的跟进报道更是不胜枚举，在百度上进行搜索，相关的报道竟达4480条之多。

随着技术的不断提高，中国快速电热水器已进入电子、电脑控制时代。快速电热水器品牌之间的技术差距还是比较明显，这使得行业需要有象奥特朗这类具有强大研发、生产能力的强势品牌。

奥特朗通过对“维权”风暴和参与标准修订这两件具有新闻价值和特殊意义的事件进行传播，引导行业和消费者的“关注度导向”，奠定了企业在快速电热水器行业举足轻重的品牌地位，而新标准也将进一步规范快热式热水器市场，整个行业重大转折点将迅速到来，并有利于保护消费者权益，同时促进行业长远健康发展。

第三节 “促销策略”，“以旧换新”大手笔让利扩大市场占有率

促销策略，是市场营销组合的基本策略之一，指企业如何通过人员推销、新闻公关、广告和营业推广等各种促销方式，向消费者或用户传递产品信息，引起他们的注意和兴趣，激发他们的购买欲望和购买行为，以达到扩大销售的目的。企业可根据实际情况及市场、产品等因素选择一种或多种促销手段的组合。

促销是市场竞争过程中的一把利剑。市场一线的促销，作用在于对产品施加推力，使产品能够更快地进入市场和扩大市场。我们看到，在市场上并非每一个公司都做广告，但是每一个公司都无一例外地开展促销。

大部分的“促销”都是以让利的形式展开，不但使消费者从让利中获益，增加了产品的销售量，也扩大了品牌的知名度。金融危机肆虐下的家电行业，如何实现外销转内销？如何减少库存，缓解企业资金链压力？如何在白热化的行业竞争中突围？促销在其中发挥了重大作用。

金融危机下的促销

2009年的家电市场是政策导向下的市场，受金融危机的影响，外贸交易量持续下降，国家通过一系列宏观调控政策，扩大内需，引导内销市场的形成。“以旧换新”、“家电下乡”是国家实行的扩大内需市场，惠民促销三大政策之一。许多家电企业争先恐后搭载“家电下乡”的快车，开展“以旧换新”大型促销活动，抢占终端市场。

作为家电市场重要一部分的热水器行业，自然也是不甘落后，欲分一杯羹。随着城镇化建设的推进，新农村建设如火如荼地进行，市场上对热水器的需求呈直线上升。而“家电下乡”、“以旧换新”正如一阵春风，及时吹来，引起热水器市场春意盎然，各类型热水器纷纷打起“以旧换新”牌，促销让利活动一波接一波。

随着消费者对沐浴要求的不断提高，以及自身的宣传推广，电热水器已经被人们广泛接受，在市场中受到青睐。但在电热水器行业里，快速电热水器尚属于“新生儿”，它不同于电视机、电冰箱这类家庭必备的传统“老大”，消费者对

其功能还缺乏全面深入的了解，解决终端的消费障碍便成为了促进销售的目的和出发点。

为了加强消费者对快速电热水器的熟悉度和关注度，更好地认识和了解快速电热水器的功能和优势，同时借“政策”东风，推动热水器的更新换代，普及快速电热水器，奥特朗在全国范围内展开“以旧换新”大型促销活动，6000万元让利，迅速吸引消费者眼球，在业界掀起一股冲击波。

促销宣传法

作为快速热水器行业的一件大事，其带来的影响力绝不仅仅只是产品的销售量增加，对企业本身、对行业也会带来重要影响。我和我的团队从这点出发，不断挖掘奥特朗“A计划”、6000万元让利背后的故事，对其进行广泛的传播，从而提高企业的品牌知名度，奠定奥特朗在行业中的龙头地位。

从2009年6月20日起，到8月31日，国内快热式电热水器领先品牌奥特朗实施“A计划”，在全国2000多家卖场、230家专卖店，举办“以旧换新”活动让利6000万元。

支撑奥特朗6000万元让利的背后是其雄厚的品牌实力，作为行业领域的专业品牌，更是奥特朗积极响应政府号召、惠民利民的表现。《济南时报》以《奥特朗让利6000万“以旧换新”A计划见证大品牌实力》对此事件进行了报道：

230家专卖店，举办“以旧换新”活动让利6000万元。

…………

率先启动以旧换新，保护消费者利益

…………

技术+产品+市场=实力

…………

据业内人士介绍，让利6000万元，充分彰显了雄厚的品牌实力。奥特朗快热式热水器独具领先的“迅腾”加热技术，解决了加热技术的关键问题，具备10重安全保护和完美的安全性。

…………

统计显示，国内电热水器市场保有量已超过2000万台。从节能、安全等角度看，前几年出厂的热水器很多指标都不合格，消费者使用的现有产品中绝大多数都面临着更新换代的需要。

奥特朗此次以旧换新活动最高折价近800元，只要整机完整，均可用一台旧机换购一台凝聚奥特朗最新技术研发成果的全新奥特朗快热式电热水器。折旧的热水器包括：燃气热水器、储水式电热水器、即热式电热水器。

此次换购，一方面从消费者的切身利益出发，消除旧热水器的安全隐患和危害；另一方面提高能源利用效率，减少资源消耗和环境污染。《天府早报》以“奥特朗‘A计划’启动 让利6000万‘以旧换新’惠及消费者”为题进行了报道：

奥特朗相关负责人介绍，此次换购一方面从消费者的切身利益出发，消除旧热水器的安全隐患和危害；另一方面提高能源利用效率，减少资源消耗和环境污染。

…………

作为专业品牌，奥特朗快热式热水器独具领先的“迅腾”加热技术，解决了加热技术的关键问题，具备10重安全保护，具备很好的安全性。

…………

据统计显示，国内电热水器市场保有量已超过2000万台，但从节能、安全等角度看，消费者使用的现有产品大多需要更新换代，同时生产厂家的良莠不齐，也要求市场洗牌。

…………

面对奥特朗让利6000万的销售策略，业内人士认为，奥特朗在充分彰显自身雄厚的品牌实力的同时，将对热水器行业形成强烈冲击，使得快热式热水器行业迎来新一轮的洗牌。通过洗牌，淘汰无资质企业和产品，将是保障消费者权利的最好途径之一。

奥特朗从产品制造到售后服务体系的管理非常完善，不仅拥有世界超大规模的专业生产基地，同时还在全国各省市拥有销售网点2000多家、服务网点230家。2008年，奥特朗实现全年销售额同比增长120%，而2009年奥特朗将领导快热式热水器实现与太阳能热水器和燃气热水器三足鼎立，其品牌实力改变了整个行业格局。

面对热水器行业奥特朗让利6000万元的销售策略，业内人士认为，奥特朗不断推进的让利风暴，将对整个热水器行业形成强烈冲击，使得快热式热水器行业迎来新一轮的洗牌。对与奥特朗“以旧换新”促销活动对整个行业的影响，搜狐家居报道：

…………

奥特朗根据旧机的新旧程度实行大幅度让利，旧机最高折价近800元。无论你的热水器是什么品牌、型号、使用多少年，只要整机完整，均可换购奥特朗电热水器（以一换购一），折旧的热水器包括：燃气热水器、储水式电热水器、即热式电热水器。

…………

一直致力于电热水器节能、环保的热暖产品研发生产的奥特朗，非常重视与消费者之间的沟通，通过消费者的心声研发出符合消费者的产品。

…………

除了报纸、网络对这件事进行了大规模的报道，阐述了其对行业和企业的影响外，在百度上搜索，相关报道达到1020条左右，且纷纷对“以旧换新”、“A计划”的具体内容进行了介绍，对于企业和产品的推广起了很大作用。

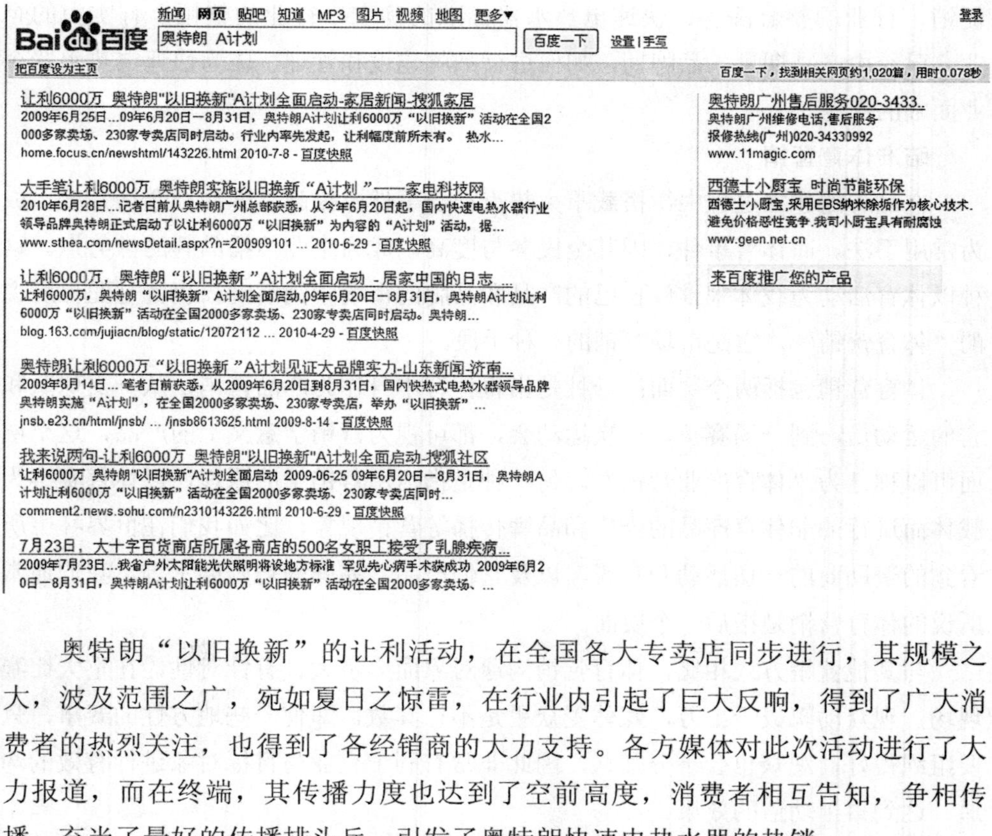

奥特朗“以旧换新”的让利活动，在全国各大专卖店同步进行，其规模之大，波及范围之广，宛如夏日之惊雷，在行业内引起了巨大反响，得到了广大消费者的热烈关注，也得到了各经销商的大力支持。各方媒体对此次活动进行了大力报道，而在终端，其传播力度也达到了空前高度，消费者相互告知，争相传播，充当了最好的传播排头兵，引发了奥特朗快速电热水器的热销。

奥特朗“以旧换新”的大型促销活动，不仅仅是政策导向下的市场行为，也是奥特朗“整合营销传播”中的重头戏。通过促销活动，不但刺激消费需求，增加产品销量，也提高了企业的品牌知名度。奥特朗积极响应政府号召举办“以旧换新”活动，一方面以消费者的切身利益为出发点，消除旧热水器的安全隐患和危害，还可避免老旧热水器低价处理或废品处理，使更多的消费者以较低的成本使用上小巧美观、便捷快速的电热水器，拉动国内热水器的市场需求；另一方面在提高能源利用效率上，可减少国家资源的过度使用和环境污染。奥特朗还是第一家在业内掀起“以旧换新”活动的企业，开创了热水器市场的先河，充分体现了奥特朗人与广大消费者同在，与广大消费者共度时艰的决心和毅力。

第四节 “体育营销”，借力奥运体育热潮抢占商机

国内快速电热水器行业发展迅速，经过十来年的飞速发展，通过产品的推广促销，行业的整合洗牌，快速电热水器标准的确立、行业的整顿，有实力的企业，已经由产品期进入品牌期，如何进行品牌建设和管理，成为快速电热水器企业面临的问题。

瞄准体育营销

在品牌的建立过程中，搭载重大热点社会事件，提高品牌的社会认知度，成为常用手法。而体育事件，因其全民参与度高，成为企业传播品牌的借势点。这种以体育活动为载体来推广自己的产品和品牌的市场营销活动，也就是业界所说的“体育营销”，它是市场营销的一种手段。

体育营销包括两个层面：一种是指将体育本身作为产品营销，从一支球队和它的运动员，到一场赛事、一次运动会，都可视为营销学意义上的产品，这个层面可以称之为“体育产业营销”。另一种是指运用营销学的原理，以体育赛事为载体而进行的非体育产品的推广和品牌传播等营销现象，比如我们在世界杯中所看到的赞助商的一切活动和身影，以及它们产品、品牌的巧妙展示等。我们通常所说的体育营销是指后一个层面。

与其他营销方式相比，体育营销沟通对象面广量大、有针对性，在重大比赛现场，观众动辄成千上万，媒体受众更是不计其数，即使一些地方性的赛事，只要组织得好，观众也会十分踊跃，因此非常有利于企业与目标对象进行有效的沟通，达到事半功倍的效果。

体育营销最大的特点就是公益性。可以说，体育是人类共同的事业，赞助体育，进行体育营销的市场运作，其作用是普通广告无法相比的。

随着体育热潮的广泛传播，体育以观赏性、竞技性和游戏性的特点，成为全人类的主要盛典之一，也是最被广泛认同的人类活动。由此，产生的注意力经济和体育经济，深深影响着企业发展或品牌增值。很多企业已深刻认识到体育营销

塑造品牌的魔力，同时更清醒地认识到体育活动背后蕴藏着无限商机。

体育是人类共同的事业，赞助体育或者进行其他形式组合的体育营销，其观众注意力、品牌渗透力和影响力，是其他类型的广告所不能达到的。传播效果易被接受。受众的排斥阻力相对弱一些，商业性及功利性不明显。同时，它可以激发个人情感依恋以及群体性和晕轮效应。

在重大比赛现场，观众数量之多是其他事件营销所不能企及的；赛事直播，媒体受众更是广泛。体育本身就是一种世界性语言，它打破了信仰、文化、语言和种族等种种障碍，联结社会、企业与消费者的关系，因此非常有利于企业与目标对象进行有效的沟通，快速提升品牌价值，快速推进国际化品牌赛程及品牌国际化增值。

体育消费者倾向于将自己与体育联系在一起，创造了增强对相关赞助产品品牌忠诚度的机会；而体育营销恰恰以其特有的公益性、互动性和成本效益优势成为消费者和商家共同青睐的品牌传播方式。

嫁接北京奥运会

2008年北京奥运会，作为中国人生活中的重大事件，引起了整个社会的关注，各商家摩拳擦掌，使出浑身解数，欲分一杯羹。在2008“奥运年”，体育被提升到了空前的高度，人们的体育热情也达到了前所未有的程度，因此在这一特殊时期举行的其他一些体育赛事也受到了超乎寻常的关注。

“2008全国沙滩排球巡回赛总决赛”在广州举行，这为快热式热水器领导品牌奥特朗提供了一次绝好的品牌传播机会。经过周密的策划，奥特朗顺利成为该赛事独家冠名赞助商。我和我的团队充分利用自己的媒体资源优势，对此事件进行广泛的传播，各大门户网站及行业网站纷纷进行报道和转载，使奥特朗品牌知名度进一步得到大幅提升。

2008年11月23日，“2008全国沙滩排球巡回赛总决赛”在广州天河体育中心圆满落幕，奥运会铜牌得主张希与队友黄影获得女子组冠军，男子组冠军被陈诚、李健夺走。奥特朗作为总决赛合作伙伴，对此次赛事给予了大力支持。

即热式电热水器领导品牌奥特朗凭借其雄厚的实力和对体育事业的一贯支持，力挫众多竞争对手，成为“2008全国沙滩排球巡回赛总决赛”的战略合作伙伴。这是奥特朗首次赞助国家级大型体育赛事。

在赛事期间，奥特朗的拉拉队统一着装，穿奥特朗文化衫、戴太阳帽为各队运动员呐喊助威，成为整个赛场上的一道亮丽的风景线，前来观战的领导对奥特朗优秀的企业文化素质及员工的团队精神给予了高度赞扬。据介绍，奥特朗一直以来倡导积极健康的高品质生活理念，鼓励人们在追求事业成功的同时，留出更多的时间来关心家人，享受生活，做到事业与生活平衡，事业与生活共赢。

搜狐家居报道：

奥特朗成“2009沙滩排球巡回赛总决赛”合作伙伴

继2008年奥特朗成为“2008全国沙滩排球巡回赛总决赛”合作伙伴后，2009年12月奥特朗再次荣邀成为由国家体育总局沙排运动管理中心和广州市体育局联合主办的“2009全国沙滩排球巡回赛总决赛”合作伙伴。

…………

据奥特朗相关负责人介绍，奥特朗公司一直倡导积极健康的高品质生活理念，相继支持2008年和2009年全国沙排、第十八届亚洲田径锦标赛、市委萝岗宣委跨国企业环城自行车赛等与体育相关的健身益民活动和相关赛事。

网易报道：

奥特朗携手全国沙滩排球总决赛 共同打造国内顶级赛事

…………

据悉，“2008全国沙滩排球巡回赛总决赛”将于2008年11月17日至11月23日在广州天河体育中心举行，本次比赛是由国家体育总局排球运动管理中心和广州市体育局共同主办、广州市排球协会承办的大型体育赛事，届时将由广州电视台现场直播决赛，南方电视台、广东电视台新闻播报、《中国体育报》、《南方日报》、《羊城晚报》、《南方都市报》、《新快报》和《信息时报》等媒体跟踪报道。此外，将有来自超过13个省（市）自治区、解放军、香港特别行政区代表队共80多对选手参加比赛，赛事规格、规模等都将远远超越往届。作为本次赛事的战略合作伙伴，奥特朗将大力支持，并为赛事的圆满举行提供充分的准备工作。

…………

一直专注于为追求时尚、品质生活的人士提供具有设计先进、人性化、品质可靠的电暖产品的奥特朗，在注重自身品牌发展的同时，对体育事业同样充满着热情。据奥特朗相关负责人介绍，奥特朗公司一直倡导积极健康的高品质生活理念，公司专门为员工开设了健身房，购买了很多健身器材，并坚持每年组织一次员工运动会，设身处地为员工的身心健康着想。此外，奥特朗还积极与相关单位和媒体合作，多次支持与体育相关的大型活动，今年5月份奥特朗还携手《南方都市报》为“奥运巡展”活动提供豪华奖品数台。随着这次成为全国沙滩排球总决赛合作伙伴，奥特朗的体育营销战略已初步显现。

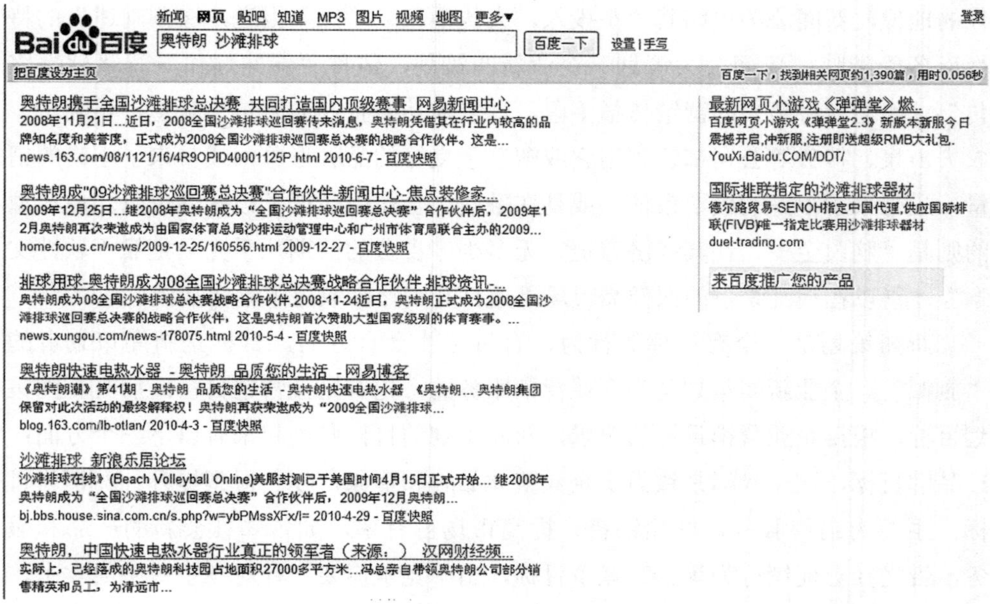

奥特朗借势奥运体育热，其赞助沙滩排球得到了媒体广泛的关注和报道，全国10家以上报纸和50家以上网络对其进行了报道，报道文字累积达到10万字。而沙滩排球赛作为一件体育盛事，相关的追踪报道也众多，在百度上搜索，相关的报道达1390条之多。

结语　新闻公关在企业整合营销传播中的作用

作为一种实战性极强的操作性理论，整合营销传播兴起于商品经济最发达的美国。在经济全球化的形势下，整合营销传播理论也在中国得到了广泛的传播，并一度出现“整合营销热”。环顾国内的成功案例，由湖南卫视与蒙牛乳业集团双方共同打造的“2005快乐中国蒙牛酸酸乳超级女声”赛事活动堪称整合营销传播的经典范本。

整合营销传播是随着商品经济发展而兴起的营销传播理论，发达的商品经济是其产生与发展的土壤。在国内，沿海发达地区无疑最先具备适合整合营销传播理论的舞台，而在“先行先试”的广东地区，一些具有前瞻眼光的优秀企业已经将整合营销传播贯彻到了企业的营销活动中，奥特朗无疑是得风气之先的企业之一。

作为一横一纵的两种传播手段，广告与公关在整合营销传播中，具有无可取代的地位，新闻公关更因其“小投入，大传播”、“深入报道，深刻阐述”的特性而备受青睐。新闻公关策划、企业新闻策划，俗称“新闻炒作”、“软性宣传”，作为一种新兴的营销传播手段，许多成功的企业如海尔、联想、科利华、农夫山泉、搜狐等公司都曾利用它或塑造了良好的品牌形象，或带来了不错的销量，或带来了很好的股票市值，或是在融资、合作中赢得了极好的价码。最典型的则是“脑白金”，在其经济窘迫、无多少广告费的前期几乎完全是靠“软性文章”才得以在战乱纷争的保健品市场迅速打开销路，取得了不俗战绩。

新闻策划是一个有目标的行为，有目标才会有方向，目标是新闻策划者的“旗帜”。企业新闻策划是为企业营销服务的，先有企业营销目标而后有新闻策划目标。根据企业营销目标的要求，新闻策划的目标归纳起来有以下三个方面：1.品牌目标，这一目标是致力于企业整体品牌和形象，使之得到提升。2.销售目标，主要为销售服务，增加销售、提高市场占有率，如告知社会新的产品和服务，告之社会促销行为等。3.竞争目标，出于竞争需要，针对竞争对手的攻击，进行针对性的新闻策划。

我和我的团队在为奥特朗电热水器做所有新闻公关策划时，都是紧紧围绕奥特朗的企业营销目标出发的，在“文化营销”中，紧紧抓住“预即双模”电热水器的特点及其给行业带来的影响，建立起“双模”的概念。同时，我们加强对“双模文化节”的传播，通过与消费者的互动，让更多人了解和认识到“预即双模”电热水器的优势和特点，达到引导消费的目标，而在“事件营销”中，针对欧安妮侵权盗用奥特朗注册商标“迅腾”这一事件，我们抓住该事件对奥特朗的影响，以及对整个行业的影响迅速展开了传播，不仅维护了奥特朗的合法权益，更传递了企业产品、技术方面的正面信息，树立了奥特朗的良好品牌形象，“以旧换新”本身具备事件新闻特性，企业的营销目标也只是着眼于提高市场占有率，而我们通过完整的策划及传播使社会大众更进一步关注和了解到奥特朗企业的产品、管理、营销、技术等全方面的实力，增强消费者对奥特朗产品的信心。“体育营销”作为借助大型体育赛事展开的营销活动，体育赛事本身的吸引力对营销成败有着巨大影响，但合适的传播手段也对营销效果起着重要作用。我们通过对奥特朗赞助“2008全国沙滩排球巡回赛总决赛”进行新闻传播，丰富传播内容，增加了奥特朗在公众面前的曝光频率，为奥特朗企业的发展创造了和谐的社会环境。

善用整合营销传播，重视新闻公关在企业营销传播中的作用，将企业的营销目标通过新闻公关等一切合适的手段来实现，奥特朗必将在电热水器市场的激烈竞争中一往无前！

第九章

跨媒体传播，健康漆领军品牌美涂士的“策划法则”

引言　跨媒体传播的理论与实践

《孙子兵法》有云：“水因地而制流，兵因敌而制胜。故兵无常势，水无长形。”在传播领域，同样如此。十几年前，当电视大行其道的时候，有学者大胆预言，从此以后，纸质媒介将成为明日黄花，逐渐成为历史的记忆。当互联网迅速闯进我们的生活，社会进入到数字传播时代时，又有专家断言，用不了多久，纸质传播、电子传播、数字传播三国演义的格局就会彻底完结，互联网一统天下指日可待。

纵观人类大众传播史，大众传播主要经历了三个时代：第一个是纸质传播时代（媒介载体为报纸、书籍、杂志等形式），第二个是电子传播时代（媒介载体为广播、电影、电话、电报、电视等形式），第三个是数字传播时代（媒介载体为高清晰度电视、电脑、VCD、DVD、CD、互联网络等）。从技术层面上讲，这三个时代的划分是科学进步的三次飞跃。

学者们看到了科技的进步给传播带来的巨大变化，并从历史发展的角度和“弱肉强食”的自然进化规律上作出了大胆的判断。也许，千百年后，随着科技的不断进步和人们行为习惯的根本改变，某类传播媒体会逐步淡出历史的舞台，但是，现在得出这个结论，却过于偏激。

学者们的“进化”理论还建立在另外一个前提下，新的传播媒介与之前的传播媒介不存在交叉。事实上，这样的情况是不可能出现的，随着人们获取信息的渠道日益丰富，无论是数字传播也好，电子传播、纸质传播也罢，想只手遮天都是不现实的。这时，问题就产生了，在信息传播时，我们该何去何从，如何选择才能最大化地达到我们的目的？显然，无视任何传播方式都不是明智的选择，于是，传播学家想到了一个最佳的解决办法——跨媒体传播。

第一节　情感传播，营销的灵魂与基石

本章我们将通过美涂士的案例与大家探讨跨媒体传播，在此之前，有必要先交代一下本案的背景——基于情感营销的活动策划。

随着我国市场经济的繁荣，许多商品已从卖方市场转变为买方市场。在消费上，随着人们生活的富裕，人们的消费层次不断提高，已经从最初对商品基本功能的要求，转而向商品附加值的追求。面对商品同质化严重，市场竞争日趋激烈的经济格局，各企业无不绞尽脑汁，打造自己的“独特的销售主张”（Unique Sales ProPosition），希望通过差异化营销获得消费者的认同，以此来带动销售的增长。

归根结底，在企业八仙过海，各显其能的背后，其终极目的只有一个，通过塑造产品（品牌）的差异化，在情感上获得消费者对自己的偏爱。激烈的市场竞争使我们步入了一个情感经济的时代。

在情感经济的时代，情感正在创造财富，情感正在创造品牌，情感正在创造一切。

在情感经济的时代，企业生存的王道不是靠大打价格战，拼命压缩利润来抢攻市场，而是要创造“魅力产品”，打造“情感品牌”，进行“情感营销”。

在情感经济的时代，真正的行业翘楚不是在资产排行榜上，而是在消费者的心中，“情感营销”将成为这个时代最有效和最持久的营销武器。

广东美涂士化工有限公司是中国化工百强企业、中国建筑涂料十大品牌，年生产能力超过10万吨，产能与市场占有率均居行业前列。

美涂士多年来一直坚持用“环保、无污染”塑造自己“家居健康卫士”的形象。从一开始，美涂士就坚定地走情感营销的道路，这也是美涂士能够稳坐行业龙头的一个重要因素。

现在，很多企业家都认识到了情感营销的重要性，但其中大部分人始终把目光聚焦在产品本身上，他们认为产品是根本，产品是灵魂，产品是一切一切的前提，只有让消费者先认同产品，才能进而认同企业。所以在营销上，全部围绕产品本身挖空心思。于是，开发情感产品，使用情感商标，制定情感价格，运用情

感促销等情感营销手段大行其道。

这些做法无疑是正确的，对于俘虏“忠实的消费者”的确杀伤力巨大，但对于品牌的塑造，仅仅依靠这些手段还是有所欠缺。仅仅局限于产品本身，再有创意的包装，再有噱头的宣传都很难让“精明”的消费者缴械投降，至此对你忠心不渝；只有将消费者内心的情感世界彻底打动，才能做到事半功倍。

其实，认同产品与认同企业之间不存在孰先孰后的必然关系。反其道而行之未尝不可，而且往往还能收到意想不到的效果。因此，抛开产品本身，单纯体现企业社会责任感的宣传也非常重要。对于塑造品牌，这绝不是浪费时间、金钱的鸡肋传播。

在本案中，美涂士首先放弃了围绕产品策划活动的想法，在美涂士的设想中，这个活动要包含如下元素：第一，花钱不能多，但还要产生轰动效应，最好形成公众积极讨论的热点话题；第二，通过这个活动，提升社会各界对美涂士的企业认同度，进而提高品牌知名度和美誉度；第三，公众心中对美好生活的追求是永远不会褪色的，但紧张忙碌的工作和生活往往使人忽略了某些重要的东西，通过这个活动，要能唤醒隐藏在人们内心深处的美好回忆，从而引起广泛的社会共鸣。

中国人还是比较传统的，数千年的文明沉淀，使得“家”的地位在老百姓心中无比重要，而“爱与孝”更是中华民族的传统美德。在过去，唠家常是家庭成员互相交流，增进感情的主要手段。随着科技的进步，摄像技术的成熟，人们已经习惯了把有纪念意义的、幸福的瞬间用照片储存下来。小小的一张相片是唤起人们美好记忆的最佳载体。

活动框架定下来，围绕相片展开，接下来就是细化。美涂士是专精于涂料的企业，产品处处体现在“家”的概念上。本次活动要和“家”紧密契合才能将美涂士企业形象最大化放大。于是，策划出了本案中的“夫妻相照片”征集活动。

这个活动落地后很简单，就是一次“网络选美”。凡已婚夫妻或未婚情侣均可参与，另外还可代自己的父母或朋友参赛，参赛者只需在美涂士官方网站上上传照片并填写照片信息即可参与评奖。活动将根据参赛选手是否具有夫妻相，以及其描写的浪漫故事进行评奖，每周、每月都会产生获奖者，并最终选出一名总冠军。

美涂士的这个活动，表面上看虽然没什么创新，但从内容上看，与美涂士一直以来的公众形象结合得紧密、自然。而且不走哗众取宠的路线，得到了社会各界的一致认可，引发了广泛的共鸣。美涂士的企业形象和品牌形象在悄然不觉间得到了显著的提升。而这一变化最直接的表现就是店铺促销活动中出现的跳跃式销售增长。

第二节 跨媒体传播，网络媒体充当开路急先锋

如果要给跨媒体传播下个定义，或许可以这样来描述：所谓跨媒体传播，是指信息在不同媒体之间的流布与互动。它至少包含两层涵义：其一是指相同信息在不同媒体之间的交叉传播与整合，其二是指媒体之间的合作、共生、互动与协调。

存在就是合理，既然谁都无法一枝独秀，那么就整合起来，利用各自的优势将信息立体化地传播出去，达到影响最大化的目的。这就是跨媒体传播的精髓所在。道理虽然简单，但是实际执行起来却并不容易。很多媒体的传播成本是很高的，如果不加选择地各类媒体都“跨”那么一下，资源浪费姑且不论，其高额的费用也着实让人退避三舍。

在本章案例中，将通过我和我的团队为美涂士做的这个活动传播，与大家一起研究如何巧用跨媒体传播，整合传统媒体与网络媒体资源，达到花最少钱、办最大事的目的。

在活动的策划案确定下来后，接下来就进入真刀真枪的“造势”阶段。从2009年9月28日活动启动到2009年12月20日活动结束短短的3个月时间里，我们为本次活动精心策划了三次媒体造势——两次互联网传播和一次整合了报纸与互联网的跨媒体传播。

本次活动是一次线上活动，平台是美涂士官方网站。如何打响本次活动的第一枪非常关键。经过缜密的分析，我和我的团队认为：以电视为代表的电子传播平台可以首先放弃，理由如下：第一，这类媒体的宣传费用太高；第二，从本次活动的规模和形式上看，也不适合做电视传播。

在第一阶段，我们同样没有选择报纸进行新闻造势，是基于以下几方面考虑：第一，在我们的设想中，本次活动的社会效应曲线应该是“台阶状”的，即“引起广泛注意——蓄力——掀起高潮——再蓄力——达到沸点，最后活动在波峰中圆满结束”，这样的走势，才能最大限度地引起社会各界的广泛关注，达到提升美涂士品牌美誉度的目的。俗话说，“好钢用在刀刃上”，在我们的传播计划中，报媒传播是一支直捣黄龙的奇兵，亮剑太早，这支奇兵的作用将大大降低。第二，如果在活动伊始就利用报刊媒体进行新闻宣传，首先新闻点还不够

“热”，在传播效果上会打折扣，另外，也容易让人产生“企业作秀”的猜疑。

接下来，我们的目光聚焦在了互联网本身上。随着网络的普及，互联网在人们（尤其是年轻一代）的日常生活中的主导作用日益凸显，但值得注意的是，在当今的中国，网站数目更是多如牛毛，受众群体有着太多的选择，互联网存在注意力分散严重的问题。因此，要做到信息的精准传播，实现重点覆盖和交叉覆盖完美结合，平台的选择至关重要。

经过仔细的分析与研究，我们选择了网易、搜狐网等9家门户网站，上海热线、南方网等区域门户网站，共计31家网络媒体作为拉开本次活动序幕的传播桥头堡，并于10月8日打响了“造势”第一枪。网站列表如下：

媒体选择	区域	网站	频道
门户网站	全国	新浪	财经
	全国	搜狐	新闻
	全国	网易	新闻
	全国	新华网	新闻
	全国	雅虎	财经
	全国	TOM	产经
	全国	21CN	财经
	全国	中华网	新华
	全国	人民网	社会新闻
财经高端	全国	和讯网	新闻
区域门户	上海	上海热线	新闻
	广东	南方网	财经
	广西	广西新闻网	新闻
	江苏	江苏在线	财经
	浙江	浙江在线	新闻
	山西	山西生活网	新闻
	湖北	荆楚网	新闻
	四川	四川在线	新闻
	重庆	华龙网	产经
	江西	中国江西网	财经
	河南	商都网	新闻
	合肥	中安在线	新闻
	山东	舜网	新闻
	河北	石家庄都市网	财经
	深圳	深圳新闻网	财经
	天津	北方网	广告
	辽宁	东北新闻网	新闻
	福州	福建之窗	新闻
	陕西	古城热线	新闻
	甘肃	兰州新闻网	新闻
	青岛	青岛新闻网	新闻

"不鸣则已，一鸣惊人"，在1家网站的集中宣传下，本次活动得到了社会各界人士的广泛关注，一时间，美涂士官网的流量骤然飙升。初战告捷，活动第一次成功高调亮相。

在经历了火爆的开场之后，接下来的一段时间里，活动进入到蓄力阶段，参与人数与点击次数稳步攀升。我们瞅准时机，吹响了第二轮进攻的号角，本轮宣传的目的是进一步扩大影响力，掀起高潮。

第二阶段的传播，我们选择的仍然是网络媒体。在第二轮传播中，由于有了上一阶段传播的基础和影响力，我们有意识地精简了传播平台，10月27日，全国24家网络媒体同时对本次活动进行追踪报道，见下表。

媒体选择	区域	网站	频道
门户网站	全国	新浪	财经
	全国	搜狐	新闻
	全国	网易	新闻
	全国	新华网	新闻
	全国	雅虎	财经
	全国	中华网	新闻
	全国	人民网	社会新闻
财经高端	全国	和讯网	新闻
区域门户	上海	上海热线	新闻
	广东	南方网	财经
	广西	广西新闻网	新闻
	江苏	江苏在线	财经
	浙江	浙江在线	新闻
	湖北	荆楚网	新闻
	四川	四川在线	新闻
	重庆	华龙网	产经
	江西	中国江西网	财经
	河南	商都网	新闻
	山东	舜网	新闻
	河北	石家庄都市网	财经
	深圳	深圳新闻网	财经
	天津	北方网	广告
	福州	福建之窗	新闻
	陕西	古城热线	新闻

通过本轮传播，网民的热情被再度点燃，参与人数迅速逼近万人大关，点击次数突破20万人次，活动步入了高潮阶段。

第三节 奇兵出击，报媒传播将活动升华到品牌层面

在前两个阶段的信息传播中，我和我的团队有意识地淡化了“美涂士”这个活动平台，更多的是从活动本身和活动背后的情感层面进行信息的广泛传播。随着前两个阶段传播的开展，活动逐渐步入了高潮阶段。此时，我和我的团队趁势进行了第三阶段的传播——结合报纸与网络的跨媒体传播。

在本阶段，我们整合了报纸媒体与网络媒体资源，在信息传播方式上选择新闻传播，其目的有两个：

第一，通过前两个阶段，活动积累了大量的人气。此时，是突出活动背后的平台，展示“美涂士”品牌的最佳时机。由于新闻具有真实、客观、权威、严谨等特点，对于展示企业形象，提高品牌的知名度和美誉度都是最佳的选择。

第二，通过前两个阶段的宣传造势，活动的社会影响力已经到了高潮阶段，但离我们预期的“沸点”状态还差那么一点，急需再添一把火有效助燃。在此阶段，单靠网络媒体，这把火远不够旺。兵法云：“以正和，以奇胜。”厉兵秣马已久的“报媒奇兵”及时宣传正当其时。

我们主动出击，向全国的报媒沟通了本次活动的情况。不出所料，消息一经发布，嗅觉敏锐的记者很快意识到了本次活动积极的社会意义。《深圳商报》、《都市时报》、《合肥晚报》等数十家全国性报纸媒体争相报道了本次活动的新闻。

在本阶段的传播中，我们有意识地强化了活动背后的平台——“美涂士”，《深圳商报》的新闻报道如下：

80岁伉俪晒“夫妻相”吸引数千粉丝

美涂士征集“幸福照”，传递真爱引起众人共鸣

昆明的《都市时报》对本次活动给予了高度的评价：“美涂士的这次活动，不仅提升了社会大众的家居环保意识，也为广大消费者创造了更多的价值，更在社会中掀起了‘爱与孝’的文化热潮，可谓一举数得，充分体现出国内健康漆领导品牌的风范。”

《合肥晚报》从“温情营销”的角度对本次活动予以了充分肯定：

临近岁末，涂料行业掀起“温情营销”

美涂士打“健康牌”，带动环保消费潮

配合报纸媒体，我们同时开展了一轮网络新闻传播。关键时刻，跨媒体传播的巨大威力展露无遗，在报纸传播和网络传播的强大交叉火力下，公众的参与热情空前高涨。通过本轮画龙点睛的深度传播，活动的社会效应被最大化放大，达到了沸点状态。

到12月20日活动结束，本次活动得到了社会各界人士的广泛关注，美涂士的公司形象也得到了极大提升。美涂士的这次活动实际投入并不多，但在实际效果上，却丝毫不逊色于投资巨大的全国性大型促销及宣传活动。尽管我们对与之配合的“健康1+1”全国促销活动未作重点宣传，只是在传播时顺带提及，但销售情况却异常火爆。美涂士在赚足了“眼球”的同时，各专卖店也赚得盆满钵溢，可谓名利双收。

结语　小成本，大“制作”，美涂士的“策划法则”

总结美涂士案例，本案成功的因素有很多。在大的方面，除了活动内容本身深谙情感营销的精髓，具有强大的生命力和吸引力外，传播策略得当也是一个很关键因素，具体归纳起来得益于以下几点：

一、活动选题得当。本次活动紧紧地抓住了责任与情感两条主线，与美涂士自身一贯的公众形象契合得亲切、自然、紧密。通过情感传播，公众在通过活动本身引起广泛共鸣的同时，很自然地认可了美涂士“家居健康卫士”的形象，潜移默化中，企业的知名度和美誉度得到了很好的提升。

二、巧用跨媒体传播。在本案中，三个阶段的传播目的、侧重点、针对性等方面都有很明确、清晰的计划，在执行的时候也很到位，活动的效果曲线基本与我们预先设想的一致。本案传播中，通过精心的策划、缜密的安排，充分发挥了网络媒体、报纸媒体各自的优势，收到了理想的传播效果。

三、宣传策略得当。本案的前两个阶段，传播重点放在活动本身的宣传上，淡化美涂士这一平台。传播的内容方面，将本次活动以轻松、幽默的笔调，略带煽情的风格，展示在网民面前，取得了很好的效果；在第三阶段深度传播中，宣传重心有意识地向美涂士品牌延伸，并通过严谨、权威、真实的报纸媒体将本次活动从社会热点升华到企业的社会责任感与品牌的层面上，潜移默化中，将美涂士的烙印镌刻在了公众心目中。

值得注意的是，尽管本案中我们为美涂士方面做了三个阶段的信息传播，但相比较一般企业全国性活动动辄上百万元的宣传预算，美涂士方面实际发生的费用非常少。打个比方，我们驾驶着舢板，做到了航空母舰能做到的事情。而这一切，都建立在我们对活动内容的准确把握以及对各类媒体的深刻了解和信息传播的精准控制上。

跨媒体传播时代，衡量传播效果的依据，不再是铺天盖地的狂轰滥炸；选题得当，计划严谨、周密的“小制作”一样可以做到信息的“广泛到达”和“有效到达”，并收获与“传统大片”同样的“票房收入”。美涂士案例的小成本运作表明，跨媒体传播，不应该只是大企业的专利，中小企业同样可以依靠“以质取胜”，活跃在公众的视线中。

第十章

借势传播，3861中国妇婴网和新居网的“炒作路径”

引言　借势传播的理论与实践

汉代的王充《论衡·道虚》云：“淮南王学道，招会天下有道之人，倾一国之尊，下道术之士，是以道术之士并会淮南，奇方异术，莫不争出。王遂得道，举家升天，畜产皆仙，犬吠于天上，鸡鸣于云中。”这段话讲的是世人耳熟能详的“一人得道，鸡犬升天”的故事。话说汉朝淮南王刘安一天到晚没个正事，只对成仙得道痴心一片，只要是和“仙、道”沾点边的人，不管有无真材实料，全都屈尊结交。终于，在风云际会，因缘巧合之下，让他获得仙方，就此平地飞升，得道成仙。这还不算完，在刘安功成圆满之时，自家的阿猫阿狗，连同一地鸡毛，全都跟着沾了光，着实在九天之上风光了一把。

抛开故事中延伸出的一人做官，全家享福的生动讽喻不谈。仔细想想，里面所蕴含的“玄机”却很深邃，对于营销、策划、传播不无启发，甚至还可以从中总结出企业发展的“王道”所在。

首先一点，在于“查势”。我们常说认识自己是最简单的，也是最难的。对于一个企业来讲，同样如此，企业在行业内处于什么位置，自身的优势在哪里，短板是什么，如何扬长避短，今后的发展思路如何，都需要企业精确把握出自身的“势”之所在。道理说起来简单，但要做好却并不容易：对自身估计不足，妄自菲薄，企业在前进的道路上就会畏首畏尾，贻误战机，乃至被竞争对手抛离；高估自己，得意忘形，企业的发展将会充满浮躁，盲目跃进，最终只能惨淡收场。在上面的故事中，刘氏集团的带头大哥淮南王没有晕倒在自己“普天之下，莫非王土；率土之滨，莫非王臣”的光环下，相反，却对自家事有着深刻的认识，自己的优势在于拥有庞大的财富和绝对的垄断地位，而不足在于“企业”的“技术含量低和可持续发展动能不足”。正是因为他认识到了这些，才有了后来的“招商引资”，于是乎，“奇方异术，莫不争出”。

不管是传播还是公关活动，其最终目的，都是“创造机会”，也就是“造势”。这和我们耳熟能详的“时势造英雄，英雄造时势”是同一个道理。“造势”的目的是让社会公众全方位了解企业，了解品牌背后的人、企业、文化和故事，促成他们对品牌由认识而了解，由了解而无限忠诚——品牌得人心者得天下。对于企业而言，它所有的行为活动，例如广告、促销活动等等，都是其独一无二的“势”，擅长吸引“眼球”的企业一定是擅长“造势”的企业。回到故事，刘安“造”的就是“王遂得道，举家升天”这个前无古人、后无来者的天下“大势”。

如果说“查势”是基础，“造势”是目的的话，那么“借势”才是根本方法所在。面向外部庞大而纷繁的公共环境，即便再有钱的企业，也会显得很弱小，因此都需要“借势造势”。聪明的传播，是通过“借势”，找到最佳“做点”，这也是实现企业价值最大化的核心策略。强大如刘淮南王也要借“并会于淮南的道术之士”才能造出自己的“势”。

有人会说，故事中的刘安由于他本身的独特地位，决定了其不可复制的特殊性，对一般企业而言参考意义不大。那么，故事中的不起眼的小人物“阿猫阿狗”无疑能给我们带来深刻的思考。正常情况下，“阿猫阿狗”之辈是不会引起大家普遍关注的，即便它们是刘安养的，即便它们叫的声音再大。但是，它们敏锐地借助刘安所造的“大势”，造出了靠自己八辈子也创造不出来的“势”——“犬吠于天上，鸡鸣于云中”，从而引起了广泛的关注，一举实现“草鸡变凤凰”。

在绝世高手的眼中，世间万物都可成为神兵利器，“落叶飞花皆可伤人”。这个层次的高手已经到了“天下势，信手拈来，皆为我势”的至高境界，这也是企业“造势”能达到的最高境界。但是，这种境界毕竟还是遥远的传说，不具备普遍性，试想，一个普通老百姓挥舞着草根去和大象PK，结果会如何？尽管他也在“借势”，但因为所借之势不够强大，结果，不但目的没达到，还白白地把自己也搭进去了。

对于企业而言，闭门造车的时代早已随风而去，“借势、造势”是关乎生存、发展的必然选择，“势”借得好，企业会更上一层楼；同理，借错“势”，搭错车，也会“画虎不成反类犬”，甚至“赔了夫人又折兵”。在本章，我们将通过3861中国妇婴网和新居网两个成长性网站的案例与大家探讨网络企业该如何通过“借势传播”，实现快速增长的目的。

第一节　借力“亚运”，3861中国妇婴网的新闻传播尝试

在分析案例之前，先简单谈谈我对借势的理解。

借势，顾名思义，就是借助目标群体所关注的问题，将产品和品牌与之捆绑，融为一体，借其“热度”，引“火”上身，这和我们常说的“镀金”很相似。借势的可选择范围很广，大到热点政治事件、热点社会事件，小到流行影视、歌曲，甚至一句新潮的“流行语”，都能成为不妨一借的选择。但在借势策略上一定要牢牢把握以下三点：

一、当机立断，出击要快。

热点、流行资源通常都有时效性，同样一件事，在不同时期，其热度也是不同的。而且，同一热点问题，拿来借势的企业可能也不止一家。因此，选好目标，出击一定要快，先人一步的效果总是最好的。举个例子，2009年“甲型H1N1流感”疫情暴发之初，中国白电巨头格兰仕敏锐地抓住这一民众关心的热点事件，进行了广泛的新闻造势：“格兰仕全能微波炉光波杀菌受追捧”、“流感袭来光波杀菌功能令格兰仕全能微波炉卖断货”……格兰仕第一时间将微波炉的光波杀菌与甲流联系到一起，产生了理想的销售效果。

二、联系自然，结合紧密。

将企业、品牌与所借之势捆绑到一起的时候，一定要做到联系自然，结合紧密，不露痕迹，浑然天成。过于牵强，或者联系不紧密的“借势”吸引过来的不会是“眼球”，只能是“臭鸡蛋”。

三、立意高远，引发共鸣。

优秀的借势总能让人耳目一新，并潜入目标人群的心智，使得沟通最大化。一个很经典的案例是美涂士的“夫妻相”征集活动：2009年9—12月，涂料行业传统的销售旺季，作为涂料行业的领军品牌，美涂士没有将宣传重心放在产品促销上，反而把精力放在了弘扬民族传统美德的“幸福照”征集上。最终的效果是，美涂士在收获了口碑的同时，产品销售也得到了很大的提升。在该案中，美涂士巧妙借势“爱与孝”，引发了广泛的共鸣，俘获了消费者的心智，并借机打造了品牌的“大势”，取得了可观的销售业绩。

在本章，我们将通过3861中国妇婴网和新居网这两个案例，与大家探讨借势传播的方法论。

全国儿童摄影展

3861中国妇婴网是国内妇婴专题资讯专业门户网站之一，旗下的电子杂志《得宝蜜语》平均每期下载阅读量超百万，在2009年之前，成功地举办了三届“全国儿童摄影展”，以不同的角度、不同时期风格展现各地当代儿童风貌，记录儿童成长历程，反映社会发展及变迁情况，是国内最具特色和发展潜力的妇女儿童类专题门户网站。

我和我的团队与3861中国妇婴网的合作就是从为“全国儿童摄影展”策划、造势开始。

作为中国妇婴网的标志性活动的“全国儿童摄影展”，前面三届的成功举办为活动积攒了相当的人气与较高的社会知名度。3861中国妇婴网方面希望能通过我们的宣传造势，让“第四届全国儿童摄影展”的人气更上一层楼，并提高网站的知名度和美誉度。

在对3861中国妇婴网的资料深入研究后，我们得出了下面的结论：

第一，作为一家专注于为妇女儿童服务的互联网企业，3861中国妇婴网对自身的定位和发展目标都有很清晰的把握。在“查势”方面做得很好，而且“造势”意识很强，前三届的全国摄影展就是一个很好的证明。

第二，在借势宣传方面，3861中国妇婴网与《今日人象》杂志、《时尚育儿》杂志、《娃娃丫丫》婴幼儿画刊等平面媒体以及新浪网、麦咯网、他她网等50家国内知名网络媒体都有过愉快的合作经历，合作过的儿童摄影机构也已超过1000家。可以说，3861对“借势造势”的理解还是比较深刻的。

第三，对于一个企业而言，“势”有大小强弱之分。作为3861中国妇婴网一手打造的“强势”产品，“全国儿童摄影展”固然有其积累的人脉资源与新闻点，在宣传造势上也没有问题。但问题出在它的时间背景上，2010年是令人期待的一年，世界杯、亚运会、世博会等“豪门盛宴”都将在这一年闪亮登场，作为一个持续时间一年的活动，届时，在板块轮动下，它到底还能保持多热，让人担忧。为了让活动取得更好的效果，吸引更多的“眼球”关注，只有一个办法，那就是——“借势造势”，站在巨人的肩膀上获得更多的关注。

借势“亚运”

经过仔细的分析，我和我的团队认为亚运会是最佳的“借势”选择。它的影响力虽然可能不如世界杯，但它在家门口广州举行，对于国人来讲，其热度会更胜一筹。另外，亚运会作为全民盛宴，与“儿童摄影”之间能找到很直接的契合点——用“儿童体育摄影为亚运献礼”。而且，作为一个历时一年的活动，在宣传上已经占据了“先入为主”的优势。

如果只是抱着大树乘凉，缺少自己的特色，很难形成自身独特的“势”，亮点还是不够的。此时，我和我的团队又瞄准了另外一棵大树——“吉尼斯世界纪录”，并重新定位了本次活动：以“全国儿童一起来，我为亚运添精彩”为主题，开展大型儿童体育主题图片展征集活动，用“2010个精彩瞬间，共迎亚运；2010尺（670米）动感画卷，申吉尼斯”，献礼亚运。

看到我们策划的“面目全非”的“第四届儿童摄影展”，深谙此道的3861中国妇婴网很快做出了反应——就是它了。框架已打好，接下来，就到了信息传播阶段。新闻传播一贯的宗旨是“花小钱，办大事”，而这点正是很多务实的企业长期与我们合作的原因所在。

严格来讲，3861中国妇婴网并不是一家大公司，和许多成长型企业一样，有宣传产品、宣传企业的意愿，但受困于自身实力，不会也无力做大面积宣传。为了让信息的覆盖率在现有条件下达到最广，我们在仔细筛选后，选择了新浪网、网易、搜狐网、腾讯网、人民网这五家门户网站和《新民晚报》、《南方都市报》、《新京报》等七家全国一线城市具有代表性的平面媒体作为本次传播的阵地。

媒体发布的时间，我们选择在2009年11月4—12日，亚运倒数一周年（11月12日）前夕，在时间上又小小地借了一次亚运的“势”。

腾讯网图文并茂地介绍了本次活动。

《新民晚报》更是对活动进行了深入的报道：

3861中国妇婴网（www.3861.com.cn）从即日起至2010年8月30日，以“全国儿童一起来，我为亚运添精彩”为主题，开展大型儿童体育主题图片展征集活动，通过展现孩子健康、阳光的精彩瞬间，来表达他们对2010广州亚运会的期盼和祝福。

据介绍，征集到的2010张获选作品，将被制作成以融合广州历史、人文、经济等为背景，展示现代魅力广州的2010尺（670米）动感画卷，并在全国各大城市巡展。

此次活动的参赛者可到指定儿童摄影机构中报名，将获得由机构提供免费拍两套服装（含一次体育主题造型），并获得6英寸4张相片。参赛宝宝范围为全国年龄0—12岁的儿童。2010名宝宝将入选画卷，并分享“吉尼斯世界纪录”的殊荣，获得“吉尼斯宝宝”证书。

《广州日报》的报道：

为迎接亚运，大型儿童体育主题图片征集活动日前启动，活动特别关注残疾儿童，旨在播种“拼搏、坚持、信念”及“重在参与”的亚运精神。最终成果还将申报“吉尼斯世界纪录”。

据了解，即日起至2010年8月30日，全国各地0—12岁的儿童可以在当地的指定摄影机构报名参加本次活动，儿童摄影机构将为参与宝宝提供两套服装、一次体育主题造型服务，并赠送4张相片。残疾宝宝还可另外获赠4张照片。最终2010名宝宝将入选画卷。获选作品将被制作成展示“魅力广州”的2010尺长的画卷，在全国各大城市巡展并申报“吉尼斯世界纪录”。入选宝宝将有机会和爸爸妈妈亲临广州免费观看亚运赛事，分享“吉尼斯世界纪录”的殊荣，获得“吉尼斯宝宝”证书。在广州，QQBABY、华派、哈密宝贝、漂亮宝贝等众多儿童摄影机构将为报名者提供服务。

…………

“麻雀虽小，五脏俱全”，在3861中国妇婴网案例中，虽然媒体传播的规模很小，但是由于集中了诸多元素，比如3861中国妇婴网前三届摄影大赛积累的影响力，巧妙借力“亚运会”、“吉尼斯世界纪录”，打造出3861中国妇婴网独特的“势”角。时间选择在本年度公众对亚运会最关注的亚运倒计时一周年前夕上。重点城市的跨媒体传播……据3861中国妇婴网反馈回的信息，与之前的几届摄影大赛同期比较，参与人数明显增多。3861中国妇婴网对本次活动传播的效果非常满意。

第二节　小故事，大智慧，新居网挥动新闻传播利器

巧合的是，在为3861中国妇婴网做宣传造势的同时，我和我的团队又接到了另外一个案例——同样是成长型网站的新居网。

新居网与尚品宅配

说到新居网，有必要先介绍一下其背后的母公司——尚品宅配。

尚品宅配成立于2004年4月，发展至今，已在全国开设了600多家实体店，成为中国定制家具的领导品牌。

商品宅配的强势崛起，在业内可以说是一个不大不小的奇迹。公司成立伊始，国内家居业的竞争相当激烈，各地方的杂牌军团姑且不论，国际知名品牌科宝·博洛尼、索菲亚、KD、史丹利、好莱客、德仕、科曼等与本土品牌美时、欧派、意德、德宝等大品牌为争夺市场份额斗得难解难分。

在激烈的竞争中，欧派、好太太、索菲亚等品牌不断延伸产品线，从“整体橱柜”、“整体衣柜”到“整体厨房”、“整体卧室”，从高端市场到中端市场，家具市场不断被细分、挖掘。从“单一产品”到“整体家居”的产品延伸路径成为行业发展的主流方向。

随着行业内大融合趋势的明朗化，涵盖“设计、配套、安装”的一站式定制购物成为行业发展的必然选择。然而，从表面看，家具定制营销迎合了消费者的生活品位要求与消费需求，似乎也不难，但在实际操作中，其步骤极为复杂，从消费者咨询、下单到组织生产、配送、上门安装等，任何一个环节都不能出现偏差，否则就会前功尽弃，造成巨大损失。

在尚品宅配成立前，也有不少企业“试水”推出了自己的定制服务，但因为服务差、交货不及时等各种原因，做得都不算成功。

尚品宅配，顾名思义，“尚品”，就是时尚品位，是公司的品牌定位；“宅配”，就是住宅配套，是公司的服务领域。从一开始公司的定位就非常明确，坚决走时尚家具定制服务的路线。

兵法云：“治兵以信，求胜以奇。”在“大牌”们纷纷败走麦城之际，尚品宅配要想取得成功，必须拿出自己的“差异化策略”来。

在经过仔细分析和研究后，尚品宅配将自己的核心定位在“数码”上，即以数码经营、数码管理、数码导购作为运作理念，在产品的售前、售中和售后环节全方位引进数码设计技术，在每个环节都给消费者一种独特的DIY体验。与行业内其他企业最大的不同在于，尚品宅配的销售产生是基于互联网，而非传统意义上的店面销售，企业通过信息化建设、信息化衔接（设计系统能够直接处理来自终端的定制信息，自动转化为生产信息，并与ERP系统联动按照订单组织生产），建立柔性生产系统，强化历程管理等手段将设计定制、组织配货、终端安装有效地整合在一起，形成了紧凑的业务链条。

新居网就是国内家具定制领导品牌“尚品宅配”的网络直销官方网站。新居网和3861中国妇婴网有着很多相似之处：都是基于互联网存在的“非正规部队”，在本行业内都有较大的影响力，具有高速成长的潜质，有着强烈的宣传意愿，但没有能力投放大规模的电视广告，希望在传播时通过“小投入”，获得“大产出”的效果。

小故事大传播

我和我的团队经过仔细研究、分析后，制定出了与3861中国妇婴网的思路差异很大的传播策略——通过讲故事，以小博大。

首先，我们仔细剖析了新居网“势”之所在：老百姓在搬新居之前都会先装修，接下来，要淘汰一些旧家具，买些新的家居用品。从传统意义上而言，选择新的家居用品的时候，人们习惯于亲力亲为，亲自跑建材市场，跑家居店，选购自己喜欢的产品。这时，问题就来了，本来平时工作就忙，“疲兵作战”之下，经常还会出点小问题。例如，没有经过仔细测量，预留空间不够，买的家居用品放不下；买了一件喜欢的家具，回家却发现和其他家具不搭配，怎么看都感觉别扭，没办法，只好拉回去换……消费者对于“省时、省力、省心、省钱”的购买模式有着强烈的潜在需求。新居网就是在这样的背景下应时而生的产物，通过“设计、配货、安装”的一站式购物，可以让消费者“买得放心、用得安心、看着舒心、住得开心”。

我们认为，“新居网模式”最大的成功之处在于该模式本身深谙被誉为可以清除新经济书籍的“长尾理论”精髓所在，并熟练地运用了“免费的力量”。

长尾（The Long Tail）这一概念是由《连线》杂志主编安德森（Chris Anderson）在2004年10月的《长尾理论》一书中最早提出，是网络时代兴起的一种新理论。长尾理论认为，由于成本和效率的因素，过去人们只能关注重要的人或重要的事，如果用正态分布曲线来描绘这些人或事，人们只能关注曲线的“头部”，而将处于曲线“尾部”、需要更多的精力和成本才能关注到的大多数人或事忽略。例如，在销售产品时，厂商关注的是少数几个所谓“VIP”客户，“无暇”顾及在人数上居于大多数的普通消费者。而在网络时代，由于关注的成本大大降低，人们有可能以很低的成本关注正态分布曲线的“尾部”，关注“尾部”产生的总体效益甚至会超过“头部”。

简言之，“长尾理论”颠覆了人们熟悉的“二八定律”，它的大概内容是，在数字经济学的统治下，“无限货架”成为可能，这也使得传统意义上的“尾部”受关注可以实现。这意味着消费者在面对无限的选择时，真正想要的东西和想要取得的渠道都出现了重大的变化，一套崭新的商业模式也跟着崛起。

在传统的家居销售模式下，受制于专卖店的成本压力，一个品牌不可能无限量容纳各种款式的产品。一些大的品牌将“欧风”作为主推概念，“新古典主义”、“自然主义”、“女性主义”等概念不一而足。在这种模式下，即便消费者有其他方面的需求，也是爱莫能助。

新居网的销售模式恰恰与“长尾理论”不谋而合。实体店更多的是起到中转站的作用，主要的销售活动通过网络产生。新居网每月会更新几十个款式，而且不存在淘汰一说，在产品设计上，新居网实际在提供行业的“无限货架”，这样一来不仅可以提高销售额，也能引来大订单及长期订单。而且，不管行业内刮起“世界上哪里的风”，企业都将立于不败之地。

尚品宅配销售模式的灵活性还体现在对“免费的力量”的熟练运用上。“免费”这个词的名声不太好，总让人想起盗版或诸如此类的价值蒸发现象。但数字市场最不容忽视的特征之一就是免费的可能性：由于成本几乎为零，价格也可以是零。实际上，免费策略已经成了最常用的网络商业模式之一。

新居网推出了“免费上门量房服务”、“免费设计图纸服务”，加上网站“无限货架”上提供的诸多家居款式。将“免费的力量”运用得得心应手，其直接效果就是吸引了大批消费者的注意，然后说服其中的某些人升级为“付费的高级”用户，销售额自然就上去了。

优“势”虽然明显，但新居网的劣“势”同样突出：由于宣传力度不够，加上平常人们也很少留意这方面的信息，很多人不知道这一模式的存在；而在知道这一模式的人群中，普遍还存在这样那样的顾虑。例如，设计是要花钱的，而且定金是很贵的，如果你所谓的设计师不能满足我的要求，我岂不白花冤枉钱？在你这一站购物会不会挨宰？你的售后服务是否到位？如果产品出了问题，会不会出现纠缠不清的情况？……总结起来，新居网目前面临的最大问题就是消费者的教育、启蒙的程度不够。而通过传播则能完美地实现“化劣势为优势，变被动为主动”，传播恰恰是这一短板的克星。

我们认为，“势”本无大小之分，同样的“势”，对于不同的企业，其参考价值、参考意义会有天壤之别。但对于同一个体而言，“势”与“势”之间的强弱差别是很大的。区别仅仅在于，你眼中的西施于我而言不过是“如花”而已。

新居网和3861中国妇婴网虽然有很多相似之处，但通过它们自身“势”的分析，决定了两者在传播策略有着很大的不同。

3861中国妇婴网的载体是照片，受众是全天下有小孩的家庭，这样的特点决定了它很容易“借到”热点事件的力；对于新居网来讲，它所处的行业特点是，消费人群针对性强，而且一般人平常很少会留意家居信息，只有到需要的时候才会去主动了解。这就决定了，将新居网捆绑在诸如“亚运会”、“世界杯”等大型“航空母舰”上，很难达到结合紧密的效果，即便能自圆其说，也很难形成热点。

借不到“天下大势”并不意味着新居网无“强势”可借，恰恰相反，新居网的“强势”非常鲜明——消费者对“四省、四心”的一站式购物有着强烈的需求；新居网的发展模式与传统模式相比，优势更明显，是未来社会的主要经济模式。

在明确了传播中要借的“势”之后，接下来传播策略的制定就顺理成章了——以真实案例为基础，将讲故事的形式作为信息传播的基本思路。

之所以把信息的载体选择在“小故事”上，是因为这些故事都是真实的案例，可信度高；另外，所选择的案例，都具有很强的代表性和针对性，对于打消消费者顾虑和教育市场都有很直接的作用。

中国人有个传统，搬新居要在春节前完成。因此，每年从11月开始到春节前都是家居行业的旺季。在这段时间，人们对家居行业的关注度最高，所以，在信息的传播时间上，我们选择在11月中旬。在媒体的选择上，基于信息传播的真实性、权威性、严肃性等方面的考虑，我们把传播的重心放在了一线主流报纸媒体和专业杂志上，网络媒体我们只选择了新浪网、搜狐网等四家门户网站。本着覆盖面要广、兼顾重点覆盖和交叉覆盖的原则，我们与北京、上海、广州等一线城市的主流媒体进行了沟通。《羊城晚报》、《北京商报》、《消费日报》、《亚太经济时报》等12家报纸媒体陆续刊登了新居网的新闻。

《中国质量报》在2009年11月13日发表题为“家具‘试衣’全新体验”的新闻。

新浪网更是通过两个“小故事”对家居网做了更加全面立体的宣传：

都市白领热衷去新居网为家居试衣

打开新居网的“家居试衣间”，设置房型、面积、价格，就可以为自己的房间换装。时下，到新居网为家居“试衣”，然后定制“尚品宅配”家具，成为广州、上海、北京的上班族、出差族的首选。一面是中国定制家具领军品牌，另一面是网上定制的全新家具消费模式，既方便快捷，又时尚个性，自然成为都市一族的热捧对象。

装修过的人都知道，装修不仅是个力气活，而且对主人审美、设计能力是个很大的考验，一旦看走眼，买回去的吊灯就可能和墙砖格格不入，再跑去家居商城换，来回要花路费不说，人也折腾得够呛。日前，在北京、上海、广州等城市，通过“新居网”量身打造理想居室正在越来越多的人群中流行开来，不但不用亲自跑家居市场，新居网“先看效果再买家具”的家居“试衣”服务也避免了家具风格不搭带来的烦恼，一时成为都市白领热捧的对象。

家居“试衣”，心里有底

小黄夫妇刚刚结婚，由于工作不久，积蓄不多，于是买了一套50平方米的小户型作为过渡。虽然是小户型，二人还是想让空间显得越大越好。但是自己去买家具，带回家搭配起来可能不仅风格上不搭，在整体空间上也很难达到视觉最大化的效果。在听说新居网可以“先看效果再买家具”后，小黄夫妇第一时间拨打了新居网的客服电话。

在设计师的帮助下，小黄夫妇很快看到了为其量身打造的家装效果图，不仅实现了小户型大空间的要求，而且家具与墙纸的搭配达到了意想不到的效果，“是我喜欢的田园风格，真没想到，我们家50平方米竟然看起来能像70平方米的！而且价格也不贵，真是惊喜！”

据了解，新居网是国内定制家具领导品牌——尚品宅配的网络直销官方网站，拥有其共同的母公司圆方软件自主研发的虚拟现实技术，能在短时间内根据消费者要求，展示其期望的家居设计效果，在尚品宅配模块化大规模生产的基础上，实现家居风格的个性、时尚、协调，并能在每一个环节为消费者提供专业的意见和建议。目前，尚品宅配在全国拥有600多家门店，在设计、安装、售后服务等方面提供着强有力的支持。

一站式家居消费，省时省力

丁先生供职于广州一家工程咨询公司，最近新买了一套房子，由于平时工作很忙，又经常需要出差，根本没时间去逛建材、家居市场，外包给装修公司又不放心，因而装修问题一拖再拖。一次偶然的机会，丁先生听说新居网可以提供一站式装修服务，只要坐在家里点几下鼠标，打一个电话，新居网的工作人员就会上门测量、专业设计、效果展示、上门安装、售后维护，一站式解决问题，不用自己跑建材市场，分别采购，省时又省力。

于是丁先生试着拨通了新居网的客服电话，一个小时后，新居网的专业家居设计师就来到了丁先生家，在询问了丁先生的设计要求，并仔细测量了房间的尺寸后，设计师与丁先生约定4个工作日后提供全真的家装效果图，只要丁先生满意，便可在15个工作日后上门安装所有家具，丁先生也不用亲自去找装修人员，可以坐等上门装修了。

新居网相关负责人告诉记者，尚品宅配通过新居网独创的一站式家具消费服务，可以省却消费者不少时间，由于提供了“先看效果再买家具”的便利，新居网从成立起就受到消费者的热捧。消费者只需按照流程点几下鼠标，打一个电话，便可获得上门测量、专业设计、效果展示、上门安装、售后维护等一站式服务，整个过程相当便捷，且具有很高的专业性，消费者只需到门店确认效果，下订单，便可“坐享其成”。

通过本轮的“故事”传播，新居网的网站点击率和电话数量都有了明显的提升。但这远不是新居网本次媒体传播最大的收获。作为一个前景无限看好的“朝阳”模式，新居网抢占了行业的制高点。种子既然已撒在公众的心智中，收获的不仅仅是未来可期的销量，更重要的是，以后的竞争对手若想淡化消费者心中“新居网=家居行业一站式购物首选”的印象，将会是一个十分艰巨的任务。

结语　四两拨千斤，网站品牌的炒作路径

著名的哲学家莱布尼茨说：“在这个世界上，没有相同的两片树叶。”同样的道理，对于企业而言，都有自身不可复制的独特性存在。企业可以学习，模仿别人的成功经验，但要想成功，一定要有属于自己的元素蕴含在其中。

追溯上面两个成长型网站案例的成功经验，我们得出以下几个结论：

第一，不管企业规模大小，它一定要头脑清醒，随时都能掌控自身“势”之所在。只有这样才能在前行的道路上脚踏实地，少走弯路。

第二，宣传不是大企业的专利，成长型企业一样可以通过四两拨千斤，达到“花小钱，办大事”的目的。但前提是，一定要认清自己的“势”，找到可以借用的最佳之“势”，并借机创造出自己独特的“势”。

第三，在“借势媒体”传播的时候，理论上讲，发布媒体数量越多，效果就会越好，这是由传播到达率所决定的。但在预算不充裕的时候，宣传的“做点”以及精心选择的媒体将成为衡量传播效果的关键所在。

成长中的企业，绝对不能妄自菲薄，认为凭借自己的实力，掀不起什么浪花来。一定要主动出击，消极防御，只能让自己与“前辈”的差距越来越大，生存的空间越来越小。“沧海横流，方显英雄本色”，奇迹，从来只为有准备的人诞生。

第十一章

本土化传播，宜家家居与BBC天线宝宝的“中国式实践”

引言　本土化传播的理论与实践

本土化传播，是近年来兴起的一个传播学术语，其含义是指根据中国国情，遵循中国媒体的运行规律，按照中国大众的心理习惯、思维特性与实际需求，使得企业新闻的策划与传播在承载特定品牌信息的同时，能有针对性地影响特定人群的认知和行为。

随着全球化进程的加快，近年来，进入中国的跨国企业迅速增多，在带来先进的管理、生产、研发、营销手段的同时，却始终经历着在品牌传播上“水土不服”的阵痛，西方式的品牌传播思维和实践屡屡在中国折戟，国际市场上通行的妙方在中国却不再灵验，这让众多跨国企业颇为头疼。

2009年3月19日，美国《华盛顿邮报》报道，强生多款婴幼儿产品含有致癌物质。中国国家质检总局发布的检测结果也显示，强生婴儿香桃沐浴露含有微量二噁烷。该消息迅速在中国广大消费者中引起反响，不少消费者摩拳擦掌准备组团起诉强生，强生维权QQ群、反强生的论坛到处都是，甚至还出现了一个“强生维权网”。

面对消费者的反应，强生却将国家食药监局保健食品审评中心的“未发现强生产品中添加甲醛和二噁烷”检测结果看作是免死金牌，坚持声称产品无问题，不仅未启动召回、退货等措施，甚至连与消费者起码的沟通也没有。由于对消费者感情的漠视，强生的产品在各大城市销量迅速下滑两到三成。

其实强生公关失败的原因很简单，忽视中国社会“情、理、法”的规则，尤其在权威给出的信息不明确的情况下，放弃与消费者的感情沟通，对于跨国企业来说，无疑是致命的，因为这将更容易被中国的大众和媒体扣上“高傲、偏见”的帽子，对企业形象将是致命一击。

不了解国情和民众心理是跨国企业常遇到的障碍，同时，思维方式的差异也常常制约着企业的品牌传播。比如在中国市场，经验主义往往能发挥重要的作用，能更好地适应瞬息万变的市场情况。但许多欧美的跨国企业在来到中国后，依然保持着过于严谨的作风，习惯依据数字分析办事，往往在市场争夺中贻误战机。

事实上，依据数据进行决策的科学性毋庸置疑，但放到瞬息万变、数据的正确性不高、还不够成熟的中国市场，则显得有些“教条主义”。在中国，过于依赖数据，忽视经验判断的作用，往往很难做出正确的决策。有时对时机的把握和策略的选择，更要靠中国式的“直觉与经验”，而这也是实现高效率的本土化传播的前提条件。

因此，本土化传播，必须是本土化认识与本土化思维的有机结合，这对跨国企业来说并非易事，但可喜的是，不少跨国企业已开始尝试转变——用中国人的方法经营中国市场，用中国式的传播为品牌造势，瑞典宜家与BBC天线宝宝，便是其中的代表。

我和我的团队为跨国品牌做本土化传播策划，经典的有两次，一次是2009年为宜家家居，另一次是2006年为BBC天线宝宝。

第一节　一个硬币的两面，宜家式口碑传播在中国的得与失

收获口碑

家住广州天河某小区的萧小姐刚刚下班回到家，她像往常一样打开楼下的邮箱，取出一大叠信件，然而这次不同的是，一本花花绿绿、制作精良的宜家目录册出现在她眼前——这已是她第三次接触到宜家这个名字。

一个周末，萧小姐去好友家参加生日聚会时，便听到好友兴致勃勃地讲述去宜家购物的经历，还亲眼见识了好友家一整套北欧简约风格的宜家家具。同时，萧小姐浏览一位远在成都的大学同学的博客时，发现其博客的名字居然变成了“我是宜粉”，相册和博文里填满了宜家的介绍。

怀着好奇与期待，萧小姐一到家就迫不及待地跟老公约好，周末去宜家看

看……

这是一个宜家在中国的口碑传播的普通例子。在英格瓦·坎普拉德（Ingvar Kamprad）创立宜家之初，便确立了“让顾客成为品牌传播者”的口碑传播理念，通过用最好的产品与服务“俘虏”顾客，让顾客成为宜家最权威、最庞大、最有说服力的推销员，这一质朴、具有亲和力但又高效的传播模式，与宜家的文化一脉相承。

千万不要小看普普通通的口碑所带来的品牌传播效应，凭借几十年来专注于“一传十、十传百”的口碑营销，宜家的品牌知名度和美誉度呈几何级数式扩散，从1943年的一家瑞典乡村零售小店，成长为今天销售额近200亿美元、分店近300家的全球家具巨头，并在世界各地拥有众多忠实的粉丝，这其中也包括了数量巨大的中国“宜粉”。

口碑传播何来如此大的威力？1967年，哈佛大学的心理学教授斯坦利·米尔格兰姆（Stanley Milgram）回答了这一问题，作为“六度分割理论”的创立者，他认为：“某人和任何一个陌生人之间所间隔的人不会超过六个，也就是说，最多通过六个人，一个人就能够认识任何一个陌生人。”按照六度分割理论，每个个体的社交圈都不断放大，最后成为一个大型网络。显然，在这过程中，特定的信息将通过某一路径达到世界上任意一个人那里，再加上几何级数式的扩散效应，以人为传播介质的口碑传播，在理论上，可覆盖全球每一个角落。

而在网络时代，借助互联网的力量，口碑传播真正在现实中具备了令信息覆盖全球的可能。作为口碑传播的信奉者，宜家自然不会放过这一机会。于是，人们看到宜家“与时俱进”地借助网络，尤其是社交网站（SNS，Social Network Site），积极推动线上口碑传播。

首先，宜家建立起了自己的网站，网站的宗旨不在于销售，而在于通过网络提升宜家品牌的影响力，提升顾客的忠诚度，增加大众对宜家的了解。2005年，宜家网站的访问量达到了1.25亿人次。在新加坡，宜家还为自己的顾客建立了一个名为“IKEA friend”的网站，其作用类似于俱乐部，顾客在网站上可以申请成为会员，并有机会参加宜家举办的各种活动，同时，可获得及时的促销信息和优惠券。

对于中国这个巨大的新市场，宜家专门为其粉丝开设了名为“我为宜家狂”的博客，让其有机会在线自由交流，鼓励其提出一些各类意见。宜家中国的某负责人表示：“在宜家中国的未来营销计划里，博客将成为一个重要的沟通平台，我们会加大投入。”

除了宜家自身在网络口碑传播上的努力外，宜家的“粉丝”们也成为了其口碑传播战略的推动者。在美国，宜家的“粉丝”们自发成立了“Ikea Fansite”，在该网站上，“粉丝”们畅所欲言地讨论关于宜家及其产品的各式话题，从如何使用宜家的手册到厨房的用色方案，从宜家传奇的成长史到宜家卖场的一个新产品。除了大量关于宜家的意见和建议，网站还贴了大量日常生活中与宜家相关的图片，俨然一个宜家“粉丝”的精神殿堂。

而近年来，随着Myspace、Facebook、Twitter、校内网、开心网、QQ空间等各种新生SNS的出现，以及宜家在中国的分店陆续开业，宜家在中国的影响力也得到了进一步的延伸。在中文的GOOGLE博客上输入“宜家”一词，可看到320多万条搜索结果，博文内容从宜家购物日记、宜家的美味热狗，到宜家的落地灯甚至宜家艳遇，五花八门、丰富多彩，博主从20岁以下到40岁出头。

2006年，当宜家北京店刚刚火热开张一个月时，一位“不知趣”的记者对该店提出了“甲醛超标”的质疑，引发媒体广泛报道，却遭到了“宜粉”们的强烈反击，有一个宜粉在自己博客上写道：“IKEA店内空气质量不合格：看中国媒体的变态。”另一个“宜粉”则干脆把“国内家具城有无数散发甲醛、苯的家具”称为宜家与国内家具城的最大区别。还有一位“宜粉”在自己的博客上质疑媒体报道，并用实例证明宜家的品质，很快引来数千名粉丝的支持。

宜家的品牌影响力和“宜粉”们的忠诚度让所有人咋舌！一个跨国品牌受到国人如此厚待，抛开说不清的“崇洋”情结，宜家“润物细无声”式的口碑传播，可谓功不可没，就像一家英国媒体对宜家的评语：“它不仅仅是一个店，它是一个宗教。”

宜家的不适

然而，当宜家在中国日渐壮大、粉丝也越来越多之时，宜家却渐渐感到了不适。

首先，宜家的对手在媒体上的声音越来越大。同为国际家居品牌的百安居，自2000年在上海建立第一家店以来，仅5年时间便在全国新开近50家店，覆盖20多个城市，在品牌传播上，通过低价的电视、报纸广告搭配优势地段户外广告的立体宣传策略，吸引消费者注意，让“天天低价、国际品质”的理念深入人心。

在新闻传播上的差距更为明显，在2008年之前，宜家主动的新闻传播几乎难觅踪影，而百安居2007年一年在百度新闻里能搜索到的新闻就有1810篇。而从新闻传播的质量来看，宜家在新闻中往往是被动出现，其中还包括不少关于产品质量、裁员等方面的负面报道。

电视、报纸、杂志，这些国人熟悉而又天天接触的主流媒体，成为了宜家的对手施展影响力的舞台，而宜家自己却像一个怯场的新演员，显得笨手笨脚，动作拘束而迟缓。

更让宜家感到“不爽”的是，偶有媒体出现对宜家不利的报道，往往令一直致力于打造完美公众形象的宜家措手不及。

2006年，宜家北京店开业时，店内甲醛超标的事件被北京各大媒体争相转载。《北京娱乐信报》5月13日在显眼的位置刊登了一则题为“北京宜家甲醛微量超标 店方称会采取积极措施”的报道。

此消息随后被《新京报》、《北京晨报》、《北京日报》、《法制晚报》、《北京青年报》、《京华时报》等报纸转载，尽管文章的措辞对宜家还算客气，但报道对宜家造成的负面影响却是无法挽回的。

只想一心一意把分内事情做好的宜家很纳闷，很难理解为何在中国，总有媒体不那么友好，甲醛事件无意中印证了“宜粉”们的忠诚，但却令宜家认识到中国市场与其他任何一个市场都不一样。

宜家渐渐意识到，宜家式的口碑传播虽然培育了众多的中国粉丝，为开拓中国市场打下了坚实基础，却无力解决在中国面临的其他种种问题，如何主动借助媒体的力量提升品牌影响力，塑造良好的公共形象，成为宜家在中国开始思考的一个新问题。

第二节　第一个吃螃蟹者，深圳宜家的本土化品牌传播尝试

深圳，一个充满活力与开拓精神的城市，无数个中国第一的创造地，我和我的团队与宜家的合作正好也在深圳展开。这次合作是宜家在中国首次与本土新闻公关公司的合作，过程略有曲折但总体顺利。在互信互助的精神下，我和我的团队与深圳宜家成功地上演了一出跨国公司与本土新闻公关公司无间合作的三部曲。

Step 1　思变

2008年4月16日，宜家在中国的第五家专卖店在深圳开业，与此同时，宜家在全球的公关合作伙伴——易为公关也派出了代表前往深圳，作为伴随宜家征战全球的战友，易为公关此次雄心勃勃，谋划着与深圳宜家的再次品牌传播合作。

而深圳宜家却在此时，开始了对宜家在中国的品牌传播策略的反思。进入中

国10年以来，宜家已基本度过了摸索期，在一级城市均有了自己的专卖店和一大批忠实顾客，而生产和采购方面的本土化也在飞速进行。2007年，宜家在中国已经有了300多家供应商和3家自己的工厂，随之而来的是产品价格的大幅降低和销售额的巨大提升，中国已成为宜家全球销售增长最快的区域之一。在未来的5—7年里，宜家在中国门店数将以每年两到三家的速度增长。

当宜家开始在中国提速时，固有的顽疾却始终未能得到很好的解决，对媒体的公关能力不强，对新闻宣传这一中国人最为依赖的信息渠道的忽视，使得宜家的消费群仅限于大都市里的年轻时尚人群。尽管印刷数量庞大的宜家产品目录册，在中国也被投放到了众多家庭的邮箱里，但中国人对传统媒体公信力和权威性的信赖导致宜家的努力收效平平。

在全球其他市场上的大众品牌，到了中国却成为了最受都市白领钟爱的小众品牌，“为众人创造更好的生活”的理念在中国却演变为“为小部分人创造更好的生活”。深圳宜家意识到，要加速开拓中国市场，需要有新的尝试、新的品牌传播策略，加大对传统媒体尤其是报纸媒体的主动公关力度，利用报纸等媒体的公信力进行品牌传播成为了深圳宜家的新选择。

2009年6月5日，深圳宜家夏季新品发布会成为了新策略的实施舞台，我和我的团队与宜家的合作也从此开始。这也是宜家第一次与本土公关公司合作，深圳宜家因此再创了一个第一。与易为国际性的视角不同，我们的优势在于对本土媒体渠道的掌控能力，以及符合中国媒体与大众习惯的新闻策划能力，而这两点也正是深圳宜家看重和急需的。

Step 2　碰撞

与深圳宜家的第一次接触是在其卖场二楼的餐厅里，在驻唱歌手轻柔的歌声和瑞典咖啡的陪伴中，我们开始了一次坦诚而富有成效的沟通。在沟通中，深圳宜家非常关心两个具体的问题：第一，我们对本地媒体有多大把握；第二，怎么宣传这次活动更能符合本地媒体的风格。

对于第一个问题，我们讲解了为欧派和冠军联盟成功进行新闻策划的例子，说明了我们对于本地报纸、杂志和网络等媒体渠道的掌控程度。事实上，凭借我们在家居媒体线的优势，满足深圳宜家邀请媒体和新闻发布的要求并不困难，经过沟通，深圳宜家很快打消了在这方面的顾虑。

而第二个问题，涉及到新闻策划内容，这也是决定宜家本土化传播成败的关键。因为一个失败的新闻策划可能导致企业的宣传目的无法完全实现，品牌信息无法清晰、畅通地到达消费者，而挑剔的媒体可能因此压缩发稿篇幅并对内容进行不可预测的调整。考虑到宜家作为一家来自北欧的跨国企业，品牌风格和宣传要求可能与国内企业迥异，因此，对深圳宜家此次的新闻策划内容的敲定，我和我的团队格外小心。

在对宜家初步拟定的媒体名单进行分析后，我们将其分为三类，第一类是报纸媒体的家居版、资讯版，第二类是时尚杂志、报纸媒体的时尚版以及网络媒体，第三类是电视台、电台。

第一类媒体的特点在于，版面有限，新闻发布的篇幅不会很大，新闻以消息稿为主，因此我们的新闻策划内容必须具有一定的新闻性，为此我们给出了三个新闻选题：

1. 小投入，大改变

   宜家09夏季新品上市 打造时尚夏季生活

2. 宜家09夏季新品登场

   打造后危机时代的户外家居生活方式

3. 紧缩时代也能花小钱，办大事

   宜家今夏新品迎合大众消费者心理

这三个新闻选题分别紧扣“时尚夏季生活”、“后危机时代生活方式”和“大众消费心理”这三个关键词，宣传宜家夏季新品上市的消息，并传播“小投入，大改变”的理念，打造宜家亲民的品牌形象，以高性价比的产品面市为由头，激发消费者对宜家产品的兴趣。

第二类媒体和第一类不同，版面的限制相对较小，甚至没有，新闻篇幅可以很大，新闻风格比较灵活，往往可以图文并茂，新闻稿件可以较“软”，根据这一特点，我们也给出了三个新闻选题：

1. 宜家09新品装亮夏季空间

   小投入大改变 打造属于你的“仲夏夜之梦”

2. “让你的阳台享受夏日阳光”

   宜家09夏季新品打造阳光家居生活

3. “让你和你的家一起过夏”

   宜家发布今夏新品，引领家装风尚

这三个选题，时尚味和亲和力都更浓，侧重于产品介绍和夏季家居设计搭配，旨在营造浓厚的宜家风格的夏日生活氛围，打造出亲民、时尚的品牌形象。

而对于第三类媒体，仅需提供相关资料和新闻通稿即可。

对于我们的策划思路，深圳宜家表示了认可，并选择了“小投入，大改变 宜家09夏季新品上市 打造时尚夏季生活”和“宜家09新品装亮夏季空间 小投入大改变 打造属于你的‘仲夏夜之梦’”两个题目作为新闻传播的主题。

随后，我们迅速完成了这两篇新闻稿件，并得到了深圳宜家公关部负责人的认可，只等新品发布会举行。然而，好事多磨，因天公不作美，连续多日的暴雨令原计划在户外举行的发布会只能延期两周。就在这两周内，事情又起了变化，深圳宜家的高层看过新闻稿件后，认为稿件对宜家产品和文化的宣传不够形象生动，未能体现出宜家的风格，决定启用由易为提供的产品软文稿，这让整个策划与发布陷入了困局。

如果使用产品软文稿进行媒体新闻发布，由于其内容不符合新闻要求，篇幅也较长，记者必定对稿件内容进行大改，更有可能完全弃用此稿，重新撰稿，这样一来发稿质量很难保障，企业所希望传递的重要信息可能无法通过媒体到达消费者。

为了解决这一矛盾，我们提出将产品软文稿和我们策划的新闻稿件以电子版的形式同时发给记者，这样既可以保证新闻发布的内容，又可以确保媒体对宜家产品与文化的了解，这个想法得到了宜家的赞同。

Step 3　结果

6月5日晚，深圳宜家的夏季新品发布会如期举行，在我们的协调和邀请下，《深圳晚报》、《深圳特区报》、《晶报》、《深圳商报》、《南方都市报》、《羊城晚报》、《南方日报》、凤凰生活网、新浪网、搜狐网、搜房网等27家广深主流平面、网络、广播及电视媒体悉数到场。

当晚的发布会进行得轻松、顺利，到场的媒体记者均对宜家的北欧风格和简约、时尚、明快的设计理念有了直接认识，随后的新闻发布也进行得较为顺利，各媒体纷纷在显要位置刊登了深圳宜家夏季新品的新闻。

《深圳晚报》在家居版，以“宜家：把清凉带回家”为标题，用1/4版的图文报道介绍了此次深圳宜家的夏季新品发布活动。

而中国最具影响力的《南方都市报》则在家居版头条，详细报道了深圳宜家的此次活动：

装扮夏日风情阳台，投入不到千元

宜家发布2009夏季新品，为消费者提供简约又省钱的居家清凉方案

在时尚人群中颇有影响力的《女报》也用一整页详细介绍了宜家的夏季新品：

时尚·美家HOME
夏日居室
降温有道
夏日炎炎，除了开空调，享受凉意之外，还有什么好的方法让居室变得清凉怡人？有研究表明，颜色清爽、造型简洁的家具能够让人感觉更凉爽。而相对于在室内开空调，选择户外活动，则是更为健康环保的消暑选择。
A.七彩清凉水杯 质感精良，颜色亮丽，轻盈通透，仿佛杯内的水也变得清凉。
MAISON&OBJET
B.SOLIG植物提袋 可将盆栽植物放置入内，方便省力，给心爱的盆栽植物搬家变得更轻松！宜家
C.限量版单人沙发 造型大方，面料考究，原装进口，由知名设计师设计，极具收藏价值。
D.木质圆桌 纯木制结构，简约的造型，好看的色彩搭配与图案，让一张小小的圆桌也同样与众不同。MAISON&OBJET
E.SOLIG纸餐盘 一次性使用，最适合一家人户外聚餐，价格经济。宜家
F.自由组合书柜 每一格都可自由拆卸，任意组合，避免了整体书架搬移不便的缺点。颜色清爽，造型简洁又很有设计感，透着法式的浪漫与自由气息。
MAISON&OBJET
G.时尚挂钟 柔和的色彩，圆润的造型，娇艳的花朵，给朴实的素色墙壁增添了一丝浪漫和惊喜。特力屋
H.户外餐席 纯天然荷草材质，柔软舒适，耐磨性好，是户外郊游的好伴侣。特力屋
家居潮报
MAISON&OBJET：探索家居王国的新风尚
宜家家居：把清凉带回家
21

搜狐家居频道也刊登了长篇图文介绍：

在后期新闻发布过程中，也并非一帆风顺，个别媒体因为对选题的要求不同，表示很难发布此次深圳宜家的新闻。在获悉这一情况后，我们第一时间与深圳宜家公关部进行了沟通，并给出解决方案：用“深圳宜家夏季新品热卖”的新主题进行新闻传播。这一主题既包含了对宜家新品和文化的宣传，又传递出深圳宜家夏季热卖的正面信息，因此立即得到了深圳宜家的认同。很快，这一新闻便在多家媒体上发布。

深圳《晶报》在其居家版，刊登了以“家居‘夏日促销’缤纷出彩　宜家夏日新品受宠”为主题的新闻报道。

此次为深圳宜家进行的新闻传播，在不到一个月的时间里，发布媒体包括广深的11家报纸、4家杂志、7家网站、2家电视台。

在报纸、杂志、网络和电视的立体式宣传下，深圳宜家的部分夏季新品在上市一个月之后便出现断货的局面，而宜家在中国的本土化品牌传播，也终于迈出了第一步，由此开始，宜家的身影，频频出现在中国各大主流媒体中。可以预见，在本土化传播的实践中，宜家在中国的步伐将迈得更快。

第三节　“在华打假，舆论先行”，BBC天线宝宝在中国的实践

2006年，对于全球广播巨头英国BBC来说有些尴尬，旗下儿童品牌“天线宝宝”以及衍生产品进入中国4年来，发展势头良好，但却始终无法摆脱被假冒、侵权的厄运，此问题不解决，天线宝宝在中国的进一步发展将受到严重阻碍。因此，BBC天线宝宝在华打假迫在眉睫。

结缘BBC天线宝宝

尽管BBC对新闻传播并不陌生，但对于在中国进行新闻传播仍显底气不足。一方面，不熟悉中国媒体和读者的口味；另一方面，不具备对中国媒体渠道的优势，因此，BBC开始在中国本土寻找具有强大新闻传播实力的公司。我们与BBC的缘分，也由此开始。

华南MALL，地处广东东莞市，是一座集购物、餐饮、娱乐等于一体的大型商业中心，从2003年起，我们就一直为其提供新闻传播服务，双方保持着良好的合作关系。

早在2003年，华南MALL与BBC环球公司签署了合作协议——天线宝宝进驻华南MALL。2004年后，天线宝宝儿童乐园成为华南MALL里一个巨大的亮点。作为华南MALL的合作伙伴，我们因此与天线宝宝品牌中国地区独家代理商——台湾影响力行销管理顾问股份有限公司总经理张若莹女士有了面对面的接触和交流。

2006年，天线宝宝在华的“李鬼之痛”愈演愈烈，我们与台湾影响力公司和BBC方面于2005年初就此问题的解决之道，进行了沟通，沟通很快有了结果——天线宝宝在华打假，势在必行，刻不容缓。

然而，打假是一个系统工程，需要BBC环球公司、台湾影响力、中国各个授权商的通力合作，同时中国政府、媒体、公众对此活动的态度也至关重要，如没

有政府、公众的支持，天线宝宝打假只能是一厢情愿，要将这众多因素整合起来，必须运用新闻传播这一手段。

一方面，由于天线宝宝品牌发展很大程度上依靠授权商来实现，大规模的新闻打假活动将会给授权商继续经营和拓展本品牌带来信心，为天线宝宝下一步的品牌发展奠定良好的基础。

另一方面，在中国大陆，大众媒体的影响力十分巨大，由于国内的大众媒体是在政府监管下运行的，其政府代表性、权威性、影响力和受众信赖度高于西方国家的大众媒体，这对于天线宝宝这个进入中国没几年的国际品牌来说，也将会是一个进一步提升品牌影响力的好机会。

对此问题，我们与台湾影响力公司及BBC方面达成了高度的意见统一。于是，“BBC在华打假，新闻传播应先行”的思路，跃然而出。

新闻打假的意见确定了，接下来的问题是，应该怎么操作这次重大的新闻传播活动呢？

在对国内儿童产业、国内儿童消费市场和国家相关政策精心调研和分析后，我们与BBC、台湾影响力公司三方就操作层面的问题，进行了反复沟通。

深圳、上海打假

经过初步协商，我们认为在发布地点选择上，选取华南地区之广州、华东地区之上海两地发布最为合适，理由是：天线宝宝品牌形象定位为中高端市场，先期发展以中国一、二级城市为主，而华南、华东两个经济带，是我国发达城市最聚集的地方，凭借广州、上海在各自领域的强大辐射力，把新闻发布地选在广州和上海，可以达到影响天线宝宝目标客户群的目的。

后来，我们获悉中国首家天线宝宝儿童娱教中心将会于2006年2月26日在深圳开业，于是，经过与天线宝宝儿童娱教中心中国地区授权商深圳天元公司协商，台湾影响力公司、BBC方面同意，华南区发布地点由最初确定的广州，改为深圳天线宝宝儿童娱教中心所在地。

而在时间的选择上，华南发布时间最后确定为2006年2月26日，与娱教中心开业时间统一，华东为2006年2月28日，作为天线宝宝2006年开局之作，为天线宝宝品牌2006年在中国发展奠定基础。

确定了基本合作框架，接下来是关于打假的新闻活动，于2005年底，进入具体执行阶段。

很多人认为，做新闻传播其实很简单，无非是想好主题写两篇文章，找几个记者开个会而已。然而，实际操作起来却远比初期时间、地点的推敲要复杂得多，更谈不上“简单”了。

以新闻传播主题确定为例，在长达半年时间的准备中，我们先后尝试性地准备了以下主题：

“对中国大陆市场充满信心，BBC公布天线宝宝正式授权厂商名单欲正本清源”、“BBC环球公司对外公布天线宝宝正式授权厂商”、“正本清源，BBC环球公司中国内地打假”等等。

经过反复讨论，最后，才确定了“维护正式授权厂商打击盗版猖獗行为，BBC环球公司中国内地打假”这一最贴切的新闻主题，包含了维护合法厂家利益和打击非法侵权厂家两个方面在内。深圳方面由于有天线宝宝儿童娱教中心开业，则采用“维护正式授权厂商打击盗版猖獗行为，BBC环球公司中国内地打假暨中国首家天线宝宝儿童娱教中心开业仪式”，打假同时强调天线宝宝儿童娱教中心在华的首创。

接下来的媒体选择，同样是十分考究，媒体直接关系到此次新闻传播的成败。媒体选择讲求新闻报道的覆盖率、影响力，要全面影响此次活动的预定受众群体，但并不是说媒体越多越好，因为这不仅会使新闻传播成本提高，也会影响到新闻传播的持续性。比如，有些媒体完全没有必要在第一时间做现场报道，之后可以进行转载传播，使得新闻活动呈现报道—转载—评论这样的递进式传播态

BBC环球市场出版品授权总监范诗韵女士在深圳发布会上致辞

势，保证新闻的持续性。

经过近一年的反复沟通和准备工作，2006年2月26日，“维护正式授权厂商打击盗版猖獗行为，BBC环球公司中国内地打假”（华南）新闻发布会暨中国内地首家天线宝宝儿童娱教中心开业典礼，在深圳召开。两天后，华东发布会也在上海锦江饭店如期举行，BBC高管、台湾影响力公司、天线宝宝中国内地授权厂商及华南、华东各主流媒体朋友共同参加了此次盛会。由于前期准备工作充分，BBC方面、台湾影响力公司都对发布会的召开情况表示满意，而天线宝宝品牌各授权商更是喜悦之情溢于言表，正如现场一位授权商代表所说，此次活动“令人欢欣鼓舞，以后将更有信心、力量投入到天线宝宝品牌的中国推广中去”。

而实际的新闻发布情况也着实令人振奋，早期计划的新华社、《广州日报》、《羊城晚报》、《南方都市报》、《深圳晚报》、《深圳商报》、《深圳特区报》、《文汇报》、《解放日报》、《新民晚报》、《东方企业家》、广东卫视、深圳卫视、东方卫视、上海电台、新浪网、搜狐网、网易等数十家媒体悉数报道，而全国范围内媒体转载者更是不胜枚举，天线宝宝品牌在华影响力得到了大力的提升。并且，此次新闻传播活动还受到了政府相关部门的高度关注，国家知识产权局也在其官方网站上对此活动进行了转载报道。

华南地区主流报纸之一的《羊城晚报》在财经版刊发报道：

“天线宝宝”在中国打假

华东地区主流媒体《东方早报》也刊登了相关报道：

“天线宝宝”在沪打假

国内最具权威性的网络媒体——新华网，也对此次新闻发布会进行了报道。

天线宝宝的正式授权厂商、公众、政府等受众群体，都对打假新闻给予了高度关注，天线宝宝品牌通过此次新闻传播，不仅进一步提升了品牌形象，也为其在中国更大的发展扫除了一定的障碍。更重要的是，由于此次新闻传播具有正本清源的意义，其价值远远超过了新闻报道的版面价值，其巨大的品牌无形价值和推动品牌健康发展的长期价值是难以估量的。

另外，整个新闻传播活动对于中国的新闻传播界也具有重要的启迪作用。在全球一体化浪潮不可逆转的今天，中国企业正一步步走向世界，而跨国品牌也以更多、更快的姿态进入中国市场，与本土新闻传播公司的合作也将越来越多、越来越密切。

一方面，作为本土的新闻传播公司，最大的优势在于对中国媒体特色、媒体的操作方式及本土新闻传播的熟悉，这也正是跨国品牌寻求与本土新闻传播公司合作的原因所在。但另一方面，本土新闻传播公司的本土优势，或者说中国特

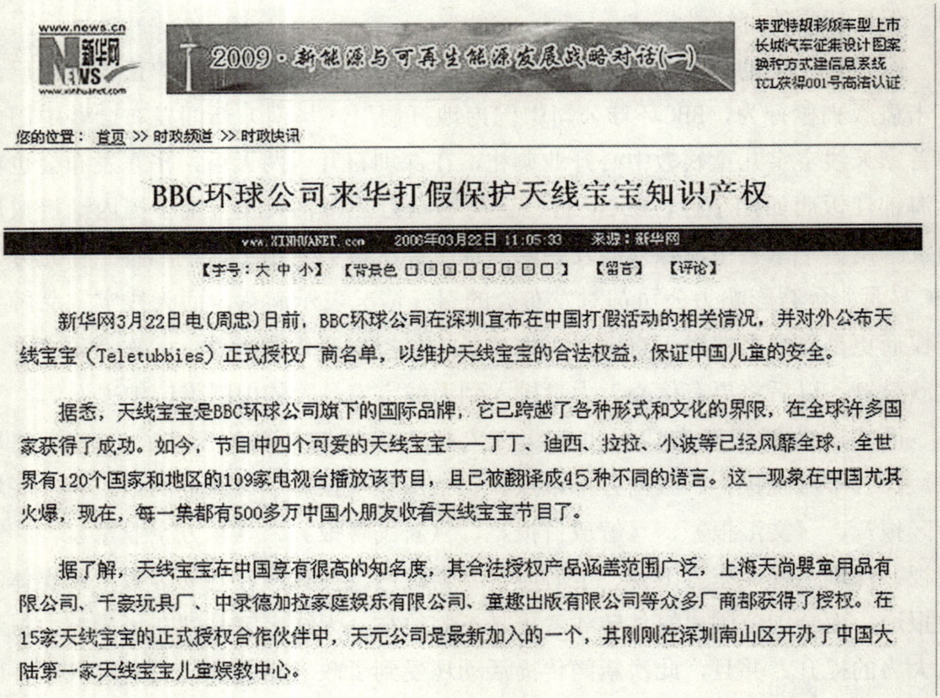

BBC环球公司来华打假保护天线宝宝知识产权

www.XINHUANET.com 2006年03月22日 11:05:33 来源：新华网

【字号：大 中 小】【背景色 □□□□□□□□□】【留言】【评论】

新华网3月22日电(周忠)日前，BBC环球公司在深圳宣布在中国打假活动的相关情况，并对外公布天线宝宝（Teletubbies）正式授权厂商名单，以维护天线宝宝的合法权益，保证中国儿童的安全。

据悉，天线宝宝是BBC环球公司旗下的国际品牌，它已跨越了各种形式和文化的界限，在全球许多国家获得了成功。如今，节目中四个可爱的天线宝宝——丁丁、迪西、拉拉、小波等已经风靡全球，全世界有120个国家和地区的109家电视台播放该节目，且已被翻译成45种不同的语言。这一现象在中国尤其火爆，现在，每一集都有500多万中国小朋友收看天线宝宝节目了。

据了解，天线宝宝在中国享有很高的知名度，其合法授权产品涵盖范围广泛，上海天尚婴童用品有限公司、千豪玩具厂、中录德加拉家庭娱乐有限公司、童趣出版有限公司等众多厂商都获得了授权。在15家天线宝宝的正式授权合作伙伴中，天元公司是最新加入的一个，其刚刚在深圳南山区开办了中国大陆第一家天线宝宝儿童娱教中心。

色，很多是跨国品牌不熟悉和不能理解的，因此，沟通、磨合就显得非常重要。正如本次新闻传播活动中，由于沟通不畅所造成的问题也时有发生，但只要双方本着相互信任、相互谅解、密切沟通、保持协商的态度，相关问题都可以很好地得到解决。

不过，我们也应该看到，中国企业新闻传播，依然任重而道远。在商业广告无孔不入、无处不在的今天，消费者普遍对充斥于电视广播、平面、户外、网络各个角落中的广告有着强烈的“审美疲劳”甚至厌恶心理。在此背景下，新闻传播这一品牌传播方式凭借目标受众广泛、商家诉求隐蔽、发布者权威性高、反应迅速灵活、影响持久深远以及“小投入，大传播”的高投入产出比的优势，受到了众多企业的青睐，各国际知名品牌则更是新闻传播的高手，无论是正面事件传播还是危机公关处理，跨国品牌新闻传播手段的运用都显得游刃有余，令品牌增色不少。

在中国企业界，海尔张瑞敏怒砸劣质冰箱、蒙牛“神五飞天”都是通过新闻传播的手段使得品牌的知名度快速提升，成为中国新闻传播的经典案例，但在长期系统的可持续新闻传播方面，中国企业的新闻传播意识和新闻策划水平依然有待提高，可谓，任重而道远。

结语 本土化传播中的“两个转变”

对于跨国企业来说，实施本土化传播的好处显而易见：一是提高其品牌在大众中的知名度，扩大品牌的辐射面，摆脱曲高和寡的尴尬；二是可以提高品牌的亲和力，同时借助本土媒体的权威性和影响力，树立其品牌的权威性；三是通过长期的本土化传播，巩固与媒体的关系，确保在危机公关时能迅速地掌控信息发布渠道，不至于被动挨打、无从应对。

根据我的总结，要成功地实施本土化传播，必须要做到“两个转变”。首先是跨国企业对媒企关系的态度与认识要发生转变，即由媒体为企业服务，转变为企业为媒体服务。在传统的新闻传播理念上，新闻传播是企业品牌推广的方式之一，自然，媒体也成为了企业组织的延伸，尤其被看作是市场部或品牌部的下游工具，在运作方式上也多采用企业提出品牌宣传方案并给出相关的新闻稿件，交由媒体发布。但这样的模式存在着明显的缺陷，首先企业的稿件往往不符合媒体的版面或选题要求，媒体发布困难较大；其次，企业的新闻稿往往广告色彩较重，容易降低新闻报道的权威性。

而“企业为媒体服务”的理念，本质上是在企业与媒体之间建立起一种更为平等的合作关系，不再是简单的“企业出钱、媒体发稿”的运作方式，而是企业保持与媒体的密切沟通，围绕媒体的选题不定期提供相应的新闻稿件，提高稿件的新闻化色彩，增加权威性和可读性。这种模式事实上将新闻媒体当作了企业的外脑和触手，充分发挥出本土媒体在新闻策划和传播上贴近大众、了解大众的优势，能起到更好的新闻传播效果。

在认识转变的同时，跨国企业还须由“执行本土化”向“策略本土化”转变。对于不少刚进入中国的跨国企业来说，在品牌推广和新闻传播的策略上往往选择与国际性的公关公司合作，而在具体的媒体执行方面，则有选择地与本土公关公司合作。其原因在于策划思路上，双方更加吻合以及合作的惯性使然，另一方面也在于尽管不得不依赖本土公关公司的媒体执行力，但策划思路上，双方仍然存在差异，信任度也不够。

事实上，策略本土化的缺失，使跨国企业在与媒体的沟通与合作中，由于对中国媒体缺乏了解，常常显得“不解风情”，将原本可以处理好的媒企关系弄得很僵，这样的例子比比皆是。我就多次听到一些跨国企业的高层抱怨中国的媒体太多，给他们的压力也太大，无法一一应付，因此干脆尽量敬而远之。

另外，缺乏本土化的策略，也使得不少跨国企业在涉及到政治、安全、诚信等敏感问题时，反应往往显得迟钝而不当。

比如2006年宝洁的“SK-II事件”，宝洁自恃国际品牌身份，在国家质监局和新华社公布其产品质量出现问题的情况后，不但未能及时有效地与媒体进行沟通，并借助媒体的力量进行道歉与说明，反而在国际公关专家的指导下和国际化思维的影响下，针锋相对地表示自己的产品不存在任何质量问题，并对退货进行种种限制。

宝洁傲慢而缺乏诚意的态度立刻引起了大众情绪的反弹，针对宝洁的对抗情绪在社会上迅速蔓延，而此时缺乏本土化思维和策略的宝洁，还在自身品牌的颜面与中国市场的得失之间难作取舍。接下来的局面不难想象，全国媒体对宝洁此次事件做了连篇累牍的报道，宝洁的网站也被“黑”，SK-II“顺利”退出中国市场，宝洁颜面扫地。

宝洁此次危机公关的失败，关键便在于策略上的失误。中国人讲“情、理、法”，西方人讲“法、理、情”，对这一显著的中西文化差异的无知，导致宝洁在策略上一开始就走进了死胡同。一个国际品牌，哪怕其品牌影响力再大，品牌忠诚度再高，相比起中国民众对国家权威部门和主流媒体的信任度，依然是微不足道的。用自己的品牌影响力对抗主流媒体的公信力，无疑是以卵击石。

宝洁的例子无疑是对跨国公司的一个警醒，自信有时候会导致傲慢，国际化思维有时会显得不解风情，要解决这一问题，策略本土化无疑是必然的选择。当然，这需要一个磨合、适应的过程，毕竟策略本土化的本质是思维的本土化。对于任何一个跨国公司来说，刚刚进入中国都必然会经历一个“文化休克”期，人们往往忽视了一个事实：本土公关公司提供的本土化传播策略可以帮助跨国企业更快地适应中国国情与文化，更快地搭建起有效的品牌传播构架。只有认清这一事实，并加强与本土公关公司的互信与沟通，跨国企业的本土化传播进程才会更加快速而顺利，宜家家居和BBC天线宝宝的成功例子，为我们给出了最好的例证。

第十二章

理念传播，“全球健康睡眠资源整合者”慕思的“品牌突围”

引言 理念传播的理论与实践

“理念”，源自柏拉图的“idea”，其本义是指“看见的东西”，即形状，可转义为灵魂所见的东西。“理念”实际上就是我们对某种事物的观点、看法和信念。这些观点、看法和信念通过不断的强化、积淀，从而形成我们对特定事物的一种认知模式。

“理念传播”，即针对事物的特性、个性加以总结归纳，提炼其核心的理念，在此基础上，通过各种手法，如报纸、杂志、电视和网络等方式，针对特定的受众群体，对这种核心理念进行传播，使受众群体形成固有的认知模式。其实，我们在现实生活中常常会接触到类似于“理念传播”的一些现象。如宝洁公司在宣传其旗下的产品时，经常会使消费者对这些产品形成一些固有的认知模式，如一说海飞丝就意味着头发去屑，而飘柔预示着将带来头发柔顺，潘婷则象征着健康、营养的发质……这些传播都成功地让消费者对产品的概念予以认同，给产品带来高附加值。

本书概括的“理念传播”的方式与以上宣传有相似之处，但又不同于这种简单的概念营销，其最大的不同在于理念传播中的“理念”不是简单地概括产品的某种功能，更注重的是一种价值观和信念，更侧重于形成一种整体的认知模式。而在传播手法上，也不仅仅局限于以广告的方式来传播，更倾向于以新闻的形式来传播，选择权威的媒体来进行传播。

在本书中，主要讲述寝具行业知名品牌慕思对“健康睡眠”的理念传播的案例。在2009年全球金融危机和2010年全球经济复苏的不同背景下，慕思通过层层深入的理念传播，实现着“品牌突围”。

第一节　借力用力，慕思整合全球健康睡眠资源逆势飞扬

慕思于2004年正式进入寝具行业，在这个时间段整个寝具行业已经呈现出白热化竞争的状态，如何在这个行业立足，如何在这个行业发展壮大，如何树立自己的品牌，是慕思自成立以来就一直不断思索的问题。结合自身的情况以及整个行业发展的趋势，慕思提出了“健康睡眠”的理念，并通过一步步的理念传播，使自己的品牌形象不断深化，赢得了消费者的喜爱。借助理念传播，慕思成功实现了“品牌突围”。

开启“理念传播”之路

寝具行业一直是一个充满竞争的行业。由于进入门槛低，技术含量低，整个行业作坊林立、牌子众多、竞争激烈。而从2008年开始，对于中国整个寝具行业来说绝对是走进了一个惊心动魄的时期：生产成本提升、市场竞争更为激烈、客户要求越来越高、利润越来越薄，让业界苦不堪言。此时，整个行业内长期积累下的痼疾在金融海啸下也被无情地曝光：行业内缺乏品牌，功能概念相互模仿，营销传播更是同质化。慕思作为寝具行业中的一员也同样面临以上种种问题，怎样才能摆脱困境？怎样才能抓住机遇，塑造自己的品牌？

另一方面，进入21世纪以来，人们的健康意识空前提高。莎士比亚说，人生第一道美餐就是睡眠，但又有多少人错过了这道美餐？相关调查显示，有不少人患有睡眠障碍或与睡眠有关的疾病，成人中约有30%出现睡眠障碍，造成注意力不能集中、记忆出现障碍和工作力不从心等后果。随着社会的快速发展、金融危机的影响，人们的生存、生活压力变得越来越大，都市人普遍缺乏睡眠，睡眠质量差、失眠等现象越来越严重，导致精神状态很差，不仅影响了人们的日常生活和工作，更加影响到人们的身体健康，导致亚健康状态。如何拥有良好的睡眠质量，成为时下社会关注的焦点。

生产寝具的各中小企业为了摆脱困境，竞相展开促销活动，纷纷提出“健康睡眠”、“优质睡眠”等口号，宣传自己的产品和品牌。而传统的中国消费者普遍对于床垫的选购都不甚重视，对床垫的选择较为随意。很多人都不存在“健康睡眠”的认知，对床垫用途的了解也非常简单。有部分人在肯定了床垫作用的同时亦表示不愿花高价购买床垫。

在这样的情况下，慕思公司总裁王炳坤意识到，在当前的寝具行业内，虽然“健康睡眠”的观点满天飞，但没有哪个企业具体地告诉消费者：什么是“健康睡眠”？怎样做才能做到健康睡眠？企业通过哪些技术优势能给消费者带来健康睡眠？所有的宣传都流于表面，只是为了吸引消费者的眼球、刺激消费者的购买，而没有真真正正地关心消费者的睡眠问题，真真正正地普及“健康睡眠”的理念。但仍未有一个品牌在消费者的认知中真正建立“健康睡眠”这一定位，这个时候谁要是引导了消费者的认知，谁就占领了市场。于是，王炳坤便将改善人类的睡眠质量，帮助更多的世人认识睡眠的重要性及获得更好的睡眠体验作为慕思的企业信念，开始了漫长的征途。也开始了慕思“理念传播”的传奇之路。

整合全球资源

慕思从成立以来，就提出了“健康睡眠”的理念。更是通过开展一系列的活动让广大消费者认识什么是健康睡眠。2009年，为了让“健康睡眠”的理念得到广泛传播，让“慕思”品牌获得大众的认同。慕思通过借助于欧洲三大公司签约的机会，乘机进行造势，打造“全球健康睡眠资源者”的全新理念，配合“健康睡眠”理念，双管齐下，相互借力，在寝具行业内掀起了一股旋风。

2009年，正值金融海啸席卷全球，企业家们个个焦头烂额，想着如何“过冬”，而慕思却在此时做出了一个非同寻常的举动。7月8日，东莞厚街，慕思启动了“全球睡眠资源整合者——慕思寝具国际战略合作伙伴签约仪式”，仪式邀请了当地政府部门领导、业界人士、经销商和地方新闻媒体参加，让大家共同见证慕思品牌的飞跃。

签约仪式上，慕思与比利时ARTILAT N.V（阿蒂兰特）、RAKO BEDING（瑞寇）及意大利SALVADORI S.R.L（肖瓦多瑞）三大公司签订了长年合作协议，独家引进上述三大公司全球领先的睡眠系统（包括床垫、排骨架等）的制造材料和技术。至此，慕思已经与意大利、德国、美国、比利时的8家公司结成战略合作伙伴关系。产品从普通的床垫发展到集床垫、软床、排骨架、床品等多个系列，实现了跨越式的增长。慕思公司总裁王炳坤在仪式上宣布，慕思的目标就是要做“全球健康睡眠资源整合者”。

此次签约仪式受到了行业内的普遍关注，“全球健康睡眠资源整合者”的全新理念一经提出就引起了热烈反响，让人印象深刻。通过这次签约仪式的造势，慕思提出了“全球健康睡眠资源整合者”的理念，以事实说话，使该理念具有很强的说服性，树立了企业的形象，引起媒体的争相报道。

作为寝具行业内的一件盛事，多个媒体对此次签约仪式进行了实录报道，如深圳论坛：

《深圳特区报》针对此次签约仪式，对慕思相关负责人进行了专访：

记者：通过您的描述，可以看出您对慕思的信心，在这里我想请教您是如何将产品的信心传达给消费者的呢？

慕思：慕思健康系统，帮消费者找回好睡眠。因此，我们销售的不是床，而是健康睡眠……都市人普遍缺乏睡眠，睡眠质量差、失眠等现象越来越严重，导致精神状态很差，对生活和工作造成很大的负面影响。而慕思健康睡眠系统就是来帮人们找回好的睡眠。

启动传播大平台

在新闻传播的语境里，现场发布是“造势”的平台，但只是小平台，真正的大平台在现场发布后的媒体传播，这也正是“理念传播”的关键所在。

“理念传播”作为一种传播方式，有着其特有的模式和规律。首先，“理念传播”的根本点在于理念的提出，提出的理念是什么、通过什么方式来提出理念对“理念传播”是否成功尤为重要。提出的理念是否具有核心价值、是否具有独特性和领先性，将决定理念在传播过程中的生命力，将决定消费者是否能够接受理念并形成固有的认知模式。而提出理念的方式也会大大影响到理念传播的方式和力度。其次，理念传播的关键点在于，在深刻理解该“理念”的基础上，选择怎样的方式对理念进行传播。

我和我的团队遵循“理念传播”的模式和规律，结合慕思自身的实际情况，根据“健康睡眠”、“全球健康睡眠资源整合者”理念的意义、内延和外延对其进行精准而深度的传播策划。

慕思的“健康睡眠”理念是其企业战略的核心内容，而此次提出的“全球健康睡眠资源整合者”正是慕思长期以来的企业发展战略和品牌战略的具体诠释。同时又借“全球健康睡眠资源整合者”之力，为“健康睡眠”理念的传播提供了一个强有力的支撑。

从理念的提出到该理念得到广泛关注、深入人心，使消费者真正地形成认知是一个逐步深入传播的过程。我和我的团队根据慕思“全球健康睡眠资源整合者”和“健康睡眠”的理念展开理念传播，整合国内各大报纸媒体、网络媒体，从行业线、消费线、企业线的角度，深入精准地对本次签约仪式、对“全球健康睡眠资源整合者”和“健康睡眠”理念进行了深度传播。

《北京商报》、《南京日报》等多家报纸对“全球健康睡眠资源整合者——慕思寝具国际战略合作伙伴签约仪式”进行了报道，其中还有多篇是头版头条。虽然报道中的内容各有侧重，但都传递了慕思“全球健康睡眠资源整合者”和“健康睡眠”的理念。

慕思之所以敢于提出“全球健康睡眠资源整合者”的理念，正是因为一直以来慕思都重视引进寝具设计制造的高技术和高质量材料，真真正正为消费者打造“健康睡眠”的新生活。《海南日报》从引进国内外先进技术入手，对此次签约仪式进行了报道：

凭借不断整合国际性睡眠科技与材料资源，慕思公司一直走在行业前沿，最早将“健康睡眠”系统概念引入到寝具生产之中，也最早将玻纤产品及3D材料应用于床垫生产，同时也最早运用美国“人体力学测试系统”于店面服务消费者，并获得如潮好评。

…………

《东南快报》以“全球健康睡眠资源整合者——慕思逆势飞翔”为题对慕思此次签约仪式进行了报道：

慕思公司表示，此次与欧洲三大公司合作，是慕思公司在整体经济企稳和政府倾力扶持下，借力用力，实现“全球健康睡眠资源整合者”的一个重要举措，引入的最新技术与材料，将有助于慕思公司进一步拓宽国内国际市场。

…………

慕思提出的“全球健康睡眠资源整合者”和“健康睡眠”的理念，与其企业发展战略是息息相关、密不可分的，《深圳特区报》以“慕思引进欧洲三大技术”为题进行了报道：

与珠三角地区众多的OEM公司不同，慕思公司从成立的时候起，就立志于整合世界先进的技术及中国的制造优势，建立企业独立的营销网络，打造自有品牌。正是因为慕思公司对健康睡眠的关注，因此，慕思一直将整合世界先进的技术及中国的制造优势，建立企业独立的营销网络，打造自有品牌，建设全球健康睡眠资源整合者作为自身的发展战略，公司与众多国际公司合作，也基于此战略。

…………

报纸的报道还只是媒体传播的一部分，而网络对此次慕思签约仪式的报道更是铺天盖地。通过搜索引擎搜索发现关于慕思签约仪式的相关新闻达到8000篇之多。

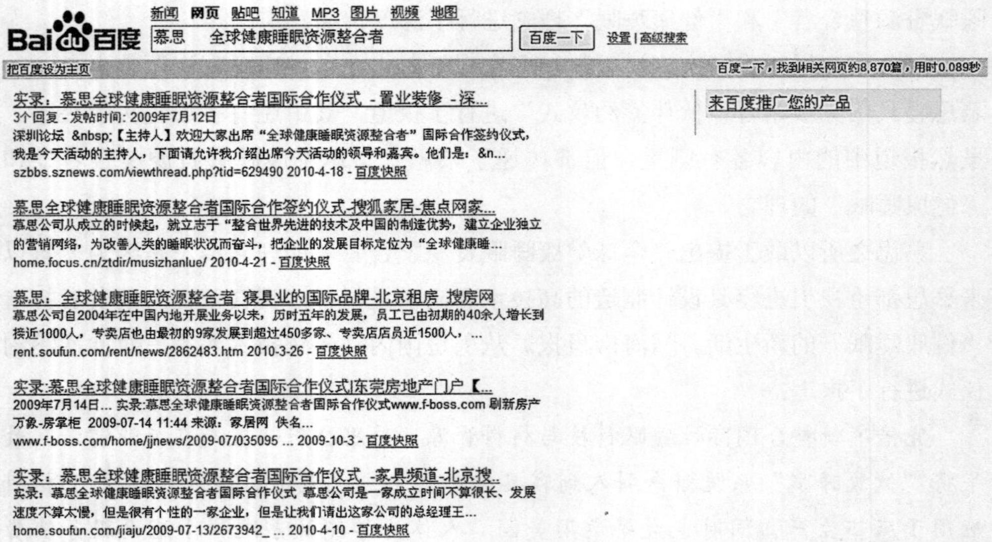

此次签约仪式从仪式的举行、“全球健康睡眠资源整合者”和“健康睡眠”的理念的提出到事后的传播，从头至尾，非常流畅。传播形式多样，报纸、电视、网络都有发布；覆盖面颇广，从华东到西部、从东北到华南的媒体都有涵盖。从宣传的情况看，此次签约得到了政府、业内和媒体的广泛关注，达到了良好的传播效果。

慕思通过与欧洲三大公司签约，引进国外先进技术的事件成功造势，提出了“全球健康睡眠资源整合者”的全新理念，这同时也促进“健康睡眠”理念的深化。通过借力用力，引起了政府、业内和媒体的高度关注，媒体争相报道。经过报纸、网络等传媒全方位的理念传播，使“健康睡眠”理念深刻触动大众消费者的感知，初步建立认知模式，迈出了理念传播的第一步。

第二节　体验传播，从“健康睡眠私人会所”到“健康睡眠万里行”

人们对“理念”从形成初步认知，到建立固有的认知模式是一个不断强化的过程。理念传播需要通过各种方式加深消费者的认知，只有通过亲身体验、感受，不断传播，才能加深对所传播“理念”的印象。2010年慕思打造“健康睡眠私人会所”，举办“健康睡眠万里行”系列活动，为其第二轮理念传播拉开了序幕。

说到购买床垫时要进行体验，在寝具行业已不是什么新鲜事，很多企业在顾客购买床垫时都主动让顾客先进行体验。如席梦思、晚安等床垫商家都鼓励消费者进行实景体验，但这些体验基本上是在专卖店里进行，存在“体验不足，说服力不强”的问题。

目前，国内也出现了一些根据消费者的睡眠特殊要求定制的寝具产品，这些产品基本以高端为主。在传统店面购买模式中，消费者很难通过短时间的体验判断为自己量身定做的床品是否真正舒适、有效。而且商家也不可能做到无条件退货承诺，这在消费心理层面上并不完全是对等交易，因此，制约了“定制寝具”行业的进一步发展。

只有五星级酒店因豪华、舒适，成为成功人士差旅首选。但一直以来，存在一个误区：五星酒店的床垫偏软，事实上，并非越软或硬的床垫就是最适宜的，就个体而言，其中差别很大，根据体重、睡姿等个人情况量身定做的睡眠系统才是最佳选择。

开体验式消费先河

如何将体验式消费巧妙地引入到“定制寝具”行业当中，对于行业走势以及“健康睡眠”理念的普及都会起到可预见的积极作用，“体验经济”或将成为睡眠行业革命新的催化剂。有竞争力的产品，消费者对健康睡眠的认知是获得认同的重要因素，但要转化成消费者的市场行为却仍不够充分，在传统的店铺模式下，消费者很难在短时间的体验中判断出为自己量身定制的寝具是否真的能有效改变睡眠质量，怀疑与观望成为制约“定制睡眠”行业进一步发展的一大要素。

针对定制睡眠行业中存在的这些问题，慕思率先将“体验式消费”引入了行业当中，并创造性地将这一体验式消费与五星级酒店相结合，在行业内引发了一股“体验经济”热潮。

通过“私人会所”的体验式传播，慕思在行业内首次提出了“定制睡眠”的理念，使“健康睡眠”变得更加生动化、形象化，避免了传统理论太过于抽象的不足，“定制睡眠”更具有具象性，容易被大众理解和接受，是对“健康睡眠”理念传播的进一步深化。

慕思通过与五星级酒店联手推出“健康睡眠体验馆”，在传播 “健康睡眠”、“定制睡眠”理念的同时，也提高了酒店的消费档次，同时为消费者带来了更贴心、舒适的服务。慕思的健康睡眠活动成为关联寝具企业、酒店、消费者联动三赢的典范。

2010年3月2日，由中国睡眠研究会主办、慕思寝室用品有限公司承办的“慕思2010全国健康睡眠万里行”启动仪式在广东东莞嘉华大酒店正式举行。活动内容包括国内首家“慕思健康睡眠私人会所”的开启、全国范围的社区健康睡眠讲座以及相关的促销活动和公益活动等，其中“慕思健康睡眠私人会所”将在全国五星级酒店中逐步推出。

慕思“健康睡眠私人会所”的开设在行业内引起很大反响，虽然其他企业也提出过体验活动，但把体验馆建在五星级大酒店里这还是第一个，引起了业界人士和消费者的广泛关注，体验馆前人头攒动，前来体验的消费者众多。“健康睡眠私人会所”是慕思与全国多家知名五星级酒店联合普及“健康睡眠”的创新之举，是“2010年健康睡眠万里行”的重头戏，并有望掀起一场“定制睡眠”的革命。

为“先行一步”者谋划

我和我的团队针对此次活动的特点，对此次活动进行了新闻策划。利用国内各大报纸媒体、网络媒体，从行业线、消费线、企业线三个角度对“健康睡眠体验馆”进行报道，并提炼出慕思“连锁植入”模式，对本次启动仪式进行深度新闻传播。立足于企业活动宣传精准传播、概念提炼深度传播、企业品牌价值传播三个支点，通过消费新闻、行业新闻，对慕思本次“健康睡眠体验馆”启动进行深入报道；通过宣传慕思为消费者提供最优质、舒适的健康环保寝室产品和最贴心的服务，传播“健康睡眠”、“定制睡眠”的理念；通过借势五星级酒店，突出慕思品牌的高端形象以及“睡眠革命”引领者地位。选择行业内权威性的专业报纸和专业网站、国内一线城市主流综合性报纸和门户网站对“健康睡眠”、“定制睡眠”的理念进行广泛、深入的传播。

作为家居界一件具有创新精神和划时代意义的事件，多家报纸和网络媒体从多个角度对此次启动仪式进行了报道。

搜狐家居、网易家居、新浪家居等多家家居行业网媒对此次启动仪式进行了实录报道。

慕思设立“健康睡眠私人会所”，意在让消费者体验到一种健康舒适的睡眠状态，向消费者传递“健康睡眠”的理念。如何使“健康睡眠”的理念深入人心，成为大众认可的认知模式？如何使活动的影响力不仅仅局限于体验现场，更在于通过理念传播的形式，让更多的消费者了解、认识到“健康睡眠”的重要性，能够积极地投入到“健康睡眠”的体验中来，并通过体验加深自己的认知，真正建立“健康睡眠”的认知模式？

《北京商报》侧重于“定制睡眠”理念的普及，以“慕思发起‘定制睡眠’活动”报道。

“慕思健康睡眠私人会所”的推出，一方面是为了给消费者带来实实在在的睡眠体验；另一方面，慕思希望能通过自己的尝试为行业带来更多有益的参考模式，建立“定制睡眠”的理念，从而加快“健康睡眠”理念的深入与普及，切实提高人们的生活质量。“健康睡眠私人会所”只是本次“慕思2010全国健康睡眠万里行”活动的一部分，接下来还将开展一系列推广“健康睡眠”的活动。相对于2009年举办的“健康睡眠万里行”活动，这次活动形式更新颖多样，规模也更大更规范。

《山西晚报》报道：

…………

中国睡眠研究会相关负责人表示，随着慕思“健康睡眠私人会所”的推进，“健康睡眠万里行”的其他活动也将如期开展。这些普及活动不仅将为全国消费者带来健康睡眠的理论和知识，同时还能推动我国人民的健康生活水平，对提升国民身体素质起到积极作用。

2009年“健康睡眠万里行”活动的开展产生了广泛的影响，赢得了大家的关注和认同。此次2010年“健康睡眠万里行”活动是在上次活动基础上的延伸和深化，更是受到大家的关注。可见慕思此次创举石破天惊，如水中投下一块巨石，引起巨大反响。而理念的创新和深化，也是此次理念传播能够吸引大众积极参与，得到广泛传播的关键所在。

全国30多家报纸和80多家网站纷纷抢先对此活动进行了报道，报道字数超过15万字，而后续的跟进报道更是不胜枚举，在百度上进行搜索，相关的报道竟达13600条之多。行业人士惊呼，这次活动的影响范围之广、影响之深，在行业内

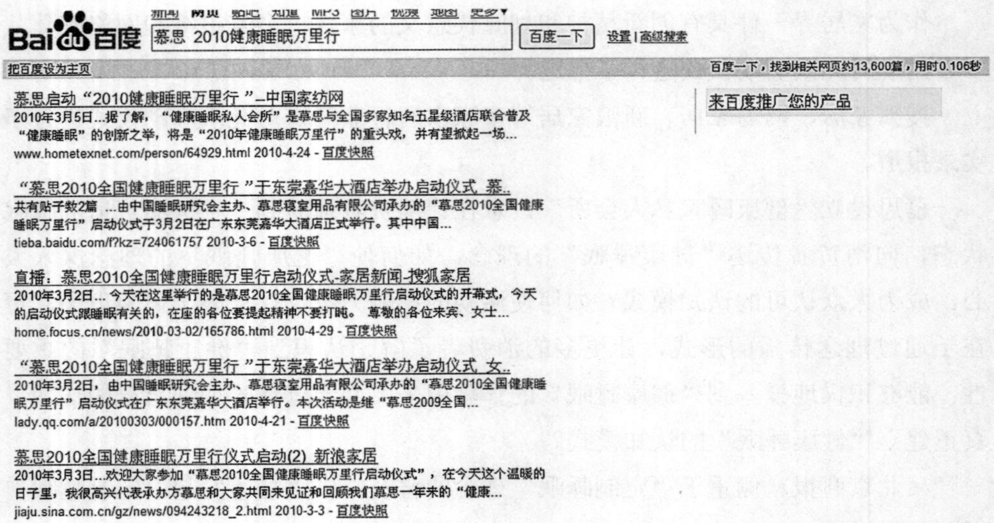
新闻 网页 贴吧 知道 MP3 图片 视频 地图 更多▾
Baidu百度 慕思 2010健康睡眠万里行 百度一下 设置 | 高级搜索
把百度设为主页 百度一下，找到相关网页约13,600篇，用时0.106秒
来百度推广您的产品

慕思启动“2010健康睡眠万里行”–中国家纺网
2010年3月5日...据了解，“健康睡眠私人会所”是慕思与全国多家知名五星级酒店联合普及“健康睡眠”的创新之举，将是“2010年健康睡眠万里行”的重头戏，并有望掀起一场...
www.hometexnet.com/person/64929.html 2010-4-24 - 百度快照

“慕思2010全国健康睡眠万里行”于东莞嘉华大酒店举办启动仪式 慕..
共有贴子数2篇 ...由中国睡眠研究会主办、慕思寝室用品有限公司承办的“慕思2010全国健康睡眠万里行”启动仪式于3月2日在广东东莞嘉华大酒店正式举行。其中中国...
tieba.baidu.com/f?kz=724061757 2010-3-6 - 百度快照

直播：慕思2010全国健康睡眠万里行启动仪式-家居新闻-搜狐家居
2010年3月2日... 今天在这里举行的是慕思2010全国健康睡眠万里行启动仪式的开幕式，今天的启动仪式跟睡眠有关的，在座的各位要提起精神不要打盹。 尊敬的各位来宾、女士...
home.focus.cn/news/2010-03-02/165786.html 2010-4-29 - 百度快照

“慕思2010全国健康睡眠万里行”于东莞嘉华大酒店举办启动仪式 女..
2010年3月2日，由中国睡眠研究会主办、慕思寝室用品有限公司承办的“慕思2010全国健康睡眠万里行”启动仪式在广东东莞嘉华大酒店举行。本次活动是继“慕思2009全国...
lady.qq.com/a/20100303/000157.htm 2010-4-21 - 百度快照

慕思2010全国健康睡眠万里行仪式启动(2) 新浪家居
2010年3月3日...欢迎大家参加“慕思2010全国健康睡眠万里行启动仪式”，在今天这个温暖的日子里，我很高兴代表承办方慕思和大家共同来见证和回顾我们慕思一年来的“健康...
jiaju.sina.com.cn/gz/news/094243218_2.html 2010-3-3 - 百度快照

并不多见，而慕思通过“理念”传播却做到了这一点。

从“健康睡眠私人会所”到“健康睡眠万里行”，通过与消费者的一系列互动，以“体验”带动理念的传播，并在消费者的观念中注入新的理念，即“定制睡眠”，生动地诠释了“健康睡眠”的重要性，并上升到一个高度，对“健康睡眠”提出了更高的要求，也巧妙地传播了达到“健康睡眠”的途径。同时，这些活动也体现了慕思作为一个大品牌，关心消费者，帮助消费者改善生活质量的社会责任感。

第三节　节日传播，慕思策划“3·21”行动

节日，是世界人民为适应生产和生活的需要而共同创造的一种民俗文化，是世界民俗文化的重要组成部分。节日一般由日常生活衍生而来，从一小部分人倡导，到后来广为流传。它通常是人们对某事件或人物的纪念，通过一些传统的、特殊的、约定俗成的活动来传播一种理念和意义，使大家达成共识，普遍认同，形成固有的认知模式。经过时间的累积，通过不断强化人们的认知模式，从而达到习惯化，成为人们潜意识的一部分。

正是因为节日的重要意义，节日已经成为人们生活中不可或缺的一部分，所以借助节日的名义进行促销活动已经成为企业的一种重要营销传播手段。但传统的营销手法，主要还是停留在简单的搭载“节日”的名义进行产品促销的层面，

而没有深刻挖掘“节日”的意义、“节日”与产品之间的紧密联系。“节日传播”往往只是简单借助节日名头，进行纯粹的现场促销活动，而对节日意义的普及、商家“理念”的传播等方面，没有进行实质性的结合，导致企业“品牌”传播力度不够，对消费者消费“理念”的影响度不大。

每逢传统节日，如端午节、中秋节等，各大卖场就开始了大规模的促销活动，抢占“节日”商机，美其名曰庆祝节日，其实就是进行商品销售。这也正是为什么现在人们的生活中被节日所充斥，不管是中国的还是国外的节日，都会被商家拿来做宣传进行产品促销。这样做的结果，往往破坏了“节日”本身所具有的美好意义，造成消费者的心理疲劳和厌烦情绪，对商家的“品牌”传播没有起到实际作用。

正是因为对“节日”的滥用，导致“节日传播”的作用没有很好地发挥出来。“节日”经过文化的沉淀，本来就是“理念”传播的产物，通过将企业“理念”与“节日”意义链接，通过节日传播，通过节日的联想作用，促进企业“理念”的传播。

世界同睡的一天

睡眠障碍现已成为威胁世界各国公众的一个突出问题。为唤起全民对睡眠重要性的认识，2001年，国际精神卫生和神经科学基金会主办的全球睡眠和健康计划发起了一项全球性的活动，将每年初春的第一天——3月21日定为“世界睡眠日”。“世界睡眠日”之所以定在每年初春第一天，是因为季节变换的周期性和睡眠的昼夜交替规律都与我们的日常生活息息相关。“世界睡眠日”的目的是要引起人们对睡眠重要性和睡眠质量的关注，提醒我们要关注睡眠健康及质量。关注睡眠质量就是关注生活质量，关注睡眠就是关注健康。2003年中国睡眠研究会把“世界睡眠日”正式引入中国。

在2010年“世界睡眠日”到来之际，慕思借助“世界睡眠日”，开展了一系列活动，让更多人关心睡眠质量不好的人，让更多的人关注健康睡眠、关注如何改善睡眠质量。通过依托“节日”实体，搭载“节日”的内涵意义，加强对“健康睡眠”理念的传播。通过“节日”的联想记忆功能，使“健康睡眠”的理念成为人们的固定认知模式，进入人们的潜意识，从而也完成了慕思“理念传播”的第三步。

慕思于2010年3月21日在北京启动了“世界同睡的一天” 睡眠健康普及活动，发布会现场请来凤凰卫视主播谢亚芳主持，并在业界首次发布了“健康睡眠宣言”，同时为消费者奉上最权威的健康睡眠知识大餐，还举行了相关的论坛活动。应邀参加和报道本次活动的有来自新华社、《人民日报》、《北京日报》、

慕思启动“世界同睡的一天”活动

《京华时报》、搜狐网、腾讯网等近50家媒体的朋友。

随着“健康睡眠宣言”的发布，慕思的相关公益活动也将逐一展开。3月20日、21日，慕思在全国的门店开展“全场有礼”、“免费体验”、“全球限量版床垫”、“以旧换新环保公益活动”等多重节日促销活动，同时对来店的群众普及健康睡眠知识，给患有睡眠障碍的人们提供帮助。慕思健康睡眠测试、幸运抽奖等网络活动也吸引了大量的参与者，多元的健康睡眠普及形式受到了消费者的热捧。“睡眠趣味测试”、“睡眠小贴士”等活动，让消费者在不知不觉中加深了对健康睡眠的认识。

深度宣传世界睡眠日

针对此次活动的重要性，我和我的团队从节日传播的路径入手，对此次活动进行了一系列的互动传播。一方面对“世界睡眠日”的意义进行宣传推广，另一方面普及慕思“健康睡眠”的理念，从行业、企业和消费三个角度进行新闻策划，360度全方位对此次活动以及活动的影响力进行了深度传播。

本次大型公益活动受到了中央电视台、凤凰卫视和全国各大网站及媒体的深度关注。中央电视台《中国新闻》和凤凰卫视《凤凰焦点新闻》节目对活动进行了新闻报道，联播传媒的财经专题电视节目《商界纵贯线》也对此进行了深度采访。

慕思之所以能够在“世界同睡的一天”发布“健康睡眠宣言”，正是因为慕思积极整合全球资源，真正从技术上保证为消费者提供“健康睡眠”，《浙江日报》报道：

随着“3·21”世界睡眠日的到来，睡眠行业领军品牌慕思在全国发起一场“世界同睡的一天”睡眠健康普及活动，发布了“健康睡眠宣言”，还举行了相关的论坛及促销等公益活动。

…………

慕思此次大型公益活动受到了大众的欢迎，传播的理念也让人印象深刻，《光明日报》报道：

为配合今年世界睡眠日“良好睡眠，健康人生”的主题宣传，慕思于3月21日在北京启动了“世界同睡的一天”大型公益活动。作为此次活动的重头戏，慕思携手中国睡眠研究会发布的“健康睡眠宣言”也在同一时间宣读。

除电视、报纸传媒的报道外，网络的跟踪报道、转载也是数不胜数，纷纷围绕“世界同睡的一天”活动现场气氛、活动内容以及活动的影响力作了相关报道。在百度上进行搜索，相关的内容达11600条之多。

慕思“世界同睡的一天”爱心公益活动，携手中国睡眠研究会，搭载“世界睡眠日”平台，对“健康睡眠”理念进行了一次非常成功、到位的宣传。本次宣传得到中央电视台和凤凰卫视两家有影响力的电视媒体报道，全国50多家报纸和100多家网站对本次活动进行了抢先报道。一时间，寝具行业内如炸开了锅，争相议论和学习慕思的“节日”传播。

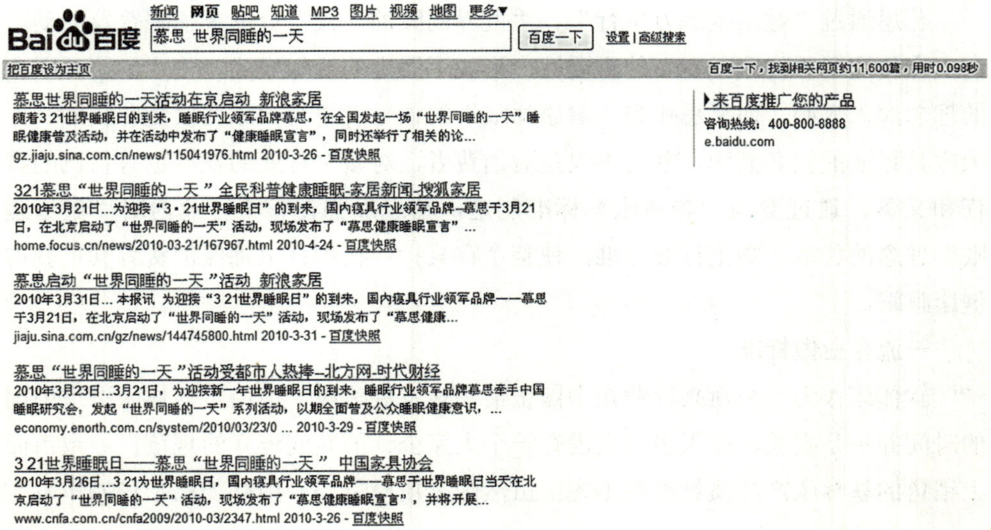

慕思“3·21”行动，是慕思“理念传播”的第三步，也是至关重要的一步，在企业的传播中起着承上启下的作用，是对过去传播的一次总结，为下次传播做好准备。这次行动是在前两次传播基础上的一次提升，循序渐进，一环扣一环，逐步推进。通过发布“健康睡眠宣言”，使“健康睡眠”理念上升为一种具有纲领性、指导性的“理论”、方针，提升到了一个高度，而不仅仅是一个普通的观念。通过与“世界睡眠日”结合，使“健康睡眠”理念的传播更具有权威性、可靠性，更容易受到消费者的认可，受到消费者的信任、信服，也衬托了企业的专业性、可信度。

第四节　标准传播，慕思参与《软体床》标准制定

“理念传播”是否取得成功，除了传播的理念具有核心价值、独特性和领先性，在传播过程中具有生命力以外，理念传播的方式也至关重要。对理念进行传播的方式主要有横向集中传播和纵向延伸传播两种。横向集中传播主要是围绕着要传播的理念，开展一系列与“理念”内容相关的活动，针对传播的对象，对理念的意义、内涵和外延进行传播，从而达到建立固定认知模式的效果。而纵向延伸传播，不仅仅只针对特定的传播对象，而是从宏观的角度入手，从整个行业的高度来进行理念传播，传播手法也不再局限于与“理念”直接对接、关联，更多的是通过间接的手法，为“理念”提供实体支撑，从而使“理念”传播更加深入、影响深远。

慕思通过“健康睡眠万里行”、“世界同睡的一天”等健康睡眠普及活动，向大众传递了“健康睡眠”的重要性，形成了固定的认知模式，使“健康睡眠”的理念深入人心，而慕思作为“健康睡眠”的倡导者也为大家所接受和认知。作为寝具行业的知名品牌，慕思不仅是对消费者，对整个行业的发展也有自己的责任和义务，通过参与《软体床》标准制定，慕思加强在整个行业内对“健康睡眠”理念的传播，规范行业标准，使整个寝具行业在硬件上确保消费者真正获得健康睡眠。

一流企业做标准

软体床作为一个新兴行业在中国正值快速发展阶段，但由于软体床引进中国的时间并不是很长，在很多方面没有一个大家公认的共同遵守的规范，导致市面上销售的软体床产品质量参差不齐。虽然国家质检总局、国标委已于1999年发布

实施了《软体家具弹簧软床垫和沙发抗引燃特性的评定》，对软体床的质量检测方面做了相关规定，但这些标准仅仅局限于一些部件的检测，未能对软体床作出全面的检测规定，并且该规定的发布已过去十年，十年来整个寝具行业也发生了日新月异的变化，旧有的标准已经无法满足社会对于软床产品的生产、检验更高的要求和多种需求，制定新的标准是行业健康发展的必然。

慕思正是顺应行业的趋势，从自身的条件出发，积极参与《软体床》标准的制定。而通过参与标准制定，与行业、企业和政府共同探讨《软体床》标准，并且为制定标准，提供了第一手的资料和数据。长期以来，慕思坚持以“健康睡眠”为企业发展战略，为了保证为所有消费者带来高质量的睡眠，慕思整合全球先进健康睡眠资源，在产品技术上和材料上不断创新，并与国际水平接轨。而慕思毫无保留地把自己积累的技术和经验拿来与所有参与者交流，以其自身的经验来推进标志更加合理、规范化，向“健康低碳”等环保理念发展，从而达到在整个寝具行业内传播“健康睡眠”理念的效果。而通过“健康睡眠”理念在标准中得以体现，整个寝具行业将向“健康睡眠”方向发展。而寝具行业内其他企业对标准的遵守，必将在软体床的制造上注重“健康睡眠”技术和材料的运用，而最终达到向所有消费者传播“健康睡眠”的理念。

慕思参与《软体床》标准的制定，把“健康睡眠”理念贯注于行业标准之中，通过理念延伸，完成了其“理念传播”的第四步，也是至关重要的一步，通过这一步，慕思把其“健康睡眠”的理念上升到一个行业的高度，通过整个行业的相继传播，将会使“健康睡眠”的传播范围更广泛、力度更大。

2010年4月8—9日，由全国家具标准化技术委员会主办，广东省东莞市质量监督检测中心承办，慕思寝室用品有限公司协办的“《软体床》、《家具力学性能试验第5部分：柜类强度和耐久性》等标准制修订审定会”在广东省东莞市举行，慕思作为寝具行业领导企业全程参与了标准的制修，另有包括上海市质量监督检验技术研究院等权威研究机构等在内的知名学术机构参与，此次标准的修订，在智囊结构上做到了理论与实践的结合。

《软体床》行业标准是对国家标准的补充和完善，针对国家标准没有涉及的领域，对软体床的原材料、生产、运输进行全面规定，包含软体床的术语和定义、产品分类、技术要求、试验方法、检验规则及标志、使用说明、包装、运输和贮存各个方面，对各个部件的质量、安全、环保性能均有涉及。

寝具行业一直以来缺乏规范统一的行业标准，此次《软体床》标准的制定对行业具有重大意义，而能参与标准制修的企业，无疑是行业内的佼佼者。慕思作为国标审定会的协办单位和标准制修者之一，体现了企业的技术实力和品牌优势，也是能对事件进行有效传播，将会进一步大幅度提高企业的领导者形象和品牌美誉度，也使“健康睡眠”的理念得到更加广泛的传播。

“标准”的媒体推广

在新闻策划中，我们也正是从这三个角度来进行思考的，然后从企业线、行业线、产经线三个新闻路线进行新闻策划。

行业线着重强调标准的制修对行业产生的影响，是对行业标准的一次完善，将规范行业的健康有序发展，同时附带提及慕思参与标准制修，以彰显其行业领导地位及对行业的贡献。企业线主要是从企业行为及其发展着眼，而这种审视要站在整个社会和行业的角度，从标准制修的行业影响，到产生的社会意义，再到对企业自身发展的重大推动作用。产经线更多的是站在社会的大视角来看寝具产业的发展，剖析产业自身的良性发展及其对整个社会经济意义。

作为寝具行业里一件具有重大意义的事件，慕思参与《软体床》标准的讨论与制定，通过与其他寝具企业分享对软体床的质量检验、包装和运输等方面提供了第一手数据与经验，并把这些数据和经验运用到标准的制定中去，为“健康睡眠”的实现提供硬件支持。

作为全球健康睡眠资源整合者，慕思凭借雄厚的实力，在打造国际化品牌的同时，更积极投身于公益事业，主动承担企业社会责任，此次进入软床标准的制定小组，不仅表现了慕思对社会、对消费者的责任，也表现了慕思对整个行业发展的责任，赢得媒体的尊重和广泛报道。

作为入选的为数不多的企业代表之一，慕思充分整合全球健康睡眠资源，无论在生产管理、生产原料，还是在技术改进、产品研发方面，都占据领先地位，已成为软床行业的标杆，有望将软床标准提升到世界水平。

《厦门商报》以“慕思助《软体床》标准看齐世界水平”为题进行报道。《软体床》行业标准酝酿出台，从各方面都将要严于国家标准，是专业性、技术性很强的标准，将进一步提升软体床产品的专业水平，引领行业的健康有序发展。

《杭州日报》对此进行了报道：

近日，记者从国家标准化管理委员会了解到，《软体床》标准将于近期出台，慕思等知名寝具企业全程参与了该标准的制修定，新标准对软床安全、质量等检测标准作出全面规定，将引领软床行业进入更为健康、有序的发展阶段。

…………

《齐鲁晚报》从“安全、环保”的角度进行了报道。

除了报纸媒体对此进行了大规模的报道，网上关于该事件的报道和转载也是

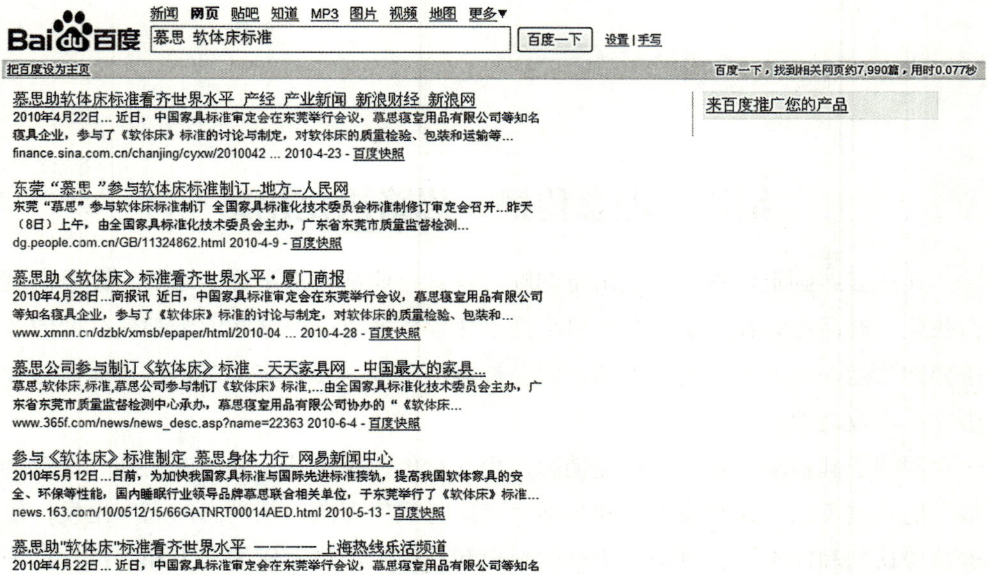

铺天盖地。纷纷围绕由政府、企业共同携手推动寝具行业《软体床》标准制定，行业日趋走向标准化和规范化进行了广泛的报道。在百度上进行搜索，相关的内容达7990条之多。

此次发布媒体以华东地区为主，约占比重的31%，华北和西部地区各约占10%，东北地区为14%，华南和华中地区比重相对较小，各自约占10%。此次媒体发布各类版面所占比重相差不大，以家居版最多，在所有的发布中，其中大部分都配有图片。而网站的发布率也非常高，达到82篇，其中门户网站47篇，行业网站35篇。

慕思通过对其参与《软体床》标准制定的传播，不仅彰显了慕思的品牌地位，在行业充分传递了慕思一直以来所关注和重视的“健康睡眠”理念，并通过提供第一手的数据和资料，把“健康睡眠”的理念贯注到标准中，成为每个企业都必须遵守和履行的责任和义务，从而达到在整个行业内传播“健康睡眠”理念的目的，也完成了慕思“理念传播”的第四步。

结语　理念传播，思路决定出路

兵法云：剑走偏锋，方能出奇制胜。寝具行业从来都是群雄逐鹿、竞争高度白热化，产品在设计、功能和材料上同质化现象严重……这些因素都使行业的竞争异常激烈，企业如果稍有不慎，就会被淘汰出局。而只有出奇招，才能在行业中立于不败之地。

不同于其他寝具企业大打促销牌，相互竞价，慕思从一开始就借助“理念传播”的营销手法，向社会推广和传播“健康睡眠”理念，从理念的高度出发，培养消费认知和需求，并且塑造企业的形象和品牌。经过不懈的努力和坚持，使消费者已逐渐认识到“健康睡眠”的重要性，而慕思作为“健康睡眠”的倡导者也受到消费者的关注和肯定。短短几年时间，慕思借助“理念传播”成功突围，成为寝具行业的知名品牌。而其推出的产品，从实现“健康睡眠”出发，所具有的高技术含量和高品质，也受到消费者的青睐。

理念传播，思路决定出路。所谓穷则变，变则通，通则久，理念传播作为一种新的营销手法，改变了传统的营销思维模式，从新的思维高度出发，无招胜有招，对于企业突围而出，树立行业地位起着重要作用。

理念传播，选择怎样的“理念”作为传播的核心，对理念传播的成功至关重要，而其传播的方式也将决定传播的广度和深度。遵循“理念传播”的规律，灵活运用于实践中，才能够真正发挥其作用，达到出奇制胜的效果。

1. “理念传播”的规律

（1）核心传播“理念”的建立

要采用“理念传播”营销模式，首先就要确认传播的是什么“理念”，这是传播的精髓和核心所在。“理念”的确立一定要从企业的自身情况出发，并在对社会、市场和目标受体进行研究和分析的基础上建立。作为一种营销战略，理念是深思熟虑后的产物，是整个企业和品牌形象的浓缩，经确立后，不得随意进行更改，否则容易造成概念的混乱，影响到消费者的认知。

随着生活节奏加快，生存压力加大，现代都市人的睡眠质量越来越差，有不少人患有睡眠障碍或和睡眠有关的疾病，如何解决睡眠问题、提供睡眠质量成为社会关注问题。慕思的产品定位是高端寝具市场，主要生产高技术含量、高质量的寝具产品，旨在为消费者提供最科学、最舒适的睡眠产品，提高消费者的睡眠质量，这正好与当前社会对解决睡眠问题的需求相吻合。如何让消费者关心关注自己的睡眠质量问题？如何让消费者认识到慕思的寝具产品是解决睡眠问题的有利工具？慕思最终确立了“健康睡眠”的理念作为传播的中心，从“健康睡眠”的高度出发，向消费者和整个寝具行业普及“健康睡眠”知识，让消费者认识到健康睡眠的重要性，从而引发产生“健康睡眠”、解决健康问题的消费需求。通过理念的传播，营销模式从“强加式推销”转化为“消费需求引导”，赢得了消费者的接受和信赖，也让消费者认识到慕思在提倡健康睡眠和解决睡眠问题的努力和不遗余力。

（2）初步认知模式的建立

传播的“理念”一旦确立，企业就须马上展开传播行动，让“理念”进入消费者的认知，建立起初步认知模式。

慕思一开始就提出了“健康睡眠”的理念，而每次宣传活动都直指“健康睡眠”，一步一步在大众消费者的认知结构中建立起“健康睡眠”认知。慕思借力用力，借助与欧洲三大公司签约的时机，进行造势，打造“全球健康睡眠资源者”品牌形象，掀起了“健康睡眠”理念传播旋风。通过独家引进全球领先的睡眠系统的制造材料和技术，建立全球战略合作伙伴关系，整合全球健康睡眠资源，为“健康睡眠”理念的传播提供了技术支撑，有力地说服消费者接受企业提出的理念，建立了初步认知模式。

（3）固定认知模式的建立

从对“理念”形成初步印象，到建立固定认知模式，是一个不断强化的过程。如果缺少强化刺激，初步形成的认知就会慢慢被遗忘，只有建立起固定认知模式，使理念进入消费者的潜意识，才会对消费者的购买行为和购买决断产生深刻的影响，引导消费趋势。

自“全球健康睡眠资源整合者”慕思展开“健康睡眠”理念传播开始，慕思更是再接再厉，抓住时机，对其理念不断强化。通过“健康睡眠私人会所”的体验式传播，慕思提出了“定制睡眠”，避免了传统理论太过于抽象的不足，使“健康睡眠”变得更加生动化形象化、更具有具象性，容易被大众理解和接受，理念的传播得到进一步深化。通过启动“慕思2010全国健康睡眠万里行”，与消费者零距离接触，让消费者切身参与到整个传播中来，学习到更多健康睡眠的知识，通过促进“主动”学习的方式，加快了“健康睡眠”理念的深入与普及。

“3·21”世界睡眠日，慕思更是把握时机，把“健康睡眠”理念与传统节日习俗相结合，依托“节日”实体，搭载“节日”的内涵意义，加强对“健康睡眠”理念的传播，通过“节日”的联想记忆功能，使“健康睡眠”的理念成为潜意识的一部分，成为固定认知模式。

（4）“理念”的延伸

理念的传播，有其主要传播受体，所有的传播活动都围绕传播受体展开，但一个成功的理念传播，不仅仅只局限于主要传播受体，还需要上升到行业和社会的高度，使其成为一种普遍的认知。

经过前面三步的传播，在消费者的心中已建立起关于“健康睡眠”的固定认知模式，理念在消费者认知中得到普及而慕思又“理念”延伸，通过参加《软体床》标准的制定，把“健康睡眠”的理念贯注到标准之中，在整个行业内传播“健康睡眠”理念，同时，标准的制定使整个寝具行业一开始就能够做到从“健康睡眠”、提高消费者的睡眠质量出发，生产出更多高科技、高质量的产品。通过整个行业的相继传播，将会使“健康睡眠”的传播范围更广泛、力度更大。

2. “理念传播”的具体方式

（1）横向集中传播

横向集中传播主要是围绕着要传播的理念，开展一系列与“理念”内容相关的活动，针对传播的对象，对“理念”的意义、内涵和外延进行传播，从而达到建立固定认知模式的效果。

慕思通过展开“健康睡眠私人会所”体验、“2010全国健康睡眠万里行”和“3·21”“世界同睡的一天”健康睡眠倡议行动等活动，紧紧围绕“健康睡眠”理念，传播“健康睡眠”的意义，让消费者对“健康睡眠”理念从形成初步印象，到了解学习更多关于健康睡眠的知识，再到建立固定认知肯定“健康睡眠”的重要性，主动解决“睡眠问题”。慕思热心“健康睡眠”、关心消费者睡眠质量的品牌形象也获得消费者的接受和肯定。

（2）纵向延伸传播

纵向延伸传播，不仅仅只针对特定的传播对象，而是从宏观的角度入手，从整个行业的高度来进行理念传播。传播手法也不再局限于与“理念”直接对接、关联，更多的是通过间接的手法，为“理念”提供实体支撑，从而使“理念”传播更加深入、影响深远。

慕思不仅通过开展“全国健康睡眠万里行”等大型公益活动来传播“健康睡眠”理念，也通过间接的手法扩大传播的深度和广度。借助与欧洲三大公司签约，独家引进全球领先的睡眠系统的制造材料和技术，把慕思塑造成为“全球健康睡眠资源整合者”，从技术实力角度为“健康睡眠”理念的传播提供了支持，使理念更让人信服。通过参与《软体床》标准的制定，在整个行业内传播“健康睡眠”理念，使传播的范围更广泛、力度更大。

综上所述，慕思在品牌营销上不走寻常路，没有像其他寝具厂家一样，简单地停留在靠打“价格战”来夺取市场，而是从消费者的需求出发，引导消费需求，把产品上升到理念的高度，品牌精神浓缩为“理念”，通过采用横向集中和纵向延伸的传播手法，对“健康睡眠”理念进行传播。思路决定出路，经过慕思坚持不懈对“健康睡眠”理念的传播，最终实现品牌突围，不管是其品牌还是其产品，都在消费者的“心智”中占据很重要的一部分。

第十三章

高端传播，打造环球市场集团“GMC”的品牌影响力

引言　高端传播的道与述

现代企业传播以针对普通消费者为主，通过报纸、网络等传播媒介，采取新闻、硬广告等多种形式进行传播，而传播的受众群体是多元的，并不仅仅只有大众消费者，针对企业客户，如何进行传播？传播方式和途径是否有所不同？

环球市场集团作为一家专业的B2B国际营销公司，主要致力于为中国制造商打造优质群体品牌GMC，并在GMC品牌的基础上，通过M2C全球直销、网络展会、买家匹配等营销模式，帮助GMC会员在国际市场推广品牌，获取商机，紧握市场脉搏。

在电子商务竞争日趋激烈的当下，作为环球市场的核心，如何使“群体品牌GMC”在潜在客户的“心智”中占领第一位，对于环球市场的生存发展是至关重要的。环球市场的潜在客户群以企业为主，客户群体的特点决定了其传播方式的差异。针对以企业管理层为主的客户群体，环球市场采用了“高端传播”的方式，树立企业品牌的形象，扩大品牌的影响力。

“高端传播”相对于普通的传播，主要具有以下几个特点：

首先，在媒体的选择上，高端传播主要侧重于高端财经媒体，以财经类媒体和主流大众媒体的财经版为主。对传播的地域也有明确的界定，通过分析各地客户群体的特点，以潜在客户聚集地区进行集中传播为主。

其次，在传播发方式上，对报纸、网络和电视媒体进行了整合，最大范围地扩大企业的品牌影响力。

再次，为配合高端财经媒体的传播，采取活动、会展等形式，提高传播的新

闻性，并借势社会上有影响力的事件与人物，推动品牌的推广。

最后，真正的“高端传播”，是关于意义性的传播，并非为了传播而传播，其对事件和人物的传播是建立在对社会发展、团体发展等有积极意义的基础上的传播，在对财经事件、现象进行深度、全面的剖析的同时，把企业品牌的概念和企业文化、理念融入其中，通过合理的解析，减少客户对广告等传播的排斥，让客户在获得利益、增加知识的同时，接受企业的传播理念，认可企业的品牌和服务。

在本章案例中，环球市场集团通过结合当前国际国内经济发展和制造业发展状况，通过携手著名经济学家郎咸平教授，为“中国制造”寻求新出路，推动GMC群体品牌向专业化发展；通过邀请国际营销大师科特勒，为“中国制造”出海传授营销战略，推动GMC向国际化发展；借势世博会，通过“GMC全球巡展·世博站”、GMC梦幻馆、M2C全球直销平台上线等事件，在推广“中国制造”优质形象的同时，向世界传播中国优质制造群体品牌GMC和环球市场集团，推动群体品牌GMC向品牌化方向纵深发展。

第一节　携手经济学家郎咸平，推进GMC品牌专业化

四面楚歌的中国制造

环球市场集团主要的服务客户群体为中国的制造企业，中国制造业的发展现状及前景与环球市场GMC品牌息息相关。

虽然中国制造业已从金融危机的泥淖中走出，但受到国内外变幻莫测的经济形势的影响，仍然是内忧外患，危机重重。因欧洲主权债务危机对欧美经济复苏的负面影响、人民币升值的压力持续等因素的存在，2010年下半年外贸形势仍不乐观，除对外贸易大环境存在不稳定因素外，原材料上涨、“用工荒”和国家最低工资上调政策的出台等因素，也导致制造企业经营成本大大上涨，制造企业已进入微利时代，企业抵抗外贸风险的能力减弱，极大影响到外贸交易。

一方面，企业的生产和用工成本的增加，导致利润急剧压缩，许多制造企业试图转嫁成本，因为海外市场经济不稳定，对价格十分敏感，产品价格上涨极易导致订单丢失，而制造企业大多以OEM（Original Equipment Manufacturer）代工为主，没有自主品牌，处于国际产业链低端，缺乏定价权和话语权，这让企业的生存更是岌岌可危。

另一方面，中国制造长期给人低廉、劣质的品牌印象，产品质量不被国际买家信赖，虽然中国制造的产品科技含量不断提高，技术水平不断上升，但在很多国际市场上仍然被认为是劣质的产品，这使中国的制造产品得不到正确的对待，无法获得国际买家的信赖。迫于生产经营成本的上升，无法进行有效的品牌推广，建立营销渠道。而长期以来，制造企业缺乏海外营销专业人才和技术人才的弱点暴露无遗。而近年来，节能减排、低碳等对中国制造企业发展也带来了新的挑战，对企业本身的技术创新能力提出新的要求，加大了自主品牌进入国际市场的门槛和成本。

面对这些困境，制造企业如何突破？企业如何通过产业升级，提升产品质量，获得国际买家的信赖？企业如何在确保利润的前提下，建立切实有效的外贸交易渠道？企业如何在订单下降、产能过剩的现状下，获得更多买家关注和长期订单？

面对严峻的外贸形势，快速改变传统的加工贸易模式、加快产业转型、升级成为制造企业唯一的出路。而由于传统国际贸易形式常常经过多个中间环节，使企业的利润、企业产品独立定价权受压制，使得制造企业过分依赖于出口商，缺乏与国际买家的沟通，从而使得制造企业在出口外贸中处处被动。随着互联网的普及，电子商务作为一个外贸交易平台，减少交易成本、降低商业风险、提高交易效率等特点，使其受到越来越多制造企业的重视。

环球市场集团的解决之道

相对于国内其他电子商务企业，环球市场集团的突出特点在于，与中国优质制造企业共同联手打造了受到国际权威机构认证的群体品牌GMC，聚集优质制造企业的整体力量，团体合作，共同致力于向国际市场推广中国制造自主品牌。

环球市场集团作为一个专业的国际营销集团，如何把群体品牌GMC的理念“定位”在潜在顾客的脑海中，获得他们接受和认可，占领“第一位”？首先一定要强化和传播品牌的专业化程度，使GMC达到品牌专业化。

为树立环球市场打造的群体品牌GMC的品牌专业度，环球市场集团携手经济学家郎咸平教授，从专家的角度入手，从为制造企业解决困境的角度出发，深度分析制造业的发展并为制造业寻求新的出路，从而把GMC打造为专业化品牌。

2010年8—9月，环球市场集团力邀深受制造商欢迎和喜爱的著名经济学家郎咸平教授，开展了一系列GMC优质制造商总裁论坛，与中国优质制造商共谋新出路。环球市场集团主办的GMC优质制造商总裁论坛作为一个系列论坛首站在广东东莞拉开帷幕，并先后在长三角和珠三角的十几个重要制造城市举行。在论坛上，郎咸平教授与参加论坛的GMC优质制造商，就全球以及中国经济发展趋势进行了分析，对当前经济状况下的中国制造业所面临的困境和问题进行了剖析，并对“中国制造”如何克服危机，寻找新的出路提出了建议和指导。

郎咸平在广州演讲

传播GMC

我和我的团队，针对此次活动的特点，对整个活动从传播方式到传播内容进行了精心策划，通过借势经济学家郎咸平的专家身份和知名度，提升群体品牌GMC的专业性。传播内容从中国制造业的困境入手，以解决制造业的困境为引子，贯穿始终，根据中国制造业发展的特点、现状及当地的政府政策方针，从地域特点入手，进行深度新闻传播，深入剖析GMC与中国制造发展休戚相关、共同进退的关系，并结合传播的地域特点，采用报纸、网络和电视进行整合传播，传播媒体集中于华东、华南地区高端财经类和大众类媒体。

此次活动传播，不管是在活动的新闻性、知名度上，还是在专业、深度上都受到媒体的广泛关注，引起各高端媒体的争相报道。

《南方都市报》紧扣郎咸平对中国经济发展及制造业发展困境的解析，以“郎咸平：产能过剩或拖累经济二次探底”为题报道。

《羊城晚报》报道：

8月份制造业采购经理指数（PMI），在连续3个月下跌之后逆势反弹，不少经济学者预测，经济将趋稳步增长。但经济学家郎咸平14日在GMC优质制造商总裁论坛上指出，制造业存在严重产能过剩。

《深圳特区报》从如何解决中国制造业的困境角度出发，以“优质中国制造抱团出海，近400家深企借群体品牌GMC寻觅出口商机”为题进行了报道。

报纸的报道还只是媒体传播的一部分，而网络上对于由环球市场集团主办、郎咸平教授为主讲嘉宾的系列GMC优质制造商总裁论坛的报道更是铺天盖地，并受到重要门户网站财经版的转载，通过搜索引擎搜索发现关于郎咸平、GMC优质制造商总裁论坛的相关新闻达到3030篇之多。

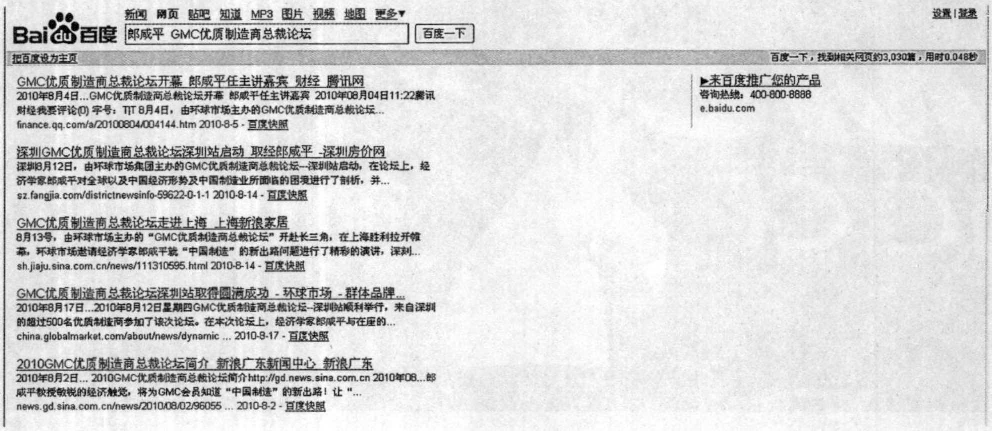

第二节 联手国际营销大师科特勒，推动GMC品牌国际化

贸易保护主义抬头

随着贸易交易增加，贸易保护主义明显抬头，各种贸易壁垒对珠三角企业出口造成较大冲击，2009年涉及我国产品的贸易摩擦案件超过百起。贸易壁垒使珠三角制造企业与国际买家之间的关系变得紧张，信任缺失，出口形势日益严峻。

尽管有WTO协议存在，从2010年8月底开始，欧美日等主要贸易进口国不断推出反倾销、反补贴、技术性贸易壁垒等贸易保护措施，欧美日等主要进口国贸易保护主义政策频繁出台，并不断施压力促人民币升值。中国外汇交易中心的最新数据显示，2010年9月14日人民币对美元汇率中间价报6.7378元，较前一交易日走高131个基点。至此，人民币对美元汇率中间价已经连续三个交易日创下汇改以来新高。

2010年上半年，中国LED产品在欧美市场遭遇专利技术性贸易壁垒事件频繁发生，使深圳LED产业损伤巨大。人民币持续升值、出口退税调低、用工成本上涨、税费增长等造成了企业经营成本大幅上升，企业的价格优势丧失，种种因素使深圳制造企业出口贸易发展面临困局，如果不突破困局，越南等新兴制造国将凭借更廉价劳力资本和价格优势，严重威胁中国制造业的生存。

欧美日等主要贸易进口国密集出台的一系列贸易保护主义政策，短期内将会严重威胁到中国制造企业，使贸易出口遭遇阻碍。

欧美等成熟市场的持续衰落、新兴市场的发展，以及中国将丧失廉价劳动力和低成本供应链优势的困境，使中国出口经济进入转型期。虽然中国制造业的出口占全球第一位，但中国只是制造大国，还不是制造强国，如何顺利度过转型期？在国际化的大背景下，如何在国际贸易市场上占据一席之地？这是所有中国制造企业所关注和需要解决的问题。

国际营销大师解码中国制造

电子商务企业作为中国制造企业新的出海途径，对电子商务企业以及电子商务模式的创新也不断提出了新的挑战和要求。电子商务企业不仅仅是制造企业与海外买家沟通交流、传递信息的桥梁，也是中国制造企业了解海外市场的窗口。电子商务企业不但要在潜在客户的“心智”里建立其“专业化”定位，同时也要加强“国际化”定位，提升企业品牌的高度。

环球市场作为一个高端的B2B电子商务平台，主要的客户群体为中国优质制造企业，并制订了8项有国际权威机构认证的GMC标准，对加入群体品牌GMC的客户进行严格评定，确保GMC品牌的高端化。而作为一个高端品牌，环球市场更是注重品牌国际化的打造，从全球化的视野出发，奠定其“国际化营销战略”指导

科特勒在深圳演讲

者的品牌认知。

2010年9月，环球市场集团先后三次联手国际著名营销大师科特勒，在深圳等重要制造业基地举办论坛。在论坛上，科特勒分析世界贸易发展形势，特别是对当前贸易保护主义抬头、中国制造业如何处理和应对等进行分析、解码全球化背景下“中国制造”的出海路，讲授制造企业对外贸易的营销战略，助力深圳制造业“走出去”。

借势传播

我和我的团队，针对此次论坛的特点，从品牌国际化的传播角度入手，深入剖析中国经济出口转型期的特点和发展趋势，以及如何应对转型期的国际营销战略，借力国际营销大师科特勒的国际化背景，对环球市场与由优质制造商合力打造国际营销平台，推动制造企业实现品牌出口，突破转型困局的传播点进行深度传播。而在传播方式上，采取报纸、网络、电视等高端财经媒体，以联合传播的形式，传播地域以深圳为主，传播范围辐射整个珠三角和长三角地区。

作为国际营销大师，科特勒亲自莅临深圳等地，为中国制造企业传授国际营销战略，这不仅是业界的盛事，也传为美谈。深圳多家高端主流媒体，对此活动进行了报道，并有不少媒体对科特勒进行了专访。

《深圳晚报》从本地制造业发展的现状出发，结合科特勒的论坛演讲内容，以“深圳制造业可分三步‘走出去’实现出口转型”为题进行了报道：

昨天下午，国际著名营销大师米尔顿·科特勒现身深圳，出席环球市场集团举办的GMC优质制造商总裁论坛。在论坛上，科特勒分析世界贸易发展形势，解码全球化背景下“中国制造”的出路。他认为，深圳制造业可分三步“走出去”实现出口转型。

…………

《深圳商报》以“国际营销大师解码‘中国制造’”为题报道：

9月17日，国际著名营销大师科特勒现身深圳，出席环球市场集团举办的GMC优质制造商总裁论坛。科特勒深入分析世界贸易发展形势，解码全球化背景下“中国制造”的出海路径，讲授制造企业对外贸易的营销战略，并助力深圳制造业“走出去”。

…………

《深圳特区报》报道：

被誉为“现代营销之父”的科特勒日前出席环球市场集团举办的GMC优质制造商总裁论坛与上百位企业家展开对话，就中国制造如何走向世界进行解码。

…………

《宁波晚报》对国际营销大师科特勒进行了专访，并以“‘宁波制造’如何转型　美国营销大师出点子”为题进行了报道：

在营销领域，几乎无人不知米尔顿·科特勒（Milton Kotler）。9月15日，在宁波香格里拉大酒店28楼商务茶廊中，本报记者专访了这位世界级营销战略大师。

…………

而在网络上，大量网站对科特勒的报道进行了转载。

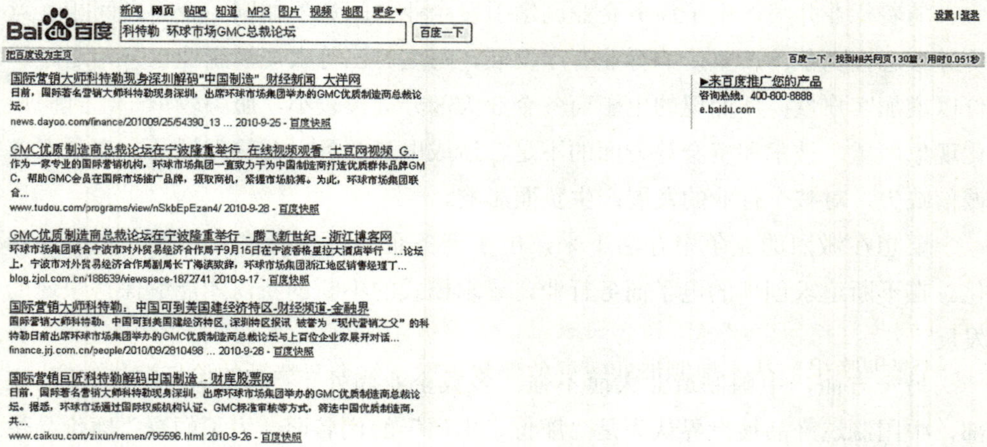
新闻 网页 贴吧 知道 MP3 图片 视频 地图 更多▼

Baidu百度 科特勒 环球市场GMC总裁论坛 百度一下

设置 | 登录

把百度设为主页

百度一下，找到相关网页130篇，用时0.051秒

国际营销大师科特勒现身深圳解码"中国制造" 财经新闻 大洋网
日前，国际著名营销大师科特勒现身深圳，出席环球市场集团举办的GMC优质制造商总裁论坛。
news.dayoo.com/finance/201009/25/54390_13 ... 2010-9-25 - 百度快照

GMC优质制造商总裁论坛在宁波隆重举行 在线视频观看 土豆网视频 G...
作为一家专业的国际营销机构，环球市场集团一直致力于为中国制造商打造优质群体品牌GMC，帮助GMC会员在国际市场推广品牌，摄取商机，紧握市场脉搏。为此，环球市场集团联合...
www.tudou.com/programs/view/nSkbEpEzan4/ 2010-9-28 - 百度快照

GMC优质制造商总裁论坛在宁波隆重举行 - 腾飞新世纪 - 浙江博客网
环球市场集团联合宁波市对外贸易经济合作局于9月15日在宁波香格里拉大酒店举行“...论坛上，宁波市对外贸易经济合作局副局长丁海滨致辞，环球市场集团浙江地区销售经理丁...
blog.zjol.com.cn/188639/viewspace-1872741 2010-9-17 - 百度快照

国际营销大师科特勒：中国可到美国建经济特区-财经频道-金融界
国际营销大师科特勒：中国可到美国建经济特区，深圳特区报讯 被誉为“现代营销之父”的科特勒日前出席环球市场集团举办的GMC优质制造商总裁论坛与上百位企业家展开对话...
finance.jrj.com.cn/people/2010/09/2810498 ... 2010-9-28 - 百度快照

国际营销巨匠科特勒解码中国制造 - 财库股票网
日前，国际著名营销大师科特勒现身深圳，出席环球市场集团举办的GMC优质制造商总裁论坛。据悉，环球市场通过国际权威机构认证、GMC标准审核等方式，筛选中国优质制造商，共...
www.caikuu.com/zixun/remen/795596.html 2010-9-26 - 百度快照

▶来百度推广您的产品
咨询热线：400-800-8888
e.baidu.com

第三节　借力上海世博会，助推GMC品牌化

GMC的品牌化命题

企业产品要在潜在客户的脑海中建立一个稳定的“定位”，而不被其他的产品替换，始终保持第一的位置，并非易事。在产品的功能、种类上，随时都会面临竞争对手的威胁，而在定位上，也可能遭遇其他牌子发起的“重新定位”突击战。要想保持领先地位，不但要不断对“定位”进行强化，还要对所建立的“定位”内容不断深化。

真正深入的“定位”，是对企业品牌的定位，只有把企业的品牌、品牌的内涵和价值植入客户的“心智”中，建立稳固的认知模式，获得客户的认同，才能确保客户的忠诚度。这就需要企业产品逐步实现品牌化。

品牌化（branding）是赋予产品和服务一种品牌所具有的能力，不能只强调

品牌的属性或者某些利益，其实质应包含品牌的价值、文化和个性。品牌是企业持续发展的动力，也是企业在商业竞争中不被淘汰的根本。

据中国电子商务研究中心发布的最新报告显示，2010年中国电子商务网站数量呈井喷式增长，截至2010年6月，国内规模以上电子商务网站总量已达20700家，预计到2010年底电子商务网站总量将超过2.3万家，交易额规模达到4500亿元，同比增长71.1%。

而国家对电子商务的大力支持也促进电子商务的快速发展、行业的壮大，其繁荣背后的问题也不断凸显，电商行业发展面临浮躁前行的竞争格局。

随着行业井喷，电子商务企业剧增引发企业之间竞争加剧，企业之间相互竞价导致恶性竞争，严重影响行业有序发展，阿里巴巴等大规模企业也开始通过降价以增加客户量；新涌现的电子商务企业大部分规模较小，服务较单一，且同质化现象严重，技术和资金等方面的不足，造成电子商务平台管理混乱，交易双方诚信缺失，对整个行业的发展产生负面影响。

要想在激烈的竞争中存活下来，电子商务企业必须要建立品牌，实现品牌化。在不断追求创新的电子商务行业，寻求模式的不断创新，才能够保持快速的发展。

另一方面，中国制造业大而不强，多数企业尚处于产业链中低附加值的底部，中国制造产品被世界认为是“廉价、劣质”的代名词。为了颠覆“廉价品生产地”的形象，2009年11月30日，中国政府推出一系列全球广告，包括在CNN等国际媒体上播放广告，竭力在海外宣传中国品牌，试图提升“中国制造”的国际形象。

地方政府也出台相关政策，鼓励制造企业进行产业转型，在生产高技术高质量产品的同时，进行品牌营销，树立中国优质制造形象。如广东省出台了《关于加快外经贸战略转型提升国际竞争力的决定》，鼓励珠三角制造企业，创建自主品牌，由单一的加工制造功能向研发设计、品牌营销领域延伸，努力优化出口商品结构。深圳市相继采取了打造区域品牌、实施标准化战略、建设产业聚集基地等政策扶助手段，以有形之手推动传统产业就地升级。

环球市场集团作为中国民族企业，不仅仅是为制造企业带来海外买家的订单，更是要实现向海外市场推广中国优质制造。这从其用心打造的GMC标准及群体品牌GMC可窥见一斑。推广中国优质制造，重塑中国制造业品牌形象，帮助制造企业在国际市场上建立自主品牌，已经成为GMC的品牌内涵。

如何让更多优质制造企业，让更多的国际买家认识和认可到GMC的品牌价值？如何推动GMC品牌化进程，把GMC的“品牌价值”“定位”在潜在客户的脑海中？

这成为环球市场品牌传播的关键，也是其“高端传播”的重点。

梦幻世博会

2010年6月30日，环球市场与世界贸易中心协会联手打造“GMC全球巡展·世博站”，进驻上海世博会，与中国优质制造商共同打造GMC梦幻馆，向全世界人们展现中国优质制造产品，让来自全球各地的游客亲身体验“中国制造”的梦幻与魅力。

7月1日，环球市场在世界贸易中心协会馆举行盛大的M2C全球直销业务上线发布仪式。我和我的团队，根据此次活动的特点，借势百年盛事——上海世博的影响力，对活动进行了系统传播。整个传播过程分两轮进行，第一轮传播，世博会召开前夕，结合当前珠三角制造业面临外贸环境复杂化、经营成本上升等困境以及政府出台的相关政策，以“抱团突围”为契合点对群体品牌GMC进行诠释和深度传播，突出当前外贸形势的严峻现状，使夹缝中求生存的制造企业意识到，只有强强联合，通过群体品牌GMC的力量，奠定自主品牌的国际地位，才能增强抵抗市场风险的能力，把握国际话语权。同时，为“GMC全球巡展·世博站”展开造势，媒体传播主要以华南地区高端媒体为主。

第二轮传播，配合环球市场“GMC全球巡展·世博站”开幕和M2C全球直销

GMC全球巡展·世博站启动

业务正式启动，搭载“世博会”知名度，对环球市场“GMC全球巡展·世博站”进行广泛传播，提升品牌价值；通过挖掘M2C全球直销业务的内涵和精髓，并结合当前电子商务行业发展形势及模式，对GMC的业务模式和品牌内涵进行精准传播，媒体传播主要以华南和华东地区高端媒体为主。

此次传播与上海世博会紧密结合，不仅对GMC品牌进行了推广，更是对中国优质制造的推广和传播，受到华东和华南地区媒体的广泛关注和深度报道。除电视、报纸传媒的报道外，也得到了网络的大量跟踪报道、转载。在百度上进行搜索，相关的内容达4500条之多。

《深圳商报》以“环球市场M2C全球直销业务亮相世博会”为题进行了报道。

《扬子晚报》以“环球市场构建全球直销平台”为题进行了报道。

《中国经营报》以“GMC借道上海世博会力推中国优质品牌”为题进行了报道。

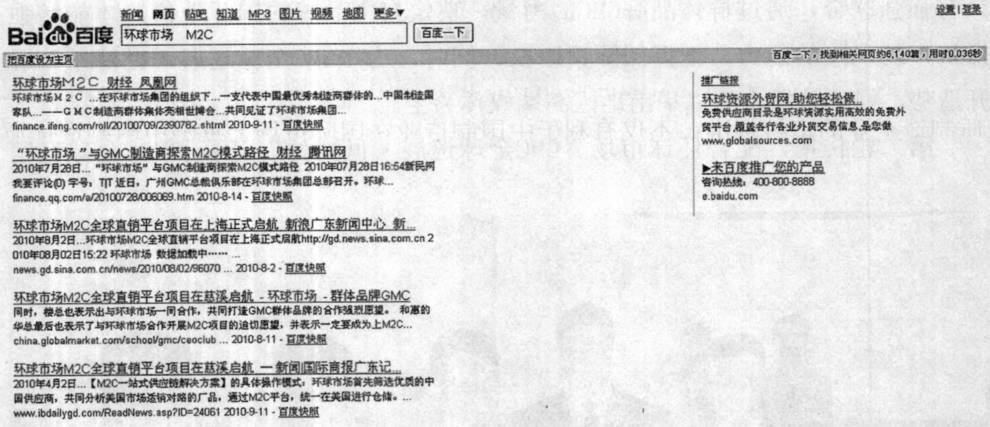
新闻 网页 贴吧 知道 MP3 图片 视频 地图 更多▼
设置 | 登录
Baidu百度 环球市场 M2C 百度一下
把百度设为主页
百度一下，找到相关网页约6,140篇，用时0.036秒

环球市场M2C 财经 凤凰网
环球市场M2C ...在环球市场集团的组织下...一支代表中国最优秀制造商群体的...中国制造国家队...——GMC制造商群体集体亮相世博会...共同见证了环球市场集团...
finance.ifeng.com/roll/20100709/2390782.shtml 2010-9-11 - 百度快照

“环球市场”与GMC制造商探索M2C模式路径 财经 腾讯网
2010年7月28日... “环球市场”与GMC制造商探索M2C模式路径 2010年07月28日16:54新民网 我要评论(0) 字号：T|T 近日，广州GMC总裁俱乐部在环球市场集团总部召开。环球...
finance.qq.com/a/20100728/006069.htm 2010-8-14 - 百度快照

环球市场M2C全球直销平台项目在上海正式启航 新浪广东新闻中心 新...
2010年8月2日...环球市场M2C全球直销平台项目在上海正式启航http://gd.news.sina.com.cn 2010年08月02日15:22 环球市场 数据加载中…… ...
news.gd.sina.com.cn/news/2010/08/02/96070 ... 2010-8-2 - 百度快照

环球市场M2C全球直销平台项目在慈溪启航 - 环球市场 - 群体品牌GMC
同时，楼总也表示出与环球市场一同合作，共同打造GMC群体品牌的合作强烈愿望。 和惠的华总最后也表示了与环球市场合作开展M2C项目的迫切愿望，并表示一定要成为上M2C...
china.globalmarket.com/school/gmc/ceoclub ... 2010-8-11 - 百度快照

环球市场M2C全球直销平台项目在慈溪启航 一新闻|国际商报广东记...
2010年4月2日...【M2C一站式供应链解决方案】的具体操作模式：环球市场首先筛选优质的中国供应商，共同分析美国市场适销对路的产品，通过M2C平台，统一在美国进行仓储。...
www.ibdailygd.com/ReadNews.asp?ID=24061 2010-9-11 - 百度快照

推广链接
环球资源外贸网,助您轻松做..
免费供应商目录是环球资源实用高效的免费外贸平台,覆盖各行各业外贸交易信息,是您做
www.globalsources.com

▶来百度推广您的产品
咨询热线：400-800-8888
e.baidu.com

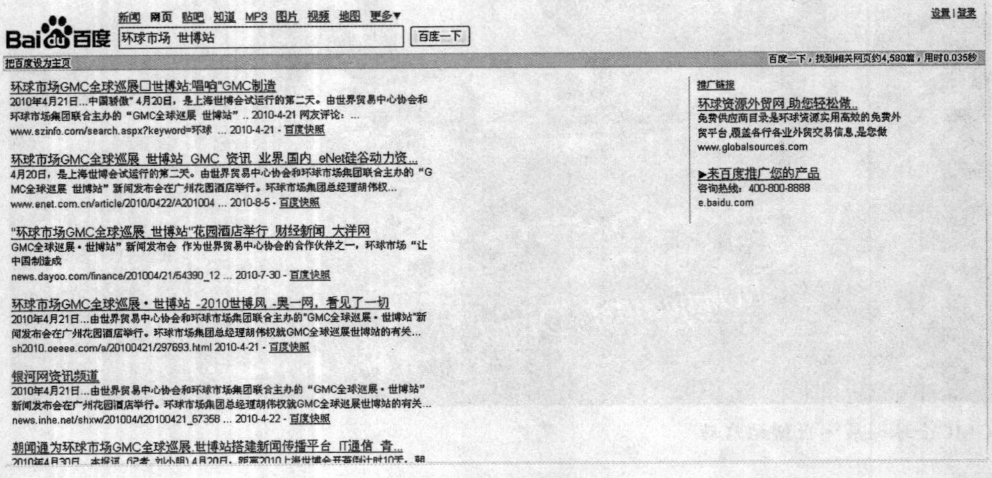
新闻 网页 贴吧 知道 MP3 图片 视频 地图 更多▼
设置 | 登录
Baidu百度 环球市场 世博站 百度一下
把百度设为主页
百度一下，找到相关网页约4,580篇，用时0.035秒

环球市场GMC全球巡展□世博站:唱响"GMC制造
2010年4月21日...中国骄傲" 4月20日，是上海世博会试运行的第二天。由世界贸易中心协会和环球市场集团联合主办的“GMC全球巡展 世博站” .. 2010-4-21 网友评论：...
www.szinfo.com/search.aspx?keyword=环球 ... 2010-4-21 - 百度快照

环球市场GMC全球巡展 世博站 GMC 资讯 业界,国内 eNet硅谷动力资...
4月20日，是上海世博会试运行的第二天。由世界贸易中心协会和环球市场集团联合主办的“GMC全球巡展 世博站”新闻发布会在广州花园酒店举行。环球市场集团总经理胡伟权...
www.enet.com.cn/article/2010/0422/A201004 ... 2010-8-5 - 百度快照

"环球市场GMC全球巡展 世博站"花园酒店举行 财经新闻 大洋网
GMC全球巡展·世博站”新闻发布会 作为世界贸易中心协会的合作伙伴之一，环球市场“让中国制造成
news.dayoo.com/finance/201004/21/54390_12 ... 2010-7-30 - 百度快照

环球市场GMC全球巡展·世博站 -2010世博风 -奥一网，看见了一切
2010年4月21日...由世界贸易中心协会和环球市场集团联合主办的"GMC全球巡展·世博站"新闻发布会在广州花园酒店举行。环球市场集团总经理胡伟权就GMC全球巡展世博站的有关...
sh2010.oeeee.com/a/20100421/297693.html 2010-4-21 - 百度快照

银河网资讯频道
2010年4月21日...由世界贸易中心协会和环球市场集团联合主办的“GMC全球巡展·世博站”新闻发布会在广州花园酒店举行。环球市场集团总经理胡伟权就GMC全球巡展世博站的有关...
news.inhe.net/shxw/201004/t20100421_67358 ... 2010-4-22 - 百度快照

朝闻通为环球市场GMC全球巡展.世博站搭建新闻传播平台 IT通信 青...

推广链接
环球资源外贸网,助您轻松做..
免费供应商目录是环球资源实用高效的免费外贸平台,覆盖各行各业外贸交易信息,是您做
www.globalsources.com

▶来百度推广您的产品
咨询热线：400-800-8888
e.baidu.com

结语　以“高端传播”扩展GMC品牌影响力

根据自身的实际情况，环球市场采用了“高端传播”手法，通过深度分析企业及产品的差异化优势，结合报纸、网络、电视等多种传媒的全方位、多层次的深度传播，打造品牌的强势影响力。

在高端传播的过程中，关键点在于解决传播的内容。目前，市场上产品种类繁多、产能过剩、同质化现象严重，要想在潜在客户“心智”中占领“第一”的位置，必须要具有绝对的差异化优势。相对于阿里巴巴、环球资源等同类电子商务企业，环球市场的特色和竞争优势在于，建立了一个深受国内制造商和国际买家信赖的群体品牌GMC，并在GMC的基础上，建立起M2C全球直销模式。

作为以服务中国制造业为主的国际营销平台，GMC不仅是环球市场集团与众多中国优质制造商共同打造的群体品牌，也获得国际权威认证机构认可的中国优质制造企业的审核标准；不仅有利于中国制造业在国际市场上重塑中国制造优质形象，推广中国自主制造品牌，同时也有利于中国制造企业获得更多国际买家的信赖，达成外贸交易，而M2C直销模式帮助中国制造商整合了订单、物流等产业链环节，有助于赢得产品定价权。此外，GMC也使国际买家在接触中国制造商的过程中，能够更快更好地找到合适的优质买家，提高交易效率，避免交易风险。

正是基于GMC的差异化特点及优势，环球市场以GMC为主要传播点，从专业化、国际化和品牌化三个角度入手对群体品牌GMC进行传播。

传播内容围绕GMC这个核心，深度挖掘和系统阐述GMC与中国制造业出口困境、GMC与制造业新出路、GMC与制造业自主品牌建立、GMC与塑造“中国制造”优质形象、M2C与制造业外贸交易模式转型的相辅相成关系，逐步深化GMC的品牌内涵，引导GMC向专业化、国际化和品牌化方向延伸。

在确定了传播点和传播内容以后，环球市场通过制造新闻事件，提高GMC传播的新闻性，为GMC的传播搭建桥梁，有助于更高效更深度地进行传播。

环球市场通过与世界贸易组织合作，进驻上海世博会，举办“GMC全球巡展·世博站”，通过邀请经济学家郎咸平、国际营销大师科特勒等经济营销专家进行全国巡回演讲、授课，为中国制造的发展寻求新出路，在提升GMC品牌高度的同时，获得了企业、行业、政府和媒体的广泛关注，为品牌传播造势。

在新闻事件和热点造势的基础上，环球市场根据传播事件和内容的地域特点，结合GMC品牌优势，对传播的方式和载体进行控制和规划，选择《第一财经日报》、《21世纪经济报道》、《中国经营报》、《广州日报》、《南方都市报》等高端媒体进行重点新闻公关。同时，环球市场集团紧密联系各高端媒体，加深高端媒体对环球市场企业、GMC群体品牌的认识和了解，获得了媒体的大力支持和深度报道。

环球市场集团从其企业的运营模式及主要的客户群体出发，紧紧抓住其作为一家以国际营销为主的服务型企业的企业性质、独具特色的群体品牌GMC和以企业管理层为主的客户群，以群体品牌GMC作为核心传播内容，巧妙使用“高端传播”利器，打造高端的电子商务营销品牌，成功实现了品牌新闻传播。

后记　从《争夺眼球》到《造势》

十年前，我的第一本从记者角度研究企业新闻传播的专著《争夺眼球——注意力经济下的企业成败》出版，那时，我刚离开《南风窗》杂志社，到南方都市报工作；

八年前，我的第二本专著《赢在WTO年代》出版；

七年前，我的第三本专著《谋财——福布斯中国首富传奇》出版，这时，我已下海创办广州文心文化传播有限公司，开始专注于企业新闻传播的实践与研究；

2010年，创业几年后，我的第四本从实战角度研究企业新闻传播的专著《造势——“小投入大传播”的十三条黄金法则》出版，此时，广州文心传播已是国内企业新闻传播的引领者。

十年，从记者、编辑到下海创业，其间之蜕变，个中之辛酸，皆成过眼云烟；

十年，从用“望远镜”看世界到用“显微镜”看世界，方法之变迁，体验之积淀，终为未来铺垫；

做记者时，是用“望远镜”看世界，即站在“旁观者”的角度，观察和分析企业理念和行为，由此，成就了我的第一本专著《争夺眼球——注意力经济下的企业成败》；

做文心时，是用“显微镜”看世界，即站在“操作者”的角度，实践和思考企业理念和行为，由此，造就了我的第四本专著《造势——“小投入大传播”的十三条黄金法则》。

十年，从湘西走向岭南，从边城走向世界，道路之坎坷，心灵之涅槃，在过去、现在和未来间连成一线；

十年，感恩、感激、感谢之情，始终，萦绕心间；

感恩我的父亲母亲；

感激众多企业界的好友：广东欧派家居集团董事长姚良松先生、海尔信息科技总裁高以成先生、广东欧派家居集团营销总裁姚吉庆先生、中国家电业“名嘴”俞尧昌先生、格兰仕集团陈娟女士及游丽敏小姐、慕思公司总裁王炳坤先生、慕思公司首席文化官邱浩洋先生、环球市场集团总经理胡伟权先生、乐华集团董事长谢岳荣先生、奥特朗总经理冯俊先生、华帝股份总裁公关助理罗斌先生、四川天融集团总裁胡文忠先生、美涂士何凤玲小姐、中山市丹丽洁具有限公司董事长、总经理崔广德先生、新居网总裁胡詡先生、正太联合总裁黄海涛先生，等等；

感谢众多媒体界的好友：第一财经日报总编辑秦朔先生、《南都周刊》总编辑陈朝华先生、21世纪经济报道主编刘洲伟先生、南方都市报编委冯启若先生、广州日报副总编关雅文女士、21世纪经济报道编委符定伟先生、《瞭望东方周刊》主笔杨峻先生、南方日报经济部副主任姜玉龙先生、南方日报经济部戴远程先生、南方日报出版社副编审刘志一博士、深圳特区报刘源屏先生、深圳晚报吕历女士、深圳商报张智军先生，等等；

感谢服务过和正在为文化传播服务的我的团队成员。

周忠

2010年10月13日于广州